山东省世界社会主义共产主义运动研究基地
聊城大学世界社会主义共产主义运动研究所　主办

International Communist Movement History And Socialism Research Edits Publication

国际共运史与社会主义研究辑刊

2013年卷（总第3卷）

程玉海　张祥云　秦正为／主编

中央编译出版社
Central Compilation & Translation Press

中国国际共运史学会2012年年会暨学术研讨会开幕式

聊城大学领导、世界共运研究所与会人员
(从左至右:刘焕申 秦正为 魏宪朝 张祥云 程玉海 马春林 李华锋 孙启军 李士峰)

聊城大学世界共运研究所简介

聊城大学世界社会主义共产主义运动研究所（简称世界共运研究所），始建于1985年4月，时名"共产国际研究室"。1987年改名为"共产国际研究所"，1995年改名为"世界共运研究所"。目前共有研究人员22人，其中教授8人，副教授5人，博导2人，硕导12人，校聘优秀人才7人，博士13人，在读博士4人。经过近三十年的建设，聊城大学世界共运研究所发展成为国内国际共产主义运动史、中国特色社会主义理论、国际政治等领域教学科研、资料建设、建言献策、人才培养的重要基地之一。

在学科与学位点建设上，依托世界共运研究所，聊城大学2001年获批科学社会主义与国际共产主义运动硕士点，2003年获批国际政治硕士点，2006年获批马克思主义基本原理硕士点、国外马克思主义研究硕士点，2010年获批政治学一级学科硕士点。自1991年起，聊城大学科学社会主义与国际共产主义运动学科连续被遴选为山东省"八五"、"九五"、"十五"、"十一五"、"十二五"重点学科、特色学科和"重中之重"强化学科。2004年，聊城大学世界共运研究所成为山东省马克思主义研究中心下设的4个研究所之一。2005年，经山东省哲学社会科学领导小组批准设立山东省世界社会主义共产主义运动研究基地。

在教学和人才培养方面，世界共运研究所主要负责承担聊城大学思想政治教育、政治学与行政学等本科专业的政治学类、马克思主义理论类课程的教学工作，以及科学社会主义与国际共产主义运动、国际政治等硕士专业的教学工作。多年来为国家和社会输送了一大批高层次专门人才和领导干部，为科教兴国、兴鲁、兴聊作出了较大的贡献。

在资料建设上，世界共运研究所拥有独立的资料室，现有藏书15万册，报刊 2 万余册，覆盖政治学、马克思主义理论、历史学等多个学科。特别是拥有《共产国际》（俄文版）、《社会党通讯》（英文版）等一批珍贵外文文献。1985—1998 年，世界共运研究所先后主办《共产国际研究资料》、《共产国际研究》和《世界共运研究》杂志。受山东省委宣传部委托，1989—1992 年主办《苏联东欧动态通报》内部资料。2000—2005 年，与中国人民大学合办复印报刊资料《国际共产主义运动》和《世界社会主义运动》杂志。2004—2006 年，与中共中央编译局合办《当代世界与社会主义》杂志。2011 年起，编辑出版《国际共运史与社会主义研究辑刊》学术年刊。

经过多年的学术积淀，世界共运研究所形成了国际共产主义运动史、当代世界社会主义、中国特色社会主义、大国政治与外交等多个相对稳定、富有特色的研究方向，并与中共中央编译局、中共中央对外联络部、中国社会科学院、北京大学、中国人民大学、山东大学、华中师范大学等单位建立了密切的联系，多次承办中央马克思主义理论研究和建设工程《国际共产主义运动史》重点教材编写研讨会、全国国际共运史青年学者研讨会等重要会议。近五年来，在《当代世界与社会主义》、《当代世界社会主义问题》、《俄罗斯中亚东欧研究》、《社会主义研究》等杂志发表学术论文 500 余篇，出版《世界社会主义共产主义运动新论》、《冷战后欧盟诸国社会民主党政坛沉浮研究》、《兴衰之路：民族问题视域下的苏联民族国家建设研究》等著作 20 余部，获得国家、省部级科研立项与奖励 20 余项。学科带头人程玉海教授，系中国国际共运史学会副会长、山东省国际政治和国际共运学会名誉会长、全国优秀教师、享受国务院政府特殊津贴专家、山东省有突出贡献的中青年专家、山东省中青年学术骨干、华中师范大学和山东师范大学博士生导师。学科带头人张祥云教授，系中国国际共运史学会理事、山东省国际政治和国际共运学会副会长、山东省中青年学术骨干、山东省优秀青年知识分子、山东省社科人才库专家。

目录
Contents

苏俄与中国西藏关系探微
——基于两份档案材料的考察 …………………… 程玉海 秦正为/1
列宁民族自决权理论的思想内涵 …………………………… 张祥云/14
马克思恩格斯批判资本主义制度的三重维度及其启示
——基于"物质贫乏不是社会主义,精神空虚不是
社会主义"的思考 ……………………………………… 陈兆芬/25
布哈林悲剧再研究:以党内民主为视角的考察 …………… 刘子平/36
独联体国家"颜色革命"性质新论 ………………… 张英姣 孙启军/45
布莱尔对英国工党与工会关系的定位与调整论析 ………… 李华锋/54
最熟悉的陌生人:英国工党与工会关系的政治分析 ……… 李华锋/68
论邓小平社会主义法制思想 ………………………………… 赵常伟/72
中国特色社会主义制度体系的形成及其历史意义 ………… 秦正为/87
国家利益与社会利益:社会主义和谐社会下的中国政府改革创新 … 秦正为/102
国家利益与意识形态:中国特色社会主义文化的发展道路 ………… 秦正为/114
中国文化外交模式建构
——以孔子学院为例 …………………………………… 李德芳/129
冷战后中国对世界多极化的认识与对策 …………………… 李华锋/137
影响德才兼备用人标准落实的制度困境及其归因 ………… 于学强/148

刍议官德的认识困境 …………………………………… 于学强/157
浅议规避干部选拔工作中的腐败 ……………………… 于学强/168
党政干部"弱势感"解读 ………………………………… 刘子平/178
网络反腐：兴起缘由、价值解读与风险防范 …………… 邹庆国/186
人大监督的动力贫困与动力生产 ……………………… 孟宪艮/197
浅谈转型期我国农村公民参与问题及解决路径 ……… 张西勇/208
对思想政治教育学科研究对象的重新审视 …………… 李合亮/218
马克思主义宗教观及其方法论意义 …………………… 孟宪霞/230
《兴衰之路：民族问题视域下的苏联民族国家建设研究》评介
　　……………………………………………………… 周浩集/242
《现代国际关系史：世界体系的视阈》评介 …………… 张英姣 孙启军/245
《当代中国外交新论》评介 ……………………………… 佚　名/250
《中国特色社会主义新论》评介 ………………………… 佚　名/252
《中国共产党干部选拔民主化研究》评介 ……………… 佚　名/254
中国国际共运史学会2012年年会在青岛召开 ………… 秦正为/256
当今世界变化中的资本主义与社会主义
　　——中国国际共运史学会2012年年会暨学术研讨会综述
　　……………………………………………… 李华锋　秦正为/258

苏俄与中国西藏关系探微

——基于两份档案材料的考察

程玉海　秦正为

摘　要：十月革命后，苏俄为了巩固新生的苏维埃政权和扩大社会主义的影响，在发展经济和稳定国内局势的同时，也在力求改善国际环境和周边关系。其中，就包括苏俄与中国西藏的联系。通过对两份档案材料的分析，我们可以将这一联系过程大致分为三个阶段：苏俄致函中国西藏表明态度；互派宗教使者进行试探；联系日益密切并逐渐政治化。尽管如此，由于种种原因，苏联与中国西藏的政治联系并未真正建立起来，但其影响却是不可忽视的，并给人们以深思。

关键词：苏俄；西藏；关系

作者简介：程玉海（1954—），男，山东聊城人，青岛农业大学党委书记，教授，博导，研究方向为科学社会主义与国际共运史。

秦正为（1973—），男，山东阳谷人，聊城大学世界共运所副教授，博士，中共中央编译局博士后，研究方向为马克思主义发展史。

十月革命后，苏俄（本文所指也包括苏联初期）为了巩固新生的苏维埃政权和扩大社会主义的影响，在发展经济和稳定国内局势的同时，也在力求改善国际环境和周边关系。其中，就包括建立和发展苏俄与中国西藏的关系。对于这一问题，人们很少关注，学界研究也极其欠缺。究其原因，一方面，这一问题相对于苏俄与中国其他地区的联系微乎其微，另一方面，关于这一问题的史料少之又少，加之其秘密性和复杂性，因而长期难以为人所知。但是，作为苏俄对华关系的历史组成，其所反映的问题是不可忽视的，因而对其进行研究也是不可或缺的，并且在很大程度上具有重大的历史意义和现实意义。

一、苏俄与中国西藏联系的历史渊源与时代背景

苏俄与西藏的联系，并不是突兀出现的，而是有着深厚的历史渊源和鲜明的时代背景。

首先，沙俄很早并且一直在侵略染指西藏。沙皇俄国很早就开始觊觎中国的领土西藏，企图"直叩印度的大门"①。18世纪初，沙皇彼得一世被中国西藏盛产黄金的传闻所吸引，下令与"达赖喇嘛辖地"通商往来，"但此商务往来目的不在牟利，而在派遣机敏人员随同商人一起活动，以便探明何地出产黄金，产量如何，何路可通，即便路途艰险，也要查明能否到达其地，并加以占领"。②基于此目的，在沙俄政府驱使和支持下，军人、商人、教士和间谍不断渗入中国西部，积极探察实施路径。这是沙俄对外扩张的惯用伎俩。对此，恩格斯曾经指出："正是这个最初由外国冒险家组成的秘密团体……他们的作用超过了俄国所有的军队；正是这一帮人使俄国成为巨大、强盛和令人恐惧的国家，并为它开辟了称霸世界的道路。"③随着俄、英在中亚地区扩张竞争的日趋激烈，自19世纪70年代起，俄国政府开始对西藏采取有计划、有组织的侵略行动。陆军部、总参谋部、外交部在沙俄皇家地理学会的配合下，派遣将校级军官率领一批又一批的"考察队"，打着"地理考察"、"学术研究"的旗号，到西藏进行全面的实地勘察，为其进一步侵略西藏搜集情报。其中最为著名的是陆军上校普里热瓦尔斯基和布里亚特蒙古人德尔智。前者因"卓越功绩"被提升至少将军衔，死后名字被沙皇用于城名和山名。

---

① 《马克思恩格斯全集》第12卷，人民出版社1962年版，第642页。
② 张伟：《布达拉宫上空的谍影（四）：沙俄间谍病死西藏》，载《环球时报》，2005年12月7日。
③ 《马克思恩格斯全集》第22卷，人民出版社1965年版，第17页。

后者在西藏留学多年，成为达赖的经师和亲信，积极策动外蒙独立和挑拨西藏独立，并成为沙皇和达赖相互联络的关键人物和信使。1913年1月，德尔智非法签署所谓的《蒙藏条约》，宣布"蒙古、西藏均已脱离满清之羁绊，与中国分离，自成两国"①。由于俄国内外形势的变化，德尔智此举未能得到沙俄政府的支持，悻悻返回西藏。此后英俄在瓜分西藏和蒙古问题上虽达成默契，但直至1917年沙皇统治被推翻，沙俄始终没有停止对西藏的间谍活动。沙俄对西藏的侵略和间谍活动，既为苏俄与西藏的联系提供了基本的知识和条件，也造成了很大的负面影响和障碍。

其次，俄国与西藏有着独特的宗教渊源。俄国境内的布里亚特人、卡尔梅克人（土尔扈特人）、图瓦人等信奉喇嘛教（俄国对藏传佛教的称呼）。布里亚特人和卡尔梅克人（土尔扈特人）属于蒙古语族，图瓦人属突厥语族，他们的文化和社会生活发展至今，都和佛教的传播密不可分。18世纪初，布里亚特蒙古人臣服沙皇俄国后，由于反抗异族心理的需要，由原来信仰萨满教而改信藏传佛教，并于1171年建起了该地第一座寺庙——楚戈尔庙。卡尔梅克人属于西部蒙古，17世纪初开始信奉黄教。图瓦即历史上的唐努乌梁海，16世纪末黄教传入，图瓦人成为突厥语诸族中唯一信奉喇嘛教的人。可以说，这三个种族近几百年的编年史基本构成了藏传佛教在俄罗斯的发展史。历史资料记载，到19世纪时，布里亚特寺庙已有几十座，有些寺院巨大而豪华，喇嘛数以千计。19世纪末，佛教传入俄罗斯的欧洲地区。沙皇政府寄希望于通过喇嘛教来加强对布里亚特人的控制，给了喇嘛教发展的机会，使当地佛教寺院脱离西藏和蒙古的影响。1741年俄国伊丽莎白女皇下诏封立可汗喇嘛为其佛教行政之最高首领，佛教大兴。18世纪时，布利亚喇嘛沙亚额夫受凯瑟林大帝之命到西藏观光，这是欧洲国家人士第一次到达西藏。在沙皇的支持下，佛教得到迅速发展，俄藏之间的佛学交流也日益加强，涌现了一些颇有影响的佛教学者。其中，包括在俄罗斯的佛教史上颇有争议又极富传奇色彩的喇嘛多尔耶夫（Dorjiev）。有资料说他是沙皇物色的间谍，为遮人耳目，他以僧人的身份在拉萨学佛研习，得到"格西"（相当于佛学博士）的最高头衔，并被指派为十三世达赖喇嘛的宗教顾问，时间长达十年之久。在成功

---

① 石硕：《西藏文明东向发展史》，四川人民出版社1994年版，第429页。

地打入了西藏政权上层后,他利用便利,为沙皇俄国搜集情报,并为沙俄和西藏的联系穿针引线。1912—1915年,多尔耶夫在达赖喇嘛5万银币的支持下,于圣彼得堡建立了第一座在欧洲国家首都实践佛教礼仪的佛寺。到十月革命前,在俄国境内已有大小佛教寺院151座,喇嘛1.3万人。俄国与西藏这种独特或得天独厚的宗教渊源,成为沙俄与西藏联系的重要纽带和突破口。

再次,英国对西藏的侵略干涉迅速发展。东印度公司建立之后,英国就开始觊觎西藏,但很长时间内未能得逞。1876年,英国借助《烟台条约》的签订促成了《入藏探路专条》,获允开通印藏交通。在经历各种试探、间谍活动和波折后,1888年英国发动第一次侵藏战争,签订了《藏印条约》与《藏印续约》,开放亚东为商埠。从此,英国侵略势力伸进了西藏。1895年开始亲政的十三世达赖十分痛恨英国侵藏,在沙俄的拉拢下,十三世达赖逐渐产生了联俄抗英的想法。英国十分顾虑沙俄势力插足,为了压服西藏,1903—1904年英国发动了更大规模的第二次侵藏战争,1万多英军攻占了拉萨。战后英国与西藏地方政府签订《拉萨条约》,攫取了更大特权。1913年10月—1914年7月,英国殖民者策划举行了干涉中国内政、阴谋策动西藏独立的西姆拉会议。与会者包括中国中央政府代表、十三世达赖特使、英国政府代表麦克马洪。会议期间,麦克马洪提出划分内藏、外藏和中国内地与西藏之间的界线,即臭名昭著的"麦克马洪线"。对于英国的分裂企图,北洋政府拒绝在条约上签字,会议宣告破裂。但英国侵藏野心和活动并未终止。英国对西藏的侵略干涉及其势力的不断增长,既是苏俄联系西藏以改善周边环境的重要考虑之一,也是不敢与西藏深入交往以免激化与英国矛盾的极大顾虑因素。

最后,苏俄内外形势的变化以及外交政策的调整。十月革命后,苏俄宣布废除沙俄的对外政策,实行和平外交,建立全世界各民族的平等关系。但由于内外战争的影响,未能及时清理沙俄与西藏的关系。1920年下半年,国内外形势基本稳定,苏俄开始进行外交政策的调整,积极探索和改善国际环境和周边关系。对中国,基于自身利益和盟友抉择的考虑,苏俄一方面谋求与中国中央政府改善关系,另一方面也在与中国外蒙古、东北、新疆、唐努乌梁海、西藏等地区,与吴佩孚、张作霖、陈炯明等地方实力派,以及孙中山及国民党,进行多方联络,甚至签订了一些地方性的条约。为了改善远东局面,苏俄于1919年7月25日、1920年9月27日、1922年9月4日先后发表了三次对华宣言,并派出代表团与北洋政府进行谈判,最终促成了《中俄解决悬案大纲协定》和两国建交。但在此过程中,苏俄也支持了外蒙、唐努乌梁海的独立自治,并力图在东北、新疆谋取利益和独特地位。在与各派势力探索交涉后,苏俄经过权衡决定由原来的联"吴"(佩孚)转向联"孙"(中山)。尽管在革命战争和意识形态问题上出现了一些争论和斗争,但苏俄毕竟在这些地区和与这些势力的交涉中获得了较大成功。在此过程中和在此前提下,苏俄开始试图利用沙俄对西藏的影响,特别是俄国与西藏的宗教渊源,重新建立与西藏的联系。

二、有关苏俄与西藏联系的两份档案及其基本情况

关于苏俄与西藏联系的档案材料,就笔者所了解,较为真实可靠的有两份:一份是薛衔天等编《中苏国家关系史资料汇编(1917—1924)》之《苏联与西藏的联系》所辑几个函电,一份是沈志华主编《苏联历史档案选编》第7卷中的《契切林就西藏考察问题致中央政治局的信(1922年2月6日)》。前一份档案中的几个函电包括:《西藏全体噶伦就处理苏俄副外交人民委员加拉罕致十三世达赖喇嘛的信函问题给达赖的呈文(1920年冬)》并附《俄外交大臣的对照信》、加拉罕《致法王达赖喇嘛(1922年11月)》、《十三世达赖喇嘛致村晓堪钦函稿(1923年4月3日)》、《苏联副外交人民委员加拉罕致十三世达赖喇嘛函(1923年6月9日)》、《苏联外交人民委员部致十三世达赖函(1924年6月3日)》、《达赖喇嘛致苏联外交人民委员加拉罕函(1924年10月20日)》。这几个函电,从时间跨度上,基本涵盖了联系的全程始末;从信件内容上,基本贯穿了事件的来龙去脉。通过这些函电,可以较为清楚地了解联系的细节、双方的态度。后一份档案是苏俄副外交人民委员契切林(1918—1930年任职)就第二次西藏考察2万金卢布拨款被否决而给政治局写的信,其中谈到了第一次考察团的成果(特别是无线电台的使用)、第二次考察的重要意义。

这两份档案之所以真实可靠,更为重要的是:一份来自西藏地方档案,一份选自苏联历史档案,二者能够彼此对照、相互印证,从而更加真实、客观地反映事件的全貌;《中苏国家关系史资料汇编》是国家社会科学"七五"

规划重点项目，《苏联历史档案选编》是国家"九五"重点研究课题，由中国社会科学界近百名专家多年翻译整理、编辑加工而成，因而这些档案材料具有极高的权威性和极强的真实性。这两种档案汇编（选编），资料丰富、真实可靠，因而影响较大，长期以来被人们作为研究苏联问题、中苏关系问题的案头之作和必备工具。但是，关于西藏问题的这两份档案，由于在庞大的资料汇编（选编）丛书中显得微乎其微，并不引人注目，加之问题本身也并不太"重要"，因而对之研究和利用相对较少。不过，要关注苏俄与西藏的联系问题，乃至与之相关的问题，这两份档案材料是必不可少的，而且具有极高的利用价值。

通过对两份档案材料的分析，我们可以了解和厘清苏俄与西藏联系的历史背景、大致过程和基本情况。根据材料可以看到，苏俄之所以力求与西藏联系，一是英国特使对苏俄的"妖魔化"，即把苏俄"虚伪地介绍"为"一个只剩下沙漠和痞棍的国家"，"将苏维埃政府描绘成残酷迫害佛教的政府"[1]；二是苏俄认为与西藏联系"具有政治意义"，"也具有经济意义"，因为这样既可以联系整个佛教界，也可以"异乎寻常地复活与所有佛教国家的商品交换"，并可以在亚欧之间"好好地完成我们贸易中介人的作用"[2]。根据事件的进展，我们可以将这一联系过程大致分为三个阶段。

第一阶段，苏俄致函西藏表明态度。1920年9月15日，为了"十分真诚地向西藏人致以怀有友好愿望"，苏俄代理外交人民委员加拉罕致函第十三世达赖，表示：苏俄是民主政权，俄国各族人民在其领导下"各自获得了各自的权利"，而且正与欧洲农民紧密联合。还说，苏俄政府曾宣布"俄国人要把东、南亚人民从欧洲贪婪的王臣富豪手中解放出来"，而"俄藏紧密联合后，无论西藏受到任何外部之侵犯，需要我们俄国人援助时，一定按尊意行事"。并表示，我们不会有像沙俄那样的"侵吞"行为，而是"决心要帮助西藏人从外敌之手解放出来。如您有同样的意愿，也许会派人前来（同我们）就俄

---

[1] 沈志华等：《苏联历史档案选编》第7卷，社会科学文献出版社2002年版，第230—231页。

[2] 沈志华等：《苏联历史档案选编》第7卷，社会科学文献出版社2002年版，第231页。

藏目前和长远的联合事宜进行友好的商讨。此信及使者到达那边后，您有何考虑，务请回复"。①同时还送上象征"善良愿望"的哈达、金质表、夜光闹钟等礼物。第十三世达赖收到信函后，将其交给西藏主要官员进行了讨论，认为"有害无益"，故只给以收条。

第二阶段，互派宗教使者进行试探。考虑到政治和外交联系的困难，苏俄开始利用特殊的宗教渊源联络感情，先是在信奉佛教的布里亚特族、卡尔梅克族等少数民族地区修建了一些寺庙，并保持其民族语言和风俗习惯，后又请派宗教使者往来，邀请西藏宗教人士前往游览和讲经。1921年秋，苏俄派出了包括桑吉在内的第一个西藏考察团。同年，第十三世达赖派侍读大堪布罗桑阿旺率弟子前往苏俄。1922年，第十三世达赖又派秘书洛桑沙拉德金，进一步试探苏俄对西藏的态度。苏俄原准备派出第二个西藏考察团，但由于2万金卢布拨款被政治局否决一度受阻。1922年9月，第十三世达赖加派群则·罗桑协饶前往莫斯科，作为罗桑阿旺的助手，苏俄第一次考察团的桑吉随同回国。此间，双方虽是宗教往来，但已包含政治试探和政治行动。苏俄的第一个考察团带去了无线电台，并物色到了政治上"很可靠"、"很忠诚"的人士，并认为继续进行这种考察具有"政治意义"。罗桑阿旺等在进行宗教活动的同时，也就藏俄关系与苏俄政府进行了谈判。对此，苏俄曾向达赖许诺："同其他捍卫自身独立的人民一样，在需要的时候，西藏可以指望我国的支持和援助。"②为进一步加强俄藏联系，1922年11月，加拉罕通过罗桑阿旺的小弟子土登居美给十三世达赖带去以外交人民委员加拉罕（实为副外交人民委员）签名、外交人民委员部盖印的密信，表示为了解决双方的联系、避免"您的邻国"的封锁，"在最近派遣一个经您的代表阿旺德尔智堪布同意，并由他参加组织的人数不多的科学代表团前往拉萨是有益的"。③并认为这一"新步骤"将会进一步巩固俄藏的"友好关系"。对此，鉴于英国势力的影响，

---

① 薛衔天等：《中苏国家关系史资料汇编（1917—1924年）》，中国社会科学出版社1993年版，第684—685页。
② 薛衔天等：《中苏国家关系史资料汇编（1917—1924年）》，中国社会科学出版社1993年版，第686页。
③ 薛衔天等：《中苏国家关系史资料汇编（1917—1924年）》，中国社会科学出版社1993年版，第686页。

心存犹疑的第十三世达赖并未同意,指出汉藏冲突已由英国人作中间人;至于矿藏,早由藏人自己采掘;"若俄国在拉萨常设使节,并(让他)到西藏各地考察,则以英国为代表之其他各外国必将效法,那时将很难拒绝。既如此,希望维持俄藏友好现状。"①由此可见,此时的十三世达赖对俄藏关系发展仍怀有戒虑。

第三阶段,联系日益密切并逐渐政治化。1922年12月30日,苏联建立,此时苏联国内外形势也大为好转。经过前一阶段的联系,双方关系日益密切。1922年苏俄使藏人员受到"欣然接纳",并得到了"西藏国主张(同俄国)亲近的思想不变"②的复函。对此,苏俄"极为高兴",不仅让罗桑阿旺及其助手罗桑协饶"料理布里雅特和卡尔梅克、土尔扈特佛教等事务",其他各方面活动也给予尽可能好的帮助,而且"打算让此二人从事使东方各小国免受大国暴行欺凌之工作"。③同时,鉴于当今有人对西藏"怀有难以容忍的嫉恨,并在公开和秘密地进行着武力进攻的准备",1923年俄历6月9日,加拉罕以苏联副外交人民委员的身份致函达赖(达赖1924年6月3日收到),表示"派去才仁多吉及其助手等旅游学者前往(西藏)。(一)是为了持续不断的友谊而奉献礼品;(二)是为了详细陈述此间之制度情况,并详细了解你处之制度;(三)是为了促进友谊;(四)是为了就如何加强这方面的相互交往,与(你们)很好地进行商谈"。④最终,代表团顺利成行。1924年,由于《中俄解决悬案大纲协定》草签,中苏建交在即,第十三世达赖为保西藏"独立",一改原来的犹豫态度和消极被动,开始积极主动地密切与苏联的关系。先是派土登居美带信给苏联,表示"我们大国的深厚友谊永远不变……外交大臣亦不变"。对此,苏方也表示:"联盟共和国首都的人士都以极其高兴之

---

① 薛衔天等:《中苏国家关系史资料汇编(1917—1924年)》,中国社会科学出版社1993年版,第687页。

② 薛衔天等:《中苏国家关系史资料汇编(1917—1924年)》,中国社会科学出版社1993年版,第687页。

③ 薛衔天等:《中苏国家关系史资料汇编(1917—1924年)》,中国社会科学出版社1993年版,第687页。

④ 薛衔天等:《中苏国家关系史资料汇编(1917—1924年)》,中国社会科学出版社1993年版,第688页。

心情表示衷心感谢。"①由此可见,双方的关系已经极为密切和融洽,并且完全政治化。在此基础上,为了建立正式的"经常的关系",1924年6月,苏联派出了特使布里索,以"在需要采取有益于藏人的行动时",找到"有利的办法"。②十三世达赖对此也是"甚喜",不仅亲自接见了即将回国的才仁多吉,"与之详谈","望俄藏友好能依然如以前一样稳固"③,并赠送阿西哈达一条、五两藏金一封。同时,对使者布里索"尽量给予了友好接待",并答应对"布里雅特和土尔扈特人来藏朝佛"④给以帮助。

尽管如此,但是由于远隔万水千山,联系极不方便,除了一些宗教交往外,苏联与西藏的政治联系并未真正建立起来。再加苏联的外交重心在于欧洲和远东,对外蒙、东北、新疆、唐努乌梁海等更为关键地区的密切关系已经建立,苏联和共产国际推动的国共合作已经实现,其对华影响力和控制力得到迅速增长。因而,苏联不愿再在西藏问题上与中国中央政府、国共合作的新政权以及英国等积怨太深,故将西藏问题长期搁置,未再发展关系。此后,也由于中国中央政府、国共两党都未能顾及西藏问题,致使西藏亲英美势力迅速膨胀。

三、关于苏俄与西藏关系的启示

苏俄与西藏的联系虽然短暂,但其影响却是不可忽视的。因为,作为社会主义国家,其外交政策和民族政策必须坚持马克思主义民族关系的基本理论和基本原则,否则不但有损于社会主义国家的形象,而且也会给本国和他国造成恶劣的深远影响。苏联大国主义、沙文主义的膨胀,以及造成的悲剧

---

① 薛衔天等:《中苏国家关系史资料汇编(1917—1924年)》,中国社会科学出版社1993年版,第688页。
② 薛衔天等:《中苏国家关系史资料汇编(1917—1924年)》,中国社会科学出版社1993年版,第689页。
③ 薛衔天等:《中苏国家关系史资料汇编(1917—1924年)》,中国社会科学出版社1993年版,第689页。
④ 薛衔天等:《中苏国家关系史资料汇编(1917—1924年)》,中国社会科学出版社1993年版,第690页。

后果，不能不与此有关。鉴往知来，为此必须注意以下问题。

第一，刷新外交关系，必须彻底清除历史遗毒。苏俄是崭新的社会主义国家，因而其包括外交在内的各项制度应该也是崭新的。为此，必须彻底清除作为"各民族监狱"的沙皇俄国的种种历史遗毒，彻底清除"可耻可憎的大俄罗斯沙文主义偏见"①。对此，列宁领导的苏俄政府作出了一系列努力。如苏俄政府于1919年7月至1923年9月先后发表了三次《对华宣言》，明确宣布"苏维埃政府废弃一切特权"，"以前俄国历届政府同中国订立的一切条约全部无效，放弃以前夺取中国的一切领土和中国境内的一切俄国租界，并将沙皇政府和俄国资产阶级从中国夺得的一切，都无偿地永久归还中国"②。但是在实践中，苏俄并未完全将其贯彻落实。特别是斯大林，不但经常流露出俄罗斯"弥赛亚"情结，把扩张有功的沙俄将领视为"英雄"，而且任意曲解马克思主义的基本理论。如1934年当有人建议在党刊《布尔什维克》上发表恩格斯1889年2月写的《俄国沙皇政府的对外政策》时，斯大林非但不同意，反而就此问题在给政治局的信中用讽刺的口吻说："十分卑鄙龌龊的侵略政策决不是俄国沙皇所独有的"，"大概恩格斯在写这篇抨击俄国沙皇政府的文章……时，写得有点兴奋了，由于兴奋，所以一时忘记了某些最基本的、他非常清楚的事情。"③对此，哈萨克斯坦总统纳扎尔巴耶夫曾深有体会地说："苏联的民族政策是从俄罗斯帝国那里继承下来的。布尔什维克的所作所为不管用怎样响亮的意识形态口号来加以掩饰，他们总是在继续，时常以更残酷和反常的形式继续沙皇制度下开始做的事情。"④最为典型的是外蒙古问题，西藏问题也是如此。苏俄不但充分利用了沙俄对西藏的影响资源，而且沿用了沙俄对西藏侵扰的一般手法，即进行宗教拉拢，利用喇嘛教作掩护进行政治活动。尽管苏俄与西藏的联系并不太久，但遗毒未除，以致流害无穷。此后，苏联曾经多次邀请达赖喇嘛访问。据有关媒体统计，1991年苏联解体前，达

---

① 《列宁全集》第38卷，人民出版社1986年版，第48页。
② 薛衔天等：《中苏国家关系史资料汇编（1917—1924年）》，中国社会科学出版社1993年版，第59、87页。
③ 《斯大林文集》，人民出版社1985年版，第4—5页。
④ Барсенков А. С.，Вдовин А. И. История России. 1938—2002. М.：Аспект Пресс. 2003. С. 308.

赖喇嘛曾经先后5次访问过苏联，其中3次是在勃列日涅夫主政时期，2次是在戈尔巴乔夫主政时期。可想而知，这些访问绝不仅仅是宗教性的，而是在打"西藏"牌、"达赖"牌，这也是沙俄乃至苏俄、苏联的一贯手法，因而不但影响了中苏关系，也成为导致苏联悲剧的各种国内外矛盾的缩影，因为这些访问也正恰恰集中在苏联局势江河日下、回天无力时期。与之相反，新中国的"另起炉灶"、"打扫干净房子再请客"的外交政策，不但使当时的国内外局势大为改善，而且使这一大好局面持续良性发展。遗毒不除，脓疮必破，这是深刻的教训！

第二，反对民族主义，必须始终注意防微杜渐。马克思主义民族理论的核心是民族平等，反对和根除民族主义。对此，列宁深有体会，并作出了突出的贡献。列宁不但将民族解放与无产阶级解放并列，提出了"全世界无产者和被压迫民族联合起来"，而且创造性地提出了"民族自决权"问题，并坚决反对一切民族主义，"宣布同大俄罗斯沙文主义决一死战"①。但是在现实中，苏俄和苏联并没有完全认真地加以实践。如对华沙的进军，对格鲁吉亚、亚美尼亚、阿塞拜疆等外高加索三国的强行"绑架"，等等。假如说这还是一些大的问题的话，那么在许多小的问题上苏俄和苏联也并没有切实注意。如对东北、新疆的渗透，对西藏的拉拢。宗教来往、"科学考察"，看似一些民间往来，其实政治居心在内。即使未能得逞，却也昭然若揭。感觉微不足道、并无大妨，自然继续效尤，不料尾大不掉、积重难返。1927年和1928年苏联的蒙古人又曾两次访问拉萨，并带去了苏联政府给西藏地方当局的信件；后来赫鲁晓夫对中国"放跑"达赖进行指责；中美建交仅仅4个月后即邀请达赖喇嘛访苏，等等。这些看似"小节"，其实却造成了很不好的影响，内含着民族主义的本质。而这些行为，都在潜移默化地影响着中苏关系，都在日积月累地侵蚀着苏联大厦的根基。恩格斯曾直接针对俄国政策深刻批评道："压迫其他民族的民族是不能获得解放的。它用来压迫其他民族的力量，最后总是要反过来反对它自己的。"②苏联的解体恰恰证明了这一点。千里长堤，溃于蚁穴，这是长鸣的警钟！

---

① 《列宁全集》第43卷，人民出版社1987年版，第216页
② 《马克思恩格斯全集》第18卷，人民出版社1964年版，第577页。

第三，建设睦邻友好，必须彻底坚持和平共处。各国自由平等、睦邻友好，是马克思主义民族理论的基本准则，也是各国追求的基本目标。在俄国革命过程中，列宁也曾教育俄罗斯人民要按照人类平等的原则对待邻国。作为最大的两个邻国，中俄在历史上曾三次结盟，即：1896年6月3日签订的《御敌互相援助条约》（即"中俄密约"），1945年8月14日签订的《中苏友好同盟条约》和1950年2月14日签订的《中苏友好同盟互助条约》。除了这三次大的结盟，中国人民永远不会忘记苏俄政府分别于1919年和1920年两次发表的对华宣言，以及孙中山与苏俄代表越飞于1923年发表的《孙越宣言》。这些都给中国人民以信心和支持，极大地推动了中华民族的解放事业。但是，在此过程中也出现过许多不协调的音符。如苏俄与西藏地方当局开始单独接触的举动，就是与苏俄政府第一次对华宣言精神，以及根据这一精神已经委托远东共和国代表优林一行到北京的谈判相违背的。即使副外交人民委员加拉罕的第三次对华宣言，也已较第一次宣言大大倒退，他甚至明确声明："我们绝不会放弃我国在中国的利益，因为它们并未侵犯中国人民的主权。"[①]时任北京政府外交总长的颜惠庆也曾经谈道："当我与苏联高层官员接触较多之后，我与他们进行过多次闲谈。记得有一次，我问一位官员，指导苏联外交的总体原则是什么？'原则？'他声称，'搞外交没有原则可言，只有利益。'"[②]此后，苏联虽然一直没有改变西藏是中国一部分的原则立场，但打"西藏牌"的举动不时发生，这些自然成为影响中苏关系的重要因素。与之相反，中国针对与印、缅边界关系提出的和平共处五项原则，不但使中国获得了较好的周边环境，而且成为国际关系的基本准则。为总结历史，展望未来，2001年7月16日中俄签订《睦邻友好合作条约》。这是和平与发展时代主题的新结果，也是睦邻友好、世界和谐的新写照。邻且不睦，世界何谐，这是永恒的质问！

历史是无情的，但历史常常又带有戏剧性。苏俄及其前生（沙俄）后世

---

① 薛衔天等：《中苏国家关系史资料汇编（1917—1924年）》，中国社会科学出版社1993年版，第195页。

② 颜惠庆：《颜惠庆自传：一位民国元老的历史记忆》，商务印书馆2003年版，第262页。

(苏联)的历史充分说明了这一点。马克思曾经说过:"俄国政策中最显著的特点就是这种不仅在目的方面,而且在达到目的的方法方面的传统的守恒性。在现在的东方问题上,没有一次纠纷,没有一次谈判,没有一个官方照会,不带有重复历史某些事件的印记。"①苏俄早期的对华政策就带有明显的沙俄政策的印记,而这种印记不但被苏联继承而且放大,结果自毁长城。不论是沙俄还是苏俄,其外交政策的核心都是国家利益至上,并且为了自己的利益而不惜侵犯其他国家和民族的利益,结果也损害了自身的长远利益。对此,美国学者马士明确指出:苏俄的政策"虽然推广到包括利用中国作为世界革命的一个基地在内,却在其他方面同帝俄的政策相似,而且尽管时过境迁,尽管沙皇政权已成过去,获得友谊的代价并未减低。"②过去是现在的历史,现在将是未来的历史。如果不真正地以史为鉴,并鉴往知来,那就难逃历史的覆辙和历史的"周期律"。

(载《当代世界社会主义问题》2012年第1期)

---

① 《马克思恩格斯全集》第9卷,人民出版社1961年版,第260页。
② [美]马士、宓亨利:《远东国际关系史》下册,商务印书馆1975年版,第650页。

列宁民族自决权理论的思想内涵

张祥云

内容提要：民族自决权是列宁为俄国党提出的制定民族纲领与处理民族关系的重要理论原则。他对这一问题清晰而明确的回答，在马克思主义民族理论发展史上，甚至是世界民族理论发展史上，都是具有开创意义的。重新认识和全面把握列宁民族自决理论的思想内涵，对苏联兴亡史的研究以及发挥其在国际政治和民族国家建设中的建设性作用都是极为重要的。

关键词：列宁　民族自决权　思想内涵

作者简介：张祥云，1966年生，聊城大学世界共运研究所教授、法学博士。

民族自决权是列宁在领导俄国革命和组织社会主义建设的过程中为俄国党提出的制定民族纲领与处理民族关系的重要理论原则。它的适时提出与运用曾极大地激发了俄国各被压迫民族人民的革命热情，对推翻沙皇俄国、创建苏联起过重大的作用。但是，在前苏联，无论是革命前还是社会主义建设时期，总是有人误解甚至故意曲解列宁的这一思想，这不仅有损于列宁的思想体系，更为严重的是贻害于苏联的民族建设。在前苏联的民族主义运动中，许多人打着"民族自决"的旗号，行分裂苏联之实便是典型的例证。因此，在研究前苏联兴

---

① 基金项目：山东省社科规划重点项目《苏联联盟体制建设的经验教训及启示》（03BMJ10）阶段性成果。

衰的历史时，重新认识和全面把握列宁的民族自决思想是极为重要的。

一、列宁民族自决权理论的提出

民族自决权理论，源于17至18世纪欧美资产阶级革命时期有关"天赋人权"和建立"民族国家"的思想，18—19世纪，民族自决权思想在欧洲各国广泛运用。它的主要内容是反封建、反异族压迫，要求建立资产阶级独立国家。正是基于这一口号曾对被压迫民族中资产阶级所发起的民族运动起过积极的推动作用，马克思恩格斯充分肯定了这一原则，坚决主张被压迫民族有民族自决权。马克思恩格斯在总结1848年革命的经验时，提出了民族自由分离和自由联盟的原则。到19世纪60年代，针对恢复波兰独立问题，围绕着工人阶级应不应关心和支持波兰人民的正义斗争，马克思恩格斯在批判蒲鲁东派的斗争中，明确指出，工人阶级主张各个民族在一切内部事务上有权支配自己的命运，有分离的独立的生存的权利。1896年第二国际伦敦代表大会又重申了马克思恩格斯的这一基本原则，明确宣布一切被压迫民族有完全的自决权。马克思恩格斯站在无产阶级革命利益的立场上，对民族自决原则的充分肯定以及对被压迫民族争取民族自决斗争的热情支持，为列宁提出民族自决权原则奠定了基础。

但是一直以来，无论是资产阶级政治家、思想家，还是马克思主义的经典作家，都未阐释过"民族自决权"的具体含义，因此，列宁对"民族自决权是什么？"这一问题清晰而明确的回答，在马克思主义民族理论发展史上，甚至是世界民族理论发展史上，都是具有开创意义的。

据统计，列宁有关民族自决权的文章共56篇，其中十月革命前撰写的有44篇，十月革命后写的有12篇。在十月革命前的文章中有7篇是专门论述民族自决权问题的[①]。列宁在《论民族自决权》、《关于自决问题的争论总结》等一系列著作中，在自决权问题上坚持和发展了马克思主义的民族理论。

1902年，列宁在《俄国社会民主工党纲领草案》中首次承认了民族自决

---

① 参见华辛芝：《列宁论民族问题理论研究》，内蒙古人民出版社1987年版，第46—60页。

权原则,但当时党内有人认为不够明确。于是1903年2月列宁写了《论亚美尼亚社会民主党人联合会的宣言》,回答了这一质疑,并重申"国内每个民族都有自决权"这一基本原则,同时强调:要求承认每个民族具有自决权,"仅仅说明我们无产阶级政党应当永远无条件地反对任何用暴力或非正义手段从外部影响人民自决的企图"。①

列宁对"民族自决权"的初步定义大约出现在1913年前后。1913年4月,列宁指出,"俄国社会民主党完全承认每个民族都有'自决'权,都有决定自己的命运,甚至可以同俄国分离的权利。"②1913年6月,列宁在《民族问题提纲》中对民族自决权的定义给出了初步明确的定义:"我们纲领中关于民族自决的那一条,除了从政治自决,即从分离和成立独立国家的权利这个意义上来解释以外,我们决不能作别的解释。"③

此后,列宁在一系列著作中多次对民族自决权的涵义进行了表述,如:"至于在沙皇君主制度压迫下的各民族的自决权,即分离权和成立独立国家的权利,无疑是社会民主党应当维护的";"关于民族自决权,即关于民族享有分离和成立独立的民族国家的权利";"民族自决正是指的政治自决,即分离权,成立独立民族国家的权利";"所谓民族自决,就是民族脱离异族集合体的国家分离,就是成立独立的民族国家";"从历史-经济的观点看来,马克思主义者的纲领中所谈的'民族自决',除了政治自决,即国家独立、建立民族国家以外,不可能有什么别的意义";"俄国社会民主党关于'民族自决权'问题的文献虽然非常少,但是就从现有的文献中仍然可以十分清楚地看出,所谓自决权向来都是指分离权而言";"我们要求民族有自决的自由,即独立的自由,即被压迫民族有分离的自由";"民族自决权只是一种政治意义上的独立权,即在政治上从压迫民族自由分离的权利";等等。④

从列宁关于民族自决权的相关论述中,我们至少应当明确以下几点:

---

① 《列宁全集》第7卷,人民出版社1986年版,第89—90页。
② 《列宁全集》第23卷,人民出版社1990年版,第58页。
③ 《列宁全集》第23卷,人民出版社1990年版,第329页。
④ 《列宁全集》第24卷,人民出版社1990年版,第61、148、259页;第25卷,人民出版社1988年版,第225、228、272页;第27卷,人民出版社1990年版,第85、257页。

首先，列宁对"民族自决权"的清晰界定，是在回应党内外各种质疑并同各种观点进行论战的过程中不断丰富和完善的，但他对"民族自决权"本质性要求的把握却是始终如一的，即"民族自决权"是"政治上的自决权"，是"政治上的自由分离权"，是"成立独立民族国家的权利"。

其次，在《论民族自决权》及之前的论著中，列宁对"民族自决权"的界定主要是基于对世界民族运动的历史经济条件的研究，"所谓民族自决，就是民族脱离异族集合体的国家分离，就是成立独立的民族国家"① 的表述，主要是从一般意义上讲的。但列宁并未停留于此，他及时洞察时代的变化，从而赋予"民族自决权"以新的含义。1916年，列宁在《社会主义革命和民族自决权》中对"民族自决权"作了新的经典表述："民族自决权只是一种政治意义上的独立权，即在政治上从压迫民族自由分离的权利。"② 这一变化清楚地表明，列宁主张的"民族自决权"，是指处于殖民统治和民族压迫下的各族人民有摆脱民族压迫，实现自由分离，建立独立民族国家的权利。列宁对"民族自决权"享有主体的清晰界定是具有划时代意义的。

第三，十月革命前夕，列宁建议将党纲第九条："国内各民族都有自决权"，改为"国内各民族都有自由分离和建立自己的国家的权利"。③ 列宁对此作了解释："'自决'一词曾多次引起了曲解，因此我改用了一个十分确切的概念：'自由分离的权利'。俄国革命无产阶级的政党，用大俄罗斯语言进行工作的政党，必须承认分离权，这一点在有了1917年这半年来的革命经验以后，未必再会引起争论了。"④ 1919年，俄共（布）"八大"决定在党纲中不再使用"自决"一词，而改用"各民族有国家分离权"。

二、列宁民族自决权理论的思想内涵

列宁认为，对什么是民族自决权这一问题的答案绝不能从根据法权的

---

① 《列宁全集》第25卷，人民出版社1988年版，第225页。
② 《列宁全集》第27卷，人民出版社1990年版，第257页。
③ 《列宁全集》第29卷，人民出版社1985年版，第487页。
④ 《列宁全集》第32卷，人民出版社1985年版，第369页。

"一般概念"得出的法律定义中去寻找,而应从对民族运动历史的和经济的研究中去寻找,因为事情的本质不在于法律的定义,而"在于全世界民族运动的经验。""因此,如果我们要懂得民族自决的意义,不是去玩弄法律上的定义,'杜撰'抽象的定义,而是去研究民族运动的历史-经济条件,那就必然得出如下结论:所谓民族自决,就是民族脱离异族集合体的国家分离,就是成立独立的民族国家。"① "从历史-经济的观点看来,马克思主义者的纲领中所谈的'民族自决',除了政治自决,即国家独立、建立民族国家以外,不可能有什么别的意义。"② 也许误解正是出自于此,有些人往往一提民族平等、民族自决就会不假思索地简单引用列宁关于民族自决就是"国家分离"、"成立独立国家"这样的表述。很明显,在这里他们忽略了列宁表述民族自决权这一概念的条件,也就是说,列宁把民族自决权定义为"国家分离"、"成立民族国家",是立论于"全世界民族运动的经验",是"从历史-经济的观点"来看的,即从一般意义上,从研究民族运动的历史经济条件方面来界定民族自决概念的,"这只是说,马克思主义者不能忽视那些产生建立民族国家趋向的强大的经济因素"。列宁在阐明了民族自决权定义的一般意义之后紧接着指出,至于从马克思主义的观点,即无产阶级观点来看,究竟在什么样条件下才能支持"民族国家"这个资产阶级民主要求,则要作具体分析,因为"在分析任何一个社会问题时,马克思主义理论的绝对要求,就是要把问题提到一定的历史范围之内"③。因此,把列宁所提出的民族自决权简单地理解为"分离和成立独立国家的权利"是片面的,在实践中也是有害的。

列宁自己讲过,"如果从事实的整体上、从它们的联系中去掌握事实,那么,事实不仅是'顽强的东西',而且是绝对确凿的证据。如果不是从整体上、不是从联系中去掌握事实,如果事实是零碎的和随意挑出来的,那么它们就只能是一种儿戏,或者连儿戏也不如。"④ 纵观列宁的相关论述,我们认为要正确、全面地把握和领会列宁的民族自决权思想,至少应明确以下几个

---

① 《列宁全集》第25卷,人民出版社1988年版,第225页。
② 《列宁全集》第25卷,人民出版社1988年版,第228页。
③ 《列宁全集》第25卷,人民出版社1988年版,第229页。
④ 《列宁全集》第28卷,人民出版社1990年版,第364页。

方面：

首先，列宁的民族自决权原则是针对帝国主义的侵略和民族压迫政策，作为反对一切民族压迫的民主手段提出来的。

列宁认为，在帝国主义阶段，世界已被分裂成为压迫民族和被压迫民族，压迫民族的资产阶级及其政府为了自身的利益而践踏其他弱小民族的权力，对他们施行欺压和剥削，在这种情况下，"否认民族自决即民族分离自由，只能意味着拥护统治民族的特权和警察的治国方式，而损害民主的治国方式。"①"如果我们不提出和不宣传分离权的口号，那就不仅是帮助了压迫民族的资产阶级，而且是帮助了压迫民族的封建主和专制制度"。同时，列宁指出，"我们反对压迫民族的特权和暴力，同时丝毫也不纵容被压迫民族谋求特权。"②"无产阶级就只提出所谓消极的要求，即要求承认自决权，而不向任何一个民族担保，不向任何一个民族答应提供损害其他民族利益的任何东西。就算这是不'实际'吧，但这在事实上能最可靠地保证用尽可能民主的办法解决问题"③；因此，"承认一切民族有自觉权，正是最高限度的民主主义和最低限度的民族主义"。④

其次，列宁提出民族自决权并不是鼓励任何分离、分散、成立小国家的要求，其根本的目的完全是为了联合，为了各民族在民主和平等的基础上的自愿联合。

列宁认为，对于被压迫民族的自决权利，马克思主义必须坚决维护，但是马克思主义者所以维护这种权利，仅仅因为它是"反对一切民族压迫的彻底表现"，而决不是说马克思主义者希望、提倡和鼓励分离、分散和成立小国家。恰恰相反，觉悟的无产阶级将始终坚持建立更大的国家，因为"在其他条件相等的情况下，大国比小国能有效得多地完成促使经济进步的任务，完成无产阶级同资产阶级斗争的任务。但是我们珍视的只是自愿的联系，而决不是强制的联系。……取消强制的、封建的和军事的联系，代之以自愿的联

---

① 《列宁全集》第25卷，人民出版社1988年版，第251页。
② 《列宁全集》第25卷，人民出版社1988年版，第240页。
③ 《列宁全集》第25卷，人民出版社1988年版，第238页。
④ 《列宁全集》第25卷，人民出版社1988年版，第263页。

系,才能有利于各民族工人的阶级团结"。① 也就是说,列宁所坚持和拥护的大国制,决不是那种靠兼并来实现、靠暴力来维持的"只捉不放"的大国制,而是在民族平等和相互信任的基础上,依靠自愿的协议来实现和维持的大国制。只有使各民族切实享有自决权,才能使它们之间,特别是压迫民族与被压迫民族之间消除猜疑和顾虑,才能使它们顺应经济发展的要求,放心大胆地接近乃至融合。所以列宁多次谈道:"觉悟工人是不宣传分离的;他们知道大国的好种种处和广大工人群众联合起来的种种好处。但是,只有在各民族真正完全平等的情况下,大国才可能成为民主国家,而各民族的这种平等,就意味着享有分离权。"② "……我们想建立大国,想使各民族接近乃至融合,但是这要在真正民主和真正国际主义的基础上实现;没有分离自由,这是不可想象的"③。"一个国家的民主制度愈接近充分的分离自由,在实际上要求分离的愿望也就愈少愈弱"④。"只有被压迫民族的真正的解放,民族压迫的真正根除,才能导致各民族的融合,而检验这种真实性的政治上的标准,恰恰就在于有无分离自由。分离自由是反对愚蠢的小国制和民族隔绝状态的最好的和唯一的政治手段"⑤。

第三,列宁强调不能把民族自决问题和某个时期实行分离是否适当的问题混为一谈,民族自决权的要求应服从无产阶级和各族人民的根本利益,服从社会主义利益。

列宁认为,"其实在'欧洲生活中的各种问题'中,社会主义居于首位,民族斗争不过居于非常次要的地位"⑥,"民族问题和'工人问题'比较起来,只有从属的意义"⑦,"民主的某些要求,包括自决在内,并不是什么绝对的东西,而是世界一般民主主义(现在是一般社会主义)运动中的一个局部。

---

① 《列宁全集》第 25 卷,人民出版社 1988 年版,第 72 页。
② 《列宁全集》第 24 卷,人民出版社 1990 年版,第 351—352 页。
③ 《列宁全集》第 27 卷,人民出版社 1990 年版,第 85 页。
④ 《列宁全集》第 27 卷,人民出版社 1990 年版,第 257 页。
⑤ 《列宁全集》第 27 卷,人民出版社 1990 年版,第 269 页。
⑥ 《列宁全集》第 23 卷,人民出版社 1990 年版,第 134 页。
⑦ 《列宁全集》第 25 卷,人民出版社 1988 年版,第 265 页。

在某些具体场合，局部和整体可能有矛盾，那时就必须抛弃局部。"① 因此，他在提出民族自决权时强调，民族自决要服从于无产阶级革命和社会主义的利益要求。1903 年 7 月，他在《我们纲领中的民族问题》中认为，无产阶级政党要求民族自觉服从于无产阶级阶级斗争的利益，这是同资产阶级民主派提法的区别之所在。我们"无条件地承认争取民族自决的自由的斗争，这丝毫也不意味着我们必须支持任何民族自决的要求。社会民主党作为无产阶级的政党，其真正的主要的任务不是促进各民族的自决，而是促进每个民族中的无产阶级的自决。我们应当永远无条件地努力使各民族的无产阶级最紧密地联合起来。只有在个别的特殊情况下，我们才能提出并积极支持建立新的阶级国家或者用比较松散的联邦制的统一代替一个国家政治上的完全统一等等要求"。② 1914 年列宁在《论民族自决权》中再次强调指出："无产阶级认为民族要求服从阶级斗争的利益。资产阶级民主革命究竟是以该民族分离还是以该民族取得同其他民族平等的地位而告终，这在理论上是不能预先担保的；无产阶级认为重要的，是在这两种情况下都要保证本阶级的发展"，"在民族自决问题上，也同在其他一切问题上一样，我们首先注意和最注意的是各民族内部无产阶级的自决。"③ 后来，列宁在许多著作中都反复强调，"在觉悟的工人看来，任何民主要求（其中也包括自决）都要服从社会主义的最高利益"④；"究竟什么更重要，是民族自决权呢，还是社会主义？社会主义更重要。是不是可以为了怕违背民族自决权，而当着帝国主义明明强大、苏维埃共和国明明虚弱的时候，让苏维埃社会主义共和国去送死，去遭受帝国主义的打击呢？不，不可以。这不是社会主义的政策，这是资产阶级的政策。""任何一个马克思主义者，如果不愿违背马克思主义和整个社会主义的原则，那就不能否认，社会主义的利益高于民族自决权的利益。为了实现芬兰、乌克兰及其他民族的自决权，我们的社会主义共和国已经做了它所能够做的一切，并且还在继续做下去。但是，既然具体情况是，为了几个民族

---

① 《列宁全集》第 28 卷，人民出版社 1990 年，第 38 页。
② 《列宁全集》第 7 卷，人民出版社 1986 年，第 218 页。
③ 《列宁全集》第 25 卷，人民出版社 1988 年，第 238、256 页。
④ 《列宁全集》第 28 卷，人民出版社 1988 年，第 149 页。

（波兰、立陶宛、库尔兰等）的自决权遭到侵犯这件事，社会主义共和国的生存目前受到了威胁，那就很清楚，保存社会主义共和国是更高的利益。"①

与此同时，列宁强调不能把民族自决问题和某个时期实行分离是否适当的问题混为一谈。"社会民主党承认一切民族都有自决权，决不是说社会民主党人在每一个具体情况下对某一民族的国家分离是否适宜的问题不作出独立的估计。相反地，社会民主党人正应该作出这种独立的估计，既要考虑到资本主义发展的情况和联合起来的各民族的资产阶级对各民族的无产者压迫的情况，又要考虑到总的民主任务，首先是而且主要是无产阶级争取社会主义的阶级斗争的利益。"② "不允许把民族自决权问题（即受国家宪法保证用完全自由和民主的方式解决分离的问题）同某一民族实行分离是否适宜的问题混淆起来。对于后者，社会民主党应当从整个社会发展的利益和无产阶级争取社会主义的阶级斗争的利益出发，完全独立地逐个加以解决。"③ 无产阶级"承认各民族平等，承认各民族都有成立民族国家的平等权利，同时又把各民族无产者之间的联合看得高于一切，提得高于一切，从工人的阶级斗争着眼来估计一切民族要求，一切民族的分离"。④

第四，列宁提出并坚持民族自决权旨在对各民族的工人群众进行真正民主主义、社会主义和国际主义的教育，实现斗争中的团结与联合。

列宁指出，"马克思向压迫民族中的一位社会主义者询问了一下他对被压迫民族的态度，就能立刻发现统治民族（英吉利和俄罗斯）的社会主义者的一个共同缺点：不了解他们对被压迫民族所负的社会主义义务，一味重复他们从'大国'资产阶级方面接受来的偏见。"⑤ 为此，在看待和分析帝国主义时代各国无产阶级所面临民族问题时，列宁多次援用马克思对待英国爱尔兰问题的观点来教育各国无产者。列宁认为，马克思从来没有把民族运动看做绝对的东西，他知道只有工人阶级的胜利才能使一切民族得到完全的解放。所以，马克思最初以为能够解放爱尔兰的不是被压迫民族中的民族运动，而

---

① 《列宁全集》第33卷，人民出版社1985年，第362—363、254页。
② 《列宁全集》第23卷，人民出版社1990年，第330页。
③ 《列宁全集》第24卷，人民出版社1990年，第62页。
④ 《列宁全集》第25卷，人民出版社1988年，第239页。
⑤ 《列宁全集》第25卷，人民出版社1988年，第264页。

是压迫民族中的工人运动。但是后来由于英国工人阶级在相当长的时期内受资产阶级自由派的影响,成了他们的尾巴,而爱尔兰的资产阶级解放运动加强起来,并且采取了革命的形式。在这种情况下,马克思重新审查了自己的观点并且作了改正,提出了"如果一个民族奴役其他民族,那对它自己来说该是多么的不幸"的著名论断。因此,列宁得出结论:"工人阶级是最不会把民族问题当做偶像的,因为资本主义的发展不一定就唤起一切民族都来争取独立生活。可是,既然群众性的民族运动已经产生了,那么回避它,拒绝支持其中的进步成分,这在事实上就是陷入民族主义偏见,就是认为'自己的'民族是'模范民族'(我们再补充一句,或者是享有建立国家特权的民族)。"① "马克思和恩格斯在爱尔兰问题上的政策提供了各压迫民族的无产阶级应当怎样对待民族运动的伟大范例,这种范例至今还具有巨大的实际意义"②。结合新的时代条件,列宁继承和发展了马克思恩格斯的思想,提出实现被压迫民族的民族自决必须同资本主义发展的帝国主义时代联系起来。"在社会民主党的纲领中居中心地位的,应当是把民族区分为压迫民族和被压迫民族。……根据这个区分应当得出我们对'民族自决权'的彻底民主主义的、革命的、同为社会主义而立即斗争的总任务相适应的定义。为了这种权利,为了真正承认这种权利,压迫民族的社会民主党人应当提出被压迫民族有分离的自由这一要求,否则,所谓承认民族平等和工人的国际团结,实际上就只能是一句空话,只能是一种欺人之谈。被压迫民族的社会民主党人则应当把被压迫民族的工人同压迫民族的工人的团结一致和打成一片摆到首位,否则,这些社会民主党人就会不由自主地成为一贯出卖人民和民主的利益、一贯准备兼并和压迫其他民族的这个或那个民族的资产阶级的同盟者。"③ 也就是说,在帝国主义时代,压迫民族的社会民主党人对本国工人国际主义教育的重心必须是宣传并坚持被压迫民族有分离的自由,被压迫民族的社会民主党人应把自己鼓动工作的重心放在各民族的自愿联合上。"不仔细考虑问题的人,会以为压迫民族的社会民主党人坚持'分离自由'而被压迫民族的社会

---

① 《列宁全集》第 25 卷,人民出版社 1988 年,第 266 页。
② 《列宁全集》第 25 卷,人民出版社 1988 年,第 271—272 页。
③ 《列宁全集》第 27 卷,人民出版社 1990 年,第 81 页。

民主党人坚持'联合自由'是'矛盾的'。可是,只要稍微思索一下就可以知道,没有而且不可能有达到国际主义和民族融合的其他道路,摆脱现在的状况而达到这个目的的其他道路。"①

(载《东岳论丛》2012 年第 2 期)

---

① 《列宁全集》第 28 卷,人民出版社 1990 年,第 43—44 页。

马克思恩格斯批判资本主义制度的三重维度及其启示

——基于"物质贫乏不是社会主义,精神空虚不是社会主义"的思考

陈兆芬

摘 要:马克思恩格斯对资本主义制度的批判是从资本主义社会众多违反"人类本性"的社会现实出发,扬弃了哲学意义上实践维度的局限性,克服了经济学意义上生产力维度的片面性,最后立足于科学社会主义意义上人的全面发展维度的科学性,科学地回应了当下中国:只有"物质不贫乏"和"精神不空虚"的社会主义,才是尊重和有助于人类自主性和创造性发挥,促进社会成员自由全面发展的社会。这对当今中国坚持以人为本的科学发展理念、制定推动文化大发展、大繁荣的科学决策、彰显社会主义制度魅力和优越性,积极顺应社会发展规律等具有重要指导意义。

关键词:社会制度;批判;人的全面发展;意义

作者简介:陈兆芬,1972年生,女,聊城大学世界共运所讲师,河海大学马克思主义学院博士生。

胡锦涛同志在纪念党的十一届三中全会30周年大会上强调:"中国特色社会主义是全面发展、全面进步的事业,物质贫乏不是社会主义,精神空虚也不是社会主义。任何时候都不能以牺牲精神文明为代价换取经济的一时发展。"①

---

① 胡锦涛:《在纪念改革开放30周年大会上的讲话》,载 http://www.chinadaily.com.cn/hqzg/2008-12/18/content_ 7318929_ 3. htm。

这段论述，突出强调了加强精神文明建设的重要性与紧迫性。同时也是对当下所面临的一个非常紧迫的社会问题作出的回应，即我们到底需要重生产力、重经济、重物质生活、重物质生产的社会主义？还是需要在解决好人民群众物质生活的基础上能够解决好人民群众精神生活的社会主义？其言外之意就是到底需要什么样的社会主义？对这个问题的回答必然涉及到如何认识和评价社会制度优劣的问题。

当然，认识和评价一个社会制度的优劣有多重标准或参照系，但是其中必有一个根本性的。马克思恩格斯从资本主义社会众多违反"人类本性"的社会现实出发，分别从哲学意义上的实践维度、经济学意义上的生产力维度和科学社会主义意义上人的自由全面发展维度对资本主义社会进行了深入的、全面的剖析得出：一个社会制度的优劣，从根本上讲就是看它是否尊重和有助于人类那种自主性和创造性的发挥，是否促进了社会成员自由全面的发展。由此，只有共产主义社会制度才是能够促进人类全面发展的最理想的制度。

一、马克思恩格斯批判资本主义制度的实践维度

马克思恩格斯在其标志性著作《德意志意识形态》中指出：占统治地位的剥削阶级进行思想统治的一个趋势就是："占统治地位的将是越来越抽象的思想，即越来越具有普遍形式的思想。"[①]也就是说以全社会利益代表的面貌出现的抽象普遍性的思想观念是统治阶级进行思想统治而使用的一种形式，抽象性在真正意义上构成了资本主义社会的本质，其中"抽象的人"就是资产阶级社会"抽象化"的产物，是资产阶级学者论证资本主义制度的永恒的出发点，而马克思超越了资产阶级学者的"思辨的抽象"和"单纯的直观"的狭隘眼界，从现实的、实践的人出发，揭示了资本主义社会众多违反"人类本性"的社会现实，用现实的普遍性化解了抽象的普遍性，克服了哲学意义上从抽象的人出发无法做到对现存社会进行批判和超越的局限性。

（一）现实的人的实践是马克思恩格斯批判资本主义社会制度的逻辑起点。实践的观点是马克思主义哲学的生长点和立足点，也是他与一切旧唯物

---

① 《马克思恩格斯选集》第 1 卷，人民出版社 1995 年版，第 100 页。

主义的根本分界线。马克思从社会制度根源于现实的人的物质生活的实践出发，扬弃了黑格尔哲学体系所理解的"抽象的人"，以及主客体理论的神秘主义和唯心主义的本质，克服了费尔巴哈和一切旧唯物主义者对事物、现实、感性，只是从客体的或者直观的形式去理解，而不是把他们当做人的感性活动，当做实践去理解，不是从主观方面去理解的局限性。马克思指出，"一个人，如果曾在天国的幻想现实性中寻找超人，而找到的只是他自身的反映，他就再也不想在他正在寻找和应当寻找自己的真正现实性的地方，只去寻找他自身的假象，只去寻找非人了。"① 只有从现实的人的物质生活实践中去理解和体会现实世界、现实社会制度的合理与否，这样才能真正明白资本主义制度下现实的人遭受压迫和苦难产生的原因不是在于人与神的地位颠倒，而是源于现实社会中制度与思想的东西的错乱和颠倒。② 因此只有把"对天国的批判变成对尘世的批判"③，不断揭露、批判、终结不合理的社会制度才能让资本主义制度下现实的人摆脱锁链，拥有真正的自由和价值。

（二）实践着的现实的人是推动社会进步的物质力量。在马克思看来，人类的进化、社会历史的发展、人类文明的进步无一不是由人们世世代代的绵延不绝的实践活动所推动并在实践活动过程中实现的。而在资本主义社会制度下从事着生产劳动实践的现实的人却被完全异化，使其与自然、与社会、与人类进行自由自觉的劳动的类本质相异化。这种异化的根源就在于资本主义私有制，所以扬弃人的异化和消灭私有制的根本途径在于工人的政治解放运动，即开展消灭资本主义制度的无产阶级革命，以达到人的全面复归和彻底解放。但是"环境的改变和人的活动的一致，只能被看做是并合理地理解为变革的实践。"④ 即现实的人的实践。而人的实践不同于动物的活动。动物没有自己的主观世界，人的活动都是在一定意识、目的的指导下。实践虽然是在一定思想指导下进行的，但是它又超越了主观认识的范围，是一种变革现实世界的客观物质性实践活动。正因为实践既包含着主观的因素、又具有

---

① 《马克思恩格斯文集》第1卷，人民出版社2009年版，第3页。
② 何为芳：《制度的批判与人的解放的初始链接》，载《中南林业科技大学学报（社会科学版）》，2011年第1期。
③ 《马克思恩格斯文集》第1卷，人民出版社2009年版，第4页。
④ 《马克思恩格斯文集》第1卷，人民出版社2009年版，第504页。

客观性，因而它具有直接的现实性，也就是说实践能够把主观认识变成客观实际，把思想、理论在现实中实现出来。然而"思想永远不能超出旧世界秩序的范围：在任何情况下，思想所能超出的只是旧世界秩序的思想范围。思想本身根本不能实现什么东西。思想要得到实现，就要有使用实践力量的人。"[①] 在马克思看来，现存的资本主义制度下的无产阶级，就是能够实现消灭旧制度和创造新社会、建立新制度"思想"的可以使用的"实践力量的人"。

二、马克思恩格斯批判资本主义制度的生产力维度

人们的实践包括的生产实践、社会实践、科学实验、思想实践等，它们最终都会落根在是束缚还是解放生产力上。社会制度是同生产力发展一定阶段相适应的经济基础和上层建筑的统一体。社会制度的更替过程就是人类社会不断发展的过程。固然，生产力的发展推动社会进步，社会制度的进步当然包括有助于生产力发展的因素，但是在马克思看来，"每一种事物好像都包含有自己的反面"。正如"机器具有减少人类劳动和使劳动更有成效的神奇力量，然而却引起了饥饿和过度的疲劳"一样[②]，资本主义社会在生产领域产生的比以往人类历史上任何时代都不能想象的工业和科学的力量，也并不能以断定资本主义制度就是人类理想的社会制度，因为好的社会制度不但包括有助于生产力发展的因素，好的社会制度还必须包括合理的生产关系、进步的社会价值观念等，也就是说：

（一）生产力水平的高低并不能完全衡量生产关系的优劣。马克思主义认为，生产力与生产关系矛盾运动的规律，是人类社会发展的基本规律。生产力和生产关系的有机结合和统一，构成社会的生产方式。其中，生产力是最革命、最活跃的因素。生产力的发展决定生产关系变革，生产关系的变革促进生产力的发展。例如，资本主义制度代替封建制度是历史的巨大进步，极大地促进生产力的发展。"资产阶级在它的不到一百年的阶级统治中所创造的

---

① 《马克思恩格斯文集》第1卷，人民出版社2009年版，第320页。
② 《马克思恩格斯选集》第1卷，人民出版社1995年版，第775页。

生产力,比过去一切世代创造的全部生产力还要多、还要大。自然力的征服,机器的采用,化学在工业和农业中的应用,轮船的行驶,铁路的通行,电报的使用,整个大陆的开垦,河川的通航,仿佛用法术从地下呼唤出来的大量人口,——过去哪一个世纪料想到在社会劳动里蕴藏有这样的生产力呢?"①但是马克思看到:"财富的新源泉,由于某种奇怪的、不可思议的魔力而变成贫困的源泉。技术的胜利,似乎是以道德的败坏为代价换来的。随着人类愈益控制自然,个人却似乎愈益成为别人的奴隶或自身的卑劣行为的奴隶。甚至科学的纯洁光辉仿佛也只能在愚昧无知的黑暗背景上闪耀——我们的一切发现和进步,似乎结果是使物质力量成为有智慧的生命,而人的生命则化为愚钝的物质力量。现代工业和科学为一方与现代贫困和衰颓为另一方的这种对抗,我们时代的生产力与社会关系之间的这种对抗,是显而易见的、不可避免的和无庸争辩的事实。"② 显然历史上曾起过革命作用的资产阶级根本没有把巨大的物质生产力和精神生产力自觉地用于人民自身的完善和发展,没有提供每个成员的自由、全面发展的环境,没有体现出尊重社会成员自主的、创造的个性,而是无情地撕下了"罩在家庭关系上的温情脉脉的面纱","抹去了一切向来受人尊崇和令人敬畏的职业的神圣光环",用更加"公开的、无耻的、直接的、露骨的剥削代替了由宗教幻想和政治幻想掩盖着的剥削"。③总之,在表象光亮的资本主义制度下:一边是财富的积累,一边是贫困的积累;一边是产品的完美、物质财富的丰富;一边是人的畸形、人性的贫乏。其背后两极分化(包括国内的国际的两极分化)和人性异化的致命缺陷注定资本主义制度最终也摆脱不了被否定、被炸毁的结局。正如马克思所言:"这个仿佛用法术创造了如此庞大的生产资料和交换手段的现代资产阶级社会,现在像一个魔法师一样不能再支配自己用法术呼唤出来的魔鬼了,"④

(二)生产力水平的高低并不能完全衡量价值观念的好坏。好的社会制度不仅能够给人们提供优越的物质生活,更要能够给人们提供丰富的文化知识、

---

① 《马克思恩格斯文集》第2卷,人民出版社2009版,第36页。
② 《马克思恩格斯文集》第2卷,人民出版社2009年版,第580页。
③ 《马克思恩格斯文集》第1卷,人民出版社2009版,第34页。
④ 《马克思恩格斯文集》第1卷,人民出版社2009年版,第37页。

优美的心灵、高尚的志趣、远大的理想和健全人格，而这些正是无法简单地用生产力水平的高低来衡量和实现的。虽然"生产力或一般财富从趋势和可能性来看的普遍发展成了基础，同样，交往的普遍，从而世界市场成了基础，这种基础是个人全面发展的可能性。"① 也就是说生产力的发展为人类相互之间物质、能量、情感、信息等方面的联系和交往提供了基础和可能性，但是资产阶级一方面像地质变革创造地球表层一样为新世界创造着物质基础；另一方面"资产阶级在它已经取得了统治的地方把一切封建的、宗法的和田园诗般的关系都破坏了。它无情地斩断了把人们束缚于天然尊长的形形色色的封建羁绊，它使人和人之间除了赤裸裸的利害关系，除了冷酷无情的'现金交易'，就再也没有任何别的联系了。——它把人的尊严变成了交换价值，同一种没有良心的贸易自由代替了无数特许的和自力挣得的自由。"② "资产阶级抹去了一切向来受人尊崇和令人敬畏的职业的神圣光环。它把医生、律师、教士、诗人和学者变成了它出钱招雇的雇佣劳动者"，③ 在马克思看来，无论资本主义社会制度的生产力多么发达、物质财富多么富裕，都是注定要被否定的制度。因为它违背了人类应当"了解自己本身，是自己成为衡量一切生活关系的尺度，按照自己的本质去估计这些关系，真正依照人的方式，根据自己本性的需要来安排世界。"④ 所以"只有在伟大的社会变革支配了资产阶级时代的成果，支配了世界市场和现代生产力，并且使这一切都服从于最先进的民族的共同监督的时候，人类的进步才会不再像可怕的异教神怪那样，只有用被杀害者的头颅做酒杯才能喝下甜美的酒浆。"⑤

三、马克思恩格斯批判资本主义制度的人全面发展维度

人的全面发展，同其他任何事物一样，也是作为一种内在的规定性存在于人类的历史和现实之中。马恩批判资本主义社会的人全面发展的维度，深

---

① 《马克思恩格斯全集》第 46 卷下，人民出版社 1980 年版，第 36 页。
② 《马克思恩格斯文集》第 2 卷，人民出版社 2009 版，第 33—34 页。
③ 《马克思恩格斯文集》第 2 卷，人民出版社 2009 年版，第 34 页。
④ 《马克思恩格斯全集》第 1 卷，人民出版社 1956 年版，第 651 页。
⑤ 《马克思恩格斯选集》第 1 卷，人民出版社 1995 年版，第 773 页。

深地植根于对人类发展的历史、当时的现实和人类本质这三个方面的洞察，从而使人的全面发展在马克思主义这里获得了科学的形态，即只有在共产主义社会，人类的自主性和创造性才得到充分的发挥，人的自由而全面的发展才能真正得到尊重和实现。

（一）人类自主性和创造性的活动决定着社会的存在和发展趋向。面对有据可考、有史可查的人类发展史，我们不难发现，人类是在认识和解决与生俱来的人自身的生存需要而形成了社会和不同类型的社会制度。人类诞生之初面对极端恶劣的生存环境，靠个体单独行动不行，必须联合行动，而要使联合行动达到目的，就必须有各种各样的联合方式即社会。社会一产生就把本来平等的各成员按其天赋能力或机遇划分成不同类型的有差别的存在。由于社会"这样的一种现实基础，它排除一切不依赖于个人而存在的东西，因为现存制度只不过是个人之间迄今所存在的交往的产物"，[1] 社会制度应运而生。从此，人类发展的需要，一方面促使人类不断适应日益变化着的改造自然的需要而去改造社会，另一方面又推动着整个人类不断探索摆脱构成社会制度后越发不能忍受的不平等乃至剥削和欺压而重建适合自己全面发展的新的社会制度。在马克思看来，人的活动一方面它是展示个人的自主性和创造性的活动，一方面又应当是推动和有利于他人的自主性和创造性的活动，从而使相互作用着的不同个人的活动都朝着各自自由而全面的方向发展，人类活动这种具有超动物性的特殊性，决定了他们不同于靠大自然的赐予满足需要的动物，而是用人类的创造性的活动来满足自己发展的需要，任何束缚和不尊重人的创造性和自主性的发挥，不利于人的发展的社会都注定是被否定的，资本主义社会制度的命运就是如此，它把人的创造性和自主性的发挥完全地、彻底地钉在了"对物的依赖"这根"耻辱柱"上，不过资产阶级不自觉地锻造着"置自身于死地的武器；它还产生了将要运用这种武器的人——现代的工人，即无产者"。[2]

（二）人类全面发展的状况直接检验着社会进步的程度。社会是有生机的、进步的，还是滞颓的、退步的，不在于别的社会制度下的人们怎么评价，

---

[1] 《马克思恩格斯文集》第1卷，人民出版社2009年版，第574页。
[2] 《马克思恩格斯文集》第2卷，人民出版社2009版，第38页。

也不在于该制度下的某些人的自我评价,而在于在该社会制度中生活的现实的人的感觉和他们的发展状况。因为"人就是人的世界,就是国家,社会",①"人们的社会历史始终只是他们的个体的发展历史,而不管他们是否意识到这一点"。② 这就是说,无数的个人组成了社会;无数人的全面发展促成了社会的全面发展。一切能够促进社会成员的全面发展的社会制度,都是好制度;而一切有碍于人的全面发展的社会制度,无论一定的人们怎样论证它的美好,都注定是要被否定的制度。在马克思看来,人类自它构成了严格意义上的社会以后,便形成了一种被他称为"异化"的现象,尤其到了资本主义社会,巨大的生产力使人类拥有了前所未有的闲暇时间,时间就是人类发展的空间,正如马克思所言:"时间实际上是人的积极存在它不仅是人的生命的尺度,而且是人的发展的空间"。③ 个人享有充足的自由时间,也就等于享有了充分发展能力和展示个性的空间。然而,这一时间即人发展的空间却被资本无情地剥夺了,人的全面发展的可能变成了人性畸形和异化的残酷现实,所以资本主义制度必然被一个这样的联合体所代替,"在那里,每个人的自由发展是一切人自由发展的条件。"④ 在那里,"把个人的自由发展和运动的条件置于他们的控制之下,"⑤ 从而真正实现"个人的独创的和自由的发展不再是一句空话的唯一的社会,"⑥ 真正实现"早晨钓鱼、中午打猎、晚上搞批判的批判"⑦ 的人的自由全面发展的社会。

四、对当代中国的启示

按照马克思主义创始人的观点:人类既是一个具有自主性创造性尊严的存在物,社会自身的一切观念和行动都应当有助于促进而不是剥夺他们的自

---

① 《马克思恩格斯文集》第1卷,人民出版社2009年版,第3页。
② 《马克思恩格斯文集》第10卷,人民出版社2009年版,第43页。
③ 《马克思恩格斯全集》第47卷,人民出版社1979年版,第532页。
④ 《马克思恩格斯文集》第2卷,人民出版社2009年版,第53页。
⑤ 《马克思恩格斯全集》第3卷,人民出版社1960年版,第85页。
⑥ 《马克思恩格斯全集》第3卷,人民出版社1960年版,第516页。
⑦ 《马克思恩格斯选集》第1卷,人民出版社1995年版,第85页。

主性、扼杀他们的创造性；人类又是一个诸个体向着自由而全面的方向发展的存在物，社会的一切思想和行为应当围绕着提供而不是破坏这种环境和条件而进行。虽然资本主义社会的生产力比较发达，物质生活水平也比较高、它的经济制度也比较健全，但是它根本没有把巨大的物质生产力和精神生产力自觉地用于推动劳动人民自身的发展与完善，没有提供每个成员的自由、全面发展的环境，没有体现出尊重社会成员那种自主、创造的个性。可见，马恩非常主张从人的全面发展的维度认识和分析资本主义制度，他们这一思想对当今中国坚持以人为本的科学发展理念、制定推动文化大发展、大繁荣的科学决策、彰显社会主义制度魅力和优越性，积极顺应社会发展规律等具有重要启示意义。

（一）坚持以人为本的科学发展理念是社会主义制度的基本价值诉求。马恩对资本主义社会制度的评价并不否认生产力标准的正确性，"因为任何生产力都是一种即得力量，是以往的活动的产物"，① 每个社会制度下的生产力的发展现状都是长期历史发展的产物，是人们不能随心所欲地选择的。"随着新生产力的获得，人们改变自己的生产方式，随着生产方式即谋生的方式的改变，人们也就会改变自己的一切关系。手推磨产生的是封建主的社会，蒸汽磨产生的是工业资本家的社会。"② 然而，生产力的决定作用是从最终意义上讲的，是从历史本体论而非历史价值论意义上讲的，从价值论上看，首先，发展生产力并不是人类的最终目的，人的自由全面发展和更幸福生活才是发展生产力的旨归；其次，生产力水平的高低并不能完全地恰当地反映社会制度的优劣，一个好的社会制度不仅要有助于生产力的发展，还要能够建构一个合理的生产关系、进步的文化观念以及人性完善和给人带来可持续的幸福，假如缺乏后者，生产力的发展也是不可持续的，因为人的因素毕竟是生产力中最根本的因素。如果片面地把能否促进生产力的发展作为社会制度的唯一尺度，就可能会用社会制度的手段把人们的事业和精力局限于生产、效率、效益上，从而忽视更重要的方面，如社会成员的发展、对未来的关切。其实，中国几十年来由于盲目追求单纯的物质生活，以物障目，经济决定论、资本

---

① 《马克思恩格斯文集》第10卷，人民出版社2009年版，第43页。
② 《马克思恩格斯选集》第1卷，人民出版社1995年版，第142页。

本位论导致社会上一些领域的道德失范、诚信缺失，一些社会成员的人生观、价值观严重扭曲等种种丑恶现象沉渣泛起，严重违背了社会主义经济基础与上层建筑全面进步、和谐统一的基本要求，背离了社会主义制度的基本价值诉求。显然，这些后果与片面地把生产力发展水平作为检验社会制度优劣的标准不无关系。

（二）推动文化大发展、大繁荣的科学决策是社会主义制度的魅力彰显。按照马克思主义创始人的观点，在已经建立了社会主义制度的社会里，国家的真正职能并不仅仅在于创造出比资本主义制度更为发达的社会生产力和更高水平的物质生活，更在于从一开始就把尊重和促进人的自由而全面发展，提高社会管理的自觉程度和协调程度，作为自己的根本目的和现实方针，正如"物质的贫乏不是社会主义，精神的空虚不是社会主义"一样，任何社会都是经济基础与上层建筑的完整统一，人们的精神状态是社会上层建筑的组成部分，它与社会经济基础、上层建筑必须协调一致，这样的社会制度才是真正的马克思主义的社会主义，并且只有这样的社会主义才能真正地摆脱贫穷；相反，违背这一指针的资本主义无论生产力多么发达，物质财富多么充裕，也必然会走向真正的贫穷，即"人"的贫穷。所以只有"物质不贫乏"和"精神不空虚"的社会主义，才是能尊重和有助于人类自主性和创造性的发挥，能促进社会成员自由全面的发展的社会。因为社会主义社会的成员不仅应该是享有丰裕物质生活的一代新人，更应该是文化知识丰富、心灵优美、精神志趣高尚、具有远大理想的一代新人。由此可见，当今我国推动文化大发展、大繁荣的战略正是彰显了社会主义制度魅力和优越性的科学决策，是对社会发展规律的积极顺应。

总之，概览人类发展的历史，我们不难发现：人类为了发展自己，选择了社会的形式；人类根据发展自己的不同阶段，建立了不同的社会制度。人类选择社会形式，是他的权利和性质。这就给社会上人赋予了极大地权力，从而也规定了它的权力的性质。所以，社会上的任何一种发展、运动和活动，归根到底归因于人类的发展。人类发展的客观性和规律性，最终构成了社会制度的客观性和规律性，人类发展的复杂多样性引出了社会制度的复杂多样性。面对纷繁复杂的社会制度，马恩立足于人的全面发展维度来分析社会制度的优和劣，一方面为我们全面深入地认识和分析资本主义制度灭亡的历史必然性提供了科学的理论视角,另一方面也为当代中国制定推动文化大发展、大繁荣的战略,进一步彰显社会主义制度魅力、积极顺应社会历史发展规律给予了重要启示意义。

(载《中国国际共运史学会2012年年会暨学术研讨会论文集》)

布哈林悲剧再研究：以党内民主为视角的考察

刘子平

摘　要：布哈林悲剧的产生是多种因素合力的结果，但党内民主的缺失是导致这一悲剧产生的最要害、最关键的原因。党内民主是一个综合系统，是由党内民主意识、党内民主作风和党内民主制度三个子系统组成的。党内民主的完善有利于党内矛盾的有效化解。反之，则党的肌体则会受到严重损害。布哈林悲剧的产生根源于斯大林时期党内民主意识的薄弱、民主作风的匮乏和民主制度的缺失。

关键词：布哈林悲剧；党内民主；斯大林

作者简介：刘子平（1979—），男，山东临沂人，聊城大学世界共运研究所讲师，山东大学马克思主义理论博士后流动站博士后，研究方向：科学社会主义与政党政治。

布哈林，全名尼古拉·伊万诺维奇·布哈林，曾任联共（布）党中央委员会委员和政治局委员，共产国际执行委员会委员、主席团委员、政治书记处书记，是国际共产主义运动的著名活动家、十月革命的重要领导人，曾被列宁称为"党的最可宝贵和最大的理论家"，也是苏联政治革命家、思想家、经济学家，撰写了大量的宣传马列主义、捍卫社会主义的论著。二十世纪二十年代，布哈林和斯大林在苏联新经济政策、工业化和农业集体化等政策的执行过程中，在一些重大方针政策和理论观点上发生了争论并产生了意见分歧。布哈林最终以"从事间谍和破坏活动"莫须有的罪名被开除党籍并被处以极刑，酿成二十世纪国际共产主义运动中的一大冤案。虽然20世纪80年代末布哈林冤案得以平反昭雪，"历史洗掉了布哈林头上的污秽"，但认真反思和总结布哈林悲剧产生的原因，防止以后类似事件的再次发生，仍然具有重要的理论与现实意义。

对布哈林悲剧产生的原因，国内外很多学者都根据自己掌握的相关资料从不同层面进行了分析和探讨。有的学者从俄国的历史文化传统、十月革命后的党内体制与党内斗争等方面来进行综合分析，认为这些方面"至少可以说是导致布哈林悲剧产生的及其重要的原因"。① 还有一种观点认为，"斯大林的个人独断和对中央机构的控制是个重要因素"。② 还有学者认为布哈林的"软弱"性格是造成其悲剧的重要根源③。上述分析从不同侧面对布哈林悲剧产生的原因进行了分析，具有一定的道理，为进一步研究和分析布哈林悲剧产生的原因提供了必要的基础和资料，但这些分析并没有找到布哈林悲剧产生的根本原因。可以说布哈林悲剧的产生是多种因素合力的结果，但我们有必要通过深入的研究与分析，透过历史的层层迷雾，找到最关键的原因。笔者认为，联共（布）党内民主的缺失是导致布哈林悲剧产生的关键原因，这也是我们今天需要认真总结和警醒的关键所在。可以说，苏共的垮台并丧失政权与苏共党内民主的缺失有着直接的联系，这就更加凸显了党内民主建设的极端重要性。

一、党内民主：内涵及逻辑形式

"民主"一词是个外来词，最先起源于源于希腊 δημοZζ demos（人民）和 κρατειν kratein（统治），代表着由人民统治，即多数人的统治。它最早见于古希腊历史学家希罗多德的《历史》一书中。④ 随着时代的推移，民主一

---

① 郑异凡：《布哈林论稿》，中央编译出版社1997年版，第496页。
② 斯蒂芬·科恩：《布哈林与布尔什维克革命》，人民出版社1982年版，第493页。
③ 郑异凡：《布哈林论稿》，中央编译出版社1997年版，第493页。
④ 颜杰峰：《党内民主含义考析》，载《理论与改革》，2009年第1期，第42页。

词不断被赋予了新的内涵,有了新的定义。民主往往被作为一种多数的原则、方法或制度。如美国著名政治经济学家约瑟夫·熊彼特（Joseph Alois Schumpeter）认为民主是一种方法,"民主方法就是那种为作出政治决定而实行的制度安排,在这种制度安排中,某些人通过争取人民选票取得作决定的权力。"① 马克思主义经典作家对民主的定义与西方学者有着根本的分歧与本质的区别,但二者都一致认为民主是"多数人的统治"。列宁就明确指出:"民主是大多数人的统治"②。

当然,由于现实情况的复杂与多样,马克思、恩格斯、列宁等马克思主义者在不同层面使用了民主的概念,赋予民主新的内涵。比如,在国家政治制度的层面上,马克思主义经典作家把民主理解为国家制度、国家形式。列宁就明确指出:"民主是国家形式,是国家形态的一种。"③ 在权利层面,民主被理解为人民的民主权利;在思想层面,民主被理解为一种民主观念、民主意识;在行为方式层面,民主被理解为一种民主作风、民主方法。尽管马克思主义经典作家从不同的角度对民主进行了解读与探讨,他们更多的还是把民主理解为一种国家制度,一种保证多数人权力得到实现的制度。它的核心原则是多数原则。列宁就明确指出:"民主就是承认少数服从多数的国家,即一个阶级对另一个阶级、一部分居民对另一部分居民使用有系统的暴力的组织。"④

马克思主义的创立者马克思、恩格斯把民主制原则积极引入到无产阶级政党的创立与建设过程中,形成了他们的党内民主思想。他们提出了一系列党内民主原则,初步建构了党内民主的制度框架。马克思主义经典作家的党内民主思想总体上是一致的。但对于什么是党内民主,他们并没有给出一个确定的定义或概念。目前学术界对党内民主的含义从不同的角度给予了不同的界定。有的学者认为党内民主是一种制度,一种机制;有的学者认为党内民主是一种原则;有的学者认为党内民主是一种作风或方法等等。马克思主义经典作家关于党内民主的思想和有关学者对党内民主的研究为我们正确认

---

① 约瑟夫·熊彼特:《资本主义、社会主义与民主》,商务印书馆1999年版,第395—396页。
② 《列宁全集》第22卷,人民出版社1990年版,第53页。
③ 《列宁选集》第3卷,人民出版社1995年版,第201页。
④ 《列宁选集》第3卷,人民出版社1995年版,第184页。

识党内民主打下了良好的基础。笔者认为党内民主是一个综合系统，是在民主的政党文化氛围中由党内民主意识、党内民主制度、党内民主作风三个子系统组成的。党内民主意识是党内民主的心理层面，是在一定社会条件下，党内民主的主体（党员、党的领导人）对党内民主、党内民主现象的认识、评价及情感体验等各种意识现象的总称，是政治意识的一种特殊形式。党内民主意识既包括一般党员的民主权利与责任意识，也包括领导干部的民主思想与理念。党内民主意识的强弱决定着党内民主的发展质量与水平。党内民主制度是党内民主的规范层面，是由党员权利保障制度、集体领导制度、党内选举制度与党内监督制度等一系列制度组成的党内民主子系统。它是党内民主原则与党员的民主权利得以实现前提与保障。党内民主作风是运作层面的党内民主，是党内民主意识的外化，主要体现在党内民主主体的民主行为，是由党内民主意识引发和党内民主制度保障的。它由一系列的党内民主原则，如平等、公开、选举、多数决定、集体领导、监督等原则组成。在由三个子系统组成的党内民主中，党内民主意识是核心，是党内民主发展的心理动因与前提；党内民主制度是根本，是党内民主意识与党内民主作风联结的中介，是党内民主原则与民主作风得以实现和落实的保障。党内民主作风是关键，是党内民主建设的出发点与落脚点。可以说缺少党内民主整体系统中的任何一个方面都不是完整的党内民主。

二、党内民主意识的薄弱：布哈林悲剧产生的基本原因

作为党内民主心理层面的党内民主意识是政治意识的一种特殊形式，是党内民主建设的重要组成部分，也是党内民主发展的目标之一。党内民主意识是在很大程度上制约着党内民主发展的实际水平，对党内民主制度有着不可忽视的影响，而且在一定条件下还可能转化为党内民主制度。[①] 邓小平就曾指出："党内民主意识和民主习惯匮乏，使党内民主发展困难重重，而由此所导致的党内民主的脆弱性，往往使党内民主发展的成就在瞬息之间化为乌有，

[①] 李娟：《增强党内民主意识，坚持民主集中制》，载《哈尔滨市委党校学报》，2008年第4期，第53页。

不起任何作用。"①

马克思主义的创始人——马克思恩格斯是党内民主的提出者与实践者，他们有着良好的民主意识，他们把党内民主作为无产阶级建立自己政党的切入点，把民主制确立为党建的原则。1847 年，马克思恩格斯在为共产主义同盟起草的党纲——《共产党宣言》中就规定了党内民主制的原则，做出了党内民主的示范。主要体现为："党的各级领导人是民主选举产生的，不是上级委任的；党的权力中心在全党代表大会；代表大会实行年会制，每年召开一次；党中央委员会是党代表大会的执行机关，党中央委员会不能和代表大会并列为党的最高权力机关；各级党的领导机构必须定期向党员和党代表大会汇报工作，接受审查。"②

列宁尽管出生在一个没有民主传统的沙皇俄国，但他在西方国家生活多年，受西方文明影响较大，有着良好的民主意识。在他担任布尔什维克党最高领导人时期，列宁较好地贯彻与发展了马克思恩格斯的党内民主思想，在党内实施了较为广泛和开放的民主，党内领导人的不同意见和争论都在党报上公开，党内斗争与矛盾得到了较为合理的解决。尽管列宁时期党内民主在理论上和制度设计上都还不健全，但这一时期是俄共（布）党内民主运行较为正常的一段时期。这与党的领导人列宁具有较强的党内民主意识有着直接的关联。

然而苏联是受专制集权主义历史文化传统影响较深的国家。正如英国学者帕克所说的那样，"俄国人经历的唯一政治制度是以专制政治、正教教义、官僚主义和国家控制为基础的，他们没有悠久的立宪政治、自由主义和议会民主的传统"③。长期的专制主义和官僚主义传统使民众中的民主意识、民主精神和民主习惯十分缺乏，这当然也包括很多的党员和干部。斯大林是苏共领导人中缺乏党内民主意识的典型代表。斯大林受具有专制统治历史传统的俄罗斯文化的影响较深，使他成为具有家长独裁制作风和党内民主意识较为薄弱的一个领导人。列宁在其政治遗嘱——《给代表大会的信》中就批评斯

---

① 林尚立：《党内民主——中国共产党的理论与实践》，上海社会科学院出版社 2002 年版，第 58 页。
② 高放：《什么是党内民主》，载《炎黄春秋》，2009 年第 11 期，第 1 页。
③ W. H. 帕克：《超级大国：苏美对比》，商务印书馆 1975 年版，第 325 页。

大林党内民主意识淡薄、作风粗暴。他说,"斯大林同志当了总书记,掌握了无限的权力,他能不能永远十分谨慎地使用这一权力,我没有把握。"① 思想是行动的先导。领导人党内民主意识的薄弱必然会导致相应的党内民主制度、民主作风的缺失。联共(布)党内广大党员党内民主意识的薄弱则会使他们对自己民主权利的行使缺乏动力和积极性,无法民主、有效的参与党内政治生活。政治局中心制、总书记集权制、领导干部终身制和委任制都是党内民主意识薄弱的产物。在这一背景下,就注定了在列宁时期能够正常处理与解决的党内矛盾与斗争和党内领导人的意见分歧在斯大林时期无法得到正确有效的解决,而且被上升到敌我矛盾的高度。可见,党内民主意识的薄弱最终使布哈林与斯大林关于社会主义建设道路的正常论争却走上了一条不正常的路,最终导致了布哈林的悲惨结局。

三、党内民主作风的匮乏:布哈林悲剧产生的重要原因

作为党内民主运作层面的党内民主作风是党内民主意识的外化,它主要由党内民主主体的行为来体现。党内民主的主体——处于党的组织系统不同层级中的全体党员,是党内民主正常运转的物质载体,他们的素质决定了党内民主的实施程度。民主作风就是党内民主主体素质中的重要一环。

良好的党内民主作风可以充分践行党内民主原则与制度,使党内民主意识得到强化,党内民主制度得到发展。反之则会阻碍党内民主的发展。在列宁时期,斯大林在某些问题上就表现出专断、粗暴等不民主的作风。列宁逝世后,斯大林逐渐掌握了最高领导权,他在处理党内不同意见和分歧方面的种种做法更是显露了他的党内民主意识薄弱和党内民主作风的匮乏。这就使得他在任期内严重破坏了党内民主原则,最为明显的就是以个人专断取代集体领导,以残酷的党内斗争取代党内平等与自由讨论,致使少数派的权利被漠视,最终导致布哈林在与斯大林论争中的失败结局。

斯大林时期,斯大林破坏了党代会年会制、党代表会议年会制和中央全会定期会议制,这就严重破坏了集体领导原则,并进一步破坏了党内平等与

---

① 《列宁选集》第4卷,人民出版社1995年版,第745页。

自由讨论原则。斯大林把列宁时期一年召开一次的党的代表大会召开的时间间隔越来越长，最长的间隔时间达13年之久。权力小于党代会大于中央全会的党代表会议一般也是一年召开一次，斯大林时期的党代表会议的召开相隔时间甚至更长，如1941年举行第十八次党代表会议，而第十九次党代表会议是到1988年才揭幕，相隔几乎近半个世纪。① 中央全会定期会议制度也被打破，会议相隔的时间也是越来越长。在这种情况下，政治局的权力就越来越大，政治局实际上成为党的最高权力中心，并成为凌驾于党代表大会、党代表会议和中央委员会之上的党的最高权力机关。斯大林又通过自己控制的五人小组掌握了政治局的一切大权，这样斯大林就以个人集权专断取代了党的集体领导并攀上了权力的顶峰。掌握着最高权力的斯大林作风粗暴、专断，家长制和一言堂充斥党内，对不同意见采取打压政策，这就严重破坏了了党内平等与自由讨论原则，使党内自由讨论的气氛一扫而光。

党员地位平等与党内自由讨论原则是列宁党内民主思想的重要原则与内容，这也是增强党的创新活力的前提。这个原则包含三层含义：一是指党内所有成员的地位平等，所有党员能够平等地参与党内事务与党的活动；二是作为党的细胞和党的活动主体的所有党员能够对整个政党组织所关心的问题展开广泛的讨论，发表自己的独立意见；三是要保证少数派的权利，不能以少数服从多数为由剥夺少数派的民主平等权利。没有这些，党内民主是不可能的，更不会有党内平等与自由讨论。只有坚持这一原则，才能营造民主讨论的环境，形成生动活泼的政治局面。恩格斯就明确指出："在党内绝对自由地交换意见是必要的"②。然而斯大林上台后不久就抛弃了列宁的党内平等与自由讨论原则，把党内的一切不同意见与分歧看作是阶级斗争在联共（布）内部的反映，以阶级斗争代替自由争论，用"残酷斗争、无情打击"的暴力与恐怖手段来处理党内不同意见与争论。用这种用简单粗暴而又残酷的党内斗争手段来解决党内矛盾与分歧，不仅无助于这些问题的解决，反而是酿成了一个又一个人间悲剧。

布哈林与斯大林的分歧与争论，实质上是关于社会主义建设与发展不同

---

① 高放：《斯大林怎样破坏党内民主》，载《炎黄春秋》，2010年第1期，第5页。
② 《马克思恩格斯全集》第37卷，人民出版社1971年版，第435页。

道路或方法之间的争论与分歧。这种争论与分歧在一个政党内部是非常正常的。尤其作为没有社会主义建设经验的苏联共产党更应该鼓励这种争论与探讨，这对社会主义道路的积极而正确的探索是极为有利的。如果一个政党内部只有一种声音而不允许任何的自由讨论与论争的话，这个党最终的结局只能是走向自我毁灭。

四、党内民主制度缺失：布哈林悲剧产生的根本原因

作为党内民主规范层面的党内民主制度，是由党员权利保障制度、集体领导制度、党内选举制度与党内监督制度等一系列制度组成的党内民主子系统。它是党内民主原则与党员的民主权利得以实现前提与保障。邓小平就明确指出："制度问题更带根本性、全局性、稳定性和长期性。"① 完善的党内民主制度是一个工人阶级政党存在和发展基础与前提。健全的制度将会给其带来生机与活力，促进其壮大与发展。因此，党内民主制度是党内民主建设的根本。缺少了坚固的制度基础的党内民主是极其脆弱的，党员的民主权利也是不能保证的。一旦党的领袖缺少民主意识与民主作风，党内民主就会被个人独裁与专断所取代。

列宁时期，由于苏维埃俄国面临着严峻的国内外形势，使得列宁在干部选拔方面不得不采取了民主集中制中的集中方面，党的各级领导大部分是上级委任，而不是通过选举产生的。这种做法帮助处于极端困难时期的布尔什维克党走出了困境，取得并保卫了革命的胜利成果。1921年，苏俄进入和平建设时期，在布尔什维克党第十次代表大会上，列宁提出并经大会讨论后确认，"工人民主制是取代旧的极端集中制的最好组织形式"，"工人民主制排斥一切委任的制度，它的表现就是从下到上的一切机关都实行普遍选举制、报告制和监督制等等"。② 由此可见列宁的党内民主选举就是要真正赋予广大党员选举权、罢免权和监督权，这是广大党员最基本的权利。由于列宁的早逝，

---

① 《邓小平文选》第2卷，人民出版社1994年版，第333页。
② 《苏联共产党代表大会、代表会议和中央全会决议汇编》第2册，人民出版社1964年版，第54页。

列宁的党内民主思想并没有被继续贯彻下去，列宁所进行的党内民主制度建设进程也由此戛然而止。斯大林上台后逐渐偏离了列宁的党内民主建设方向，用干部委任制、终身制取代了民主选举制，党内选举制被抛弃。苏联也由此进入了党内民主制度缺失的时期。

由于党内选举制被抛弃，党内实行普遍的任命制，这就使党员的罢免权基本丧失，广大党员没有了选举权和罢免权，监督权就等于是零。这就导致只对上负责而不对下负责、干部任命中的任人唯亲等不良现象的出现，这也为党内不正常的人际关系的产生提供了合适的土壤。干部委任制所带来的另一个弊端也就导致了个人崇拜与个人迷信在党内蔓延盛行，集体领导体制被破坏殆尽，领袖被放到至高无上的地位。比如，赫鲁晓夫——斯大林之后的苏联领导人，在斯大林在世时就对斯大林极尽吹捧之手段，对斯大林是"语录不离手，万岁不离口"，甚至还把斯大林成为自己的父亲。在这种背景下，组织人事权便成为党和国家运行的枢纽，谁控制了人事权也就顺理成章地控制了党和国家。斯大林运用强大的组织人事权选拔出对自己有利的地方党组织，在此基础上再进一步选拔出听命自己的党代会代表，并进而取得中央委员会和中央监察委员会的大多数。① 通过任命制产生的干部往往不再重视民众的声音与要求，而是看选拔与任命者的眼色行事，对上级是阿谀逢迎，溜须拍马，对下级与民众则是趾高气扬，视若草芥。

可以说，布哈林与斯大林之间的斗争可以说是理论力量与组织力量的较量②。布哈林这位"党内最大的理论家"无论提出理论多么诱人，表现多么睿智，都很难在这种"只对上负责、不对下负责"的干部体制下赢得多数的支持。在少数服从多数的党内组织原则下，掌握着强大组织力量的斯大林在党内必然占据优势，肯定是斗争的胜利者，而布哈林则必然是失败者。因此，党内民主制度的缺失最终导致了布哈林悲剧的产生。

（载《中国国际共运史学会 2012 年年会暨学术研讨会论文集》）

---

① 尹彦：《列宁时期党内民主是如何被破坏的》，载《炎黄春秋》，2008 年第 5 期，第 71 页。

② 郑异凡：《布哈林论稿》，中央编译出版社 1997 年版，第 360 页。

独联体国家"颜色革命"性质新论

张英姣　孙启军

摘　要：目前学术界对独联体国家"颜色革命"的性质，众说纷纭。事实，"颜色革命"既非传统意义上的革命，也非真正意义上的社会革命。"颜色革命"没有改变独联体各国当初独立时建立的国体与政体，只是新兴的政治势力取代了旧的政治势力，是独联体国家自身内部的一次政权更替。

关键词：颜色革命；独联体国家；性质

作者简介：张英姣（1978—），女，山东威海人，聊城大学讲师，法学博士，从事独联体与俄美关系研究；孙启军（1977—），男，山东沂源人，聊城大学讲师，法学博士，从事独联体与中亚民族问题研究。

从 2003 年开始，"颜色革命"像一个幽灵在欧亚大陆的独联体国家跳来跳去，不到两年时间，"颜色风暴"席卷了格鲁吉亚、乌克兰、吉尔吉斯斯坦三个国家。2009 年和 2010 年乌克兰、吉尔吉斯斯坦两个"颜色革命"国家，又先后发生了政权再次更迭。时至今日，革命余波尚存，影响犹在。笔者认为，现今重新探讨与研究"颜色革命"的性质，具有重要的学术价值与现实意义。

---

① 基金项目：山东省社会科学规划重点项目《独联体国家"颜色革命"研究》（批准号：07JDB103）阶段性研究成果之一。

一、学术界关于"颜色革命"性质观点综述

针对独联体国家"颜色革命"的性质,目前学术界众说纷纭,不仅没有统一的权威性结论,而且有些观点完全相左。现归纳列举如下:

在欧美国家,有些学者对"颜色革命"的发生与发展表示极度兴奋,并对"革命"进行过高的评价,认为是西方价值观念与意识形态的重大胜利,是世界近现代史上的第四次"民主革命"浪潮①。有学者认为,发生在独联体乌克兰、格鲁吉亚、吉尔吉斯斯坦等三国的"颜色革命",是前苏联瓦解后新独立的民族国家,继二战之后追求民族与国家独立的延续,是新世纪的民族解放运动。还有学者认为,是西方世界对前苏联地区的成功"民主感化",是"西式价值观"下独联体国家政治体制的新解放,是苏联解体之后的"再次自我革命"。也有一些国际政治观察家将"颜色革命"与上世纪的冷战相提并论,提出了"第二次冷战"的概念。②

当然,也有一些西方学者评价"颜色革命"的观点比较客观。瑞士高等国际研究学院安德烈·利比希教授主张,"颜色革命"是1989—1991年革命的余震,这不是根本的革命,而是一次公共秩序的调整;这不是以一种激进的新秩序取代现有的秩序,而是要努力使"政权符合其自身的修饰"。③美国芝加哥大学教授陈纳德·苏尼也主张,"颜色革命"不是社会革命,是政治变化。

在俄罗斯,学者菲林认为,"颜色革命"与民主毫无共同之处,那些打着民族的旗号、搞"非苏、脱俄"的运动并非民主,只不过是妄图捞取投入西方怀抱的资本。学者苏可尔夫则认为,那些爆发"颜色革命"的国家实际上是十多年前俄罗斯的翻版,这些国家将陷入政治泥潭,而走出这种泥潭也得需要很长的时间。"颜色革命"国家的民主是"可控的民主",是一种异化了

---

① 李慎明、王逸舟:《2006年全球政治与安全报告》,社会科学文献出版社2006年版,第85页。
② 梁强:《吉国事变拷问单极政治》,载《南风窗》,2005年版。
③ 维肯·舍特里安:《"颜色革命"是换汤不换药》,摘自2005年10月《法国外交》,载环球视野网,http://www.globalview.cn/ReadNews.asp?NewsID=5787。

的民主，成为改朝换代、少数人私有化和谋求西方赏识的手段和工具。"可控的民主"是一种被操纵的、外部强加的、无效的制度力量。①

国内学术界对独联体国家的"颜色革命"也给予了高度关注，许多专家与学者对"颜色革命"的性质表达了许多看法。华东师大冯绍雷教授、复旦大学赵华胜教授、中国社会科学院倪峰与邵峰研究员、上海社会科学院黄仁伟教授、中国人民大学周新诚教授等专家，都是从历史发展的角度来看"颜色革命"，认为"颜色革命"与上世纪苏东剧变一脉相承，从某种意义上说，"颜色革命"浪潮，实际上是苏东剧变的余波，是苏东剧变历史进程的延续，只是两者在内涵上有所不同。② 现代国际关系研究院研究员季志业指出，"颜色革命"既不是改变社会制度的社会行为，也不是一种根本性的变革，实质是一场宪法体制里的非法的权力更迭。说到底是一种政变、一场篡权。③ 中央党校张中云教授从革命功能角度分析认为，"颜色革命"实质上是以美国为首的西方大国干涉他国内政的方式，也是干预他国换届选举的方法和低价更迭政权的利器，推行"两个冷战"的重要手段。④ 上海社会科学院胡键研究员明确提出"颜色革命"实质上是西方国家对后社会主义国家的第二次"和平演变"。并指出这种"革命"的目标，是美国在后社会主义国家培植亲美势力，企图在战略上彻底孤立俄罗斯，但从表面上看，是美国在帮助后社会主义国家由威权政治向民主政治转变。"民主"不过是一个幌子，只要亲美势力掌权，即使像阿塞拜疆那样搞权力世袭制，美国也不以为忤。⑤ 复旦大学唐朱昌教授认为，美国是"颜色革命"的"导师"，"颜色革命"实质是新一轮的冷战。他分析，现在的冷战与过去的冷战形式上有所不同，但仍表现为美国

---

① 张树华： 《俄罗斯与西方的"民主"之争》，载中国政治学网，http：//www.cp.org.cn/show.asp? NewsID = 2379，2007 – 03 – 20。
② 孙凌云：《"颜色革命"与国际关系专题研讨会·观点综述》，载《国际观察》，2005 年版。
③ 季志业：《从"颜色革命"加强执政意识的重要性》，莱阳农学院网，http：//news.lyac.edu.cn/xcb/n685c20.aspx，2006 年 6 月 16 日。
④ 张中云：《要重视"街头政治"的效应》，载《高校理论战线》2005 年版。
⑤ 胡键：《"颜色革命"：后社会主义国家的第二次"和平演变"?》，《社会观察》2005 年版。

对传统的社会主义国家以及现在的社会主义国家的一种行为。① 事实，"颜色革命"与上世纪的冷战有本质的不同，它更多表现的是独联体国家自身内部的政治派别斗争，同时还有美国与俄罗斯欧亚大陆地区利益的冲突，但不具有全球性。国内有些学者还主张："颜色革命"是前苏联新兴独立国家反对派进行的抵制传统权威掌权派的自我国内运动；是美俄间欧亚大陆地缘战略与意识形态的利益博弈；是街头政治；是非暴力政变等。

二、"颜色革命"既非传统意义上的革命，也非真正意义上的社会革命

（一）"颜色革命"不是历史传统意义上的革命

在我国，先秦古文献《周易》中有"革命"一词的最早记载："汤武革命，顺乎天而应乎人，革之时大矣哉！"事实，在中国古代，凡是君主易姓，改朝换代，一般都称之为革命。时至近代，孙中山在流亡日本期间成立的组织与政党，无论是同盟会，还是中华革命党，经常使用"革命"之语。此后，"革命"一词在中国成了一个极其深刻的政治术语，被人们广泛运用。今天，"革命"一词在《汉语词典》中有三种解释：一指根本改革，如科技革命、信息革命；二指具有革命意识的，如革命题材小说、电视剧；三指用暴力夺取政权，摧毁旧的社会制度，建立新的进步的社会制度，推动社会向前发展。可以说，"革命"已经被人们广泛地运用于"一种全新的局面、一种鲜为人知或闻所未闻的情况"。②

在西方，"革命"一词最早使用是在15世纪末的意大利，主要指突然用武力手段推翻现任统治者。③ 到了近代时期，欧美掌权者和政治家，把此概念

---

① 孙凌云：《"颜色革命"与国际关系专题研讨会·观点综述》，载《国际观察》，2005年版。
② 程玉海、曹胜强：《20世纪的世界革命》，中国社会科学出版社2000年版，第2页。
③ 戴维·米勒、韦农·皮格丹诺：《布莱克维尔政治学百科全书》，邓正来等译，中国政法大学出版社1992年版，第656页。

与国家政权的更迭相结合,用来指代以政权更替为核心的社会大变革。在当今欧美,"革命"概念被赋予了新内涵,《韦伯斯特新二十世纪词典》定义:"革命是指推翻一个政府、一种政府形式或一种社会制度,使之发生变革。"该词典还以近代史上的英国革命、法国革命为例,讲述了什么是变革。《维基百科全书》定义:"革命是一种剧烈的变革。"

我们先用中国传统革命观点分析,不难发现,"颜色革命"既没有使这些国家改朝换代,也没有动用暴力流血夺权,更没有建立新的进步的社会制度,使国家发生根本改革。再用西方传统革命观点分析,"颜色革命"既没有动用暴力手段推翻当权派,也没有使这些国家发生"剧烈变革",更不用说有"社会大变动"。因此,"颜色革命"既不是中国传统意义上的革命,也不是西方传统意义上的革命。

(二)"颜色革命"不是真正意义上的社会革命

马克思主义认为,社会革命的根源在于生产力与生产关系、经济基础与上层建筑的矛盾。当旧的生产关系严重阻碍生产力的发展,旧的上层建筑维护旧的经济基础,阻挠社会前进时,必然引起各种社会矛盾特别是阶级矛盾的尖锐化,导致社会革命的发生。社会革命的任务在于解放社会生产力。社会革命的形式,在阶级对抗的社会里,通常采取暴力革命的形式。社会革命的实质是革命阶级推翻反动阶级的统治,用先进的社会制度代替腐朽的社会制度。历史唯物主义认为,社会革命是社会发展中质的飞跃,是阶级斗争的最高表现,对人类社会历史的发展起着强大的推动作用。

按照上述观点,我们再看看"颜色革命"。"革命"的根源既不是经济基础与上层建筑的矛盾,也不是生产力与生产关系的矛盾。"革命"的根本任务不是解放生产力,而是反对派在争取自由与民主旗帜的掩盖下"脱俄西进"。"革命"中根本不存在"革命阶级"与"反动阶级"之分,更不存在"先进社会制度"与"腐朽社会制度"之别,只有资本主义制度下当权派与反对派的相互政治斗争。"革命"更谈不上社会发展中质的飞跃和对人类社会历史发展的强大推动。因此,用马克思主义这把标尺评价,"颜色革命"绝对不是真正的社会革命。

西方媒体与学术界首先使用"颜色革命"这一概念,而美国的比较政治学家指出:"革命不仅仅意味着领导人甚至是统治集团的更迭,更意味着政治体制的激烈变化,这种变化常导致政治游戏规则的变迁;政权合法性的基础和象征都将发生变化,并且常常产生全新的政治目标与社会秩序。"① 马克思主义唯物论认为,革命是历史的火车头和前进的动力。无论西方比较政治学"革命观",还是马克思主义"革命观",都承认实践是检验真理的唯一标准。因此,我们要检验"颜色革命""革命性"的真假,"实践"是最客观、最标准的尺子。

在格鲁吉亚,萨卡什维利上任伊始就迫不及待地通过修宪,将大权揽于自己手中。格鲁吉亚非政府组织指责:"修宪是'专制'的表现,新宪法使议会失去了很大一部分权力,总统却可轻而易举地解散议会和政府。"② 格鲁吉亚"格尔比"社会调查基金的民调结果显示,萨卡什维利领导的"统一民族运动党"的民意支持率由64%跌至28%。③ 这使得一直心气极高的萨卡什维利不得不承认:"'玫瑰革命'使格鲁吉亚认识到,发动一场革命要比改变一个失败的国家容易得多。"④ 事实上,萨卡什维利上台以来,格鲁吉亚的经济社会状况没有大的改变与进步,反对派时常游行抗议,威胁着萨氏政权。这还进一步激化了俄格关系,2008年奥运会期间爆发了俄格战争。

在乌克兰,尤先科和季莫申科刚上台时,曾向民众不遗余力地作出了各种承诺,包括实现经济奇迹,提高人民收入,促进各种社会改革和社会进步,给予民众更多的民主和自由,等等。"革命"多年来,人们发现,只是寡头们之间的相互政治斗争和集团利益的重新分配,国家并没有出现经济奇迹,乌克兰还是老样子。2009年乌克兰大选,当年的"革命者"尤先科和季莫申科都被黯然淘汰出局,甚至当今的季莫申科已有牢狱之灾,反而具有亲俄倾向的亚努科维奇重新掌权,这从一个侧面表明,民众早已对"橙色革命"失去了信心,甚至不再关心国家的"颜色"。

---

① 达巍:《"色彩革命"及其地缘影响》,载《现代国际关系》,2005年版。
② 傅宝安等:《"颜色革命":挑战与启示》,江西人民出版社2006年版。
③ 关健斌:《颜色革命从"民主样板"到"民主鸡肋"》,载新华网,http://news.xinhuanet.com/world/2005-11/25/content_3832164.html,2005年11月25日。
④ 关健斌:《"玫瑰革命"后的格鲁吉亚》,载人民网,http://world.people.com.cn/BIG5/14549/3527793.html,2005年7月8日。

"黄色革命"过后,吉尔吉斯斯坦政局一直动荡不安。在近5年来,国家宪法已经作了近10次改动,政府总理也创纪录地接连更换。国内生产总值仅增加了3.3%,物价上涨了4.9%,投资则下降了17.6%,外债余额高达国家年均预算收入的5倍以上,税制改革迟迟不能兑现。① 民众怨声载道,国内经济政治形势非常严峻。最终,2010年4月发生国内骚乱,当年的"黄色革命"领导者与革命者巴基耶夫,反被革命战友奥通巴耶娃"革命",下台败走他国,吉尔吉斯斯坦政权出现了新的更迭。

由此可见,格、乌、吉三国"颜色"过后,国家制度未变,社会秩序未变,经济依旧低迷,官场依旧腐败,民众依旧受穷,矛盾依旧重重,新政权并没有给国家带来新面貌与新变化,甚至出现了政权二次更迭和多次更替。这种现状已经充分证明"颜色革命"不具有"革命性",不是真正意义上的社会革命。

三、"颜色革命"实质是独联体国家内部的一次政权更替

既然"颜色革命"不是真正的革命,那么它的性质究竟是什么?有学者说"颜色革命"就是"天鹅绒革命"。② 其实"颜色革命"也非"天鹅绒革命"。所谓"天鹅绒革命"是指在上世纪80年代末东欧共产党下台的过程中,没有发生激烈的社会对抗或暴风骤雨般的群众运动,在平和的气氛中完成了社会主义向资本主义的转变,这种转变犹如天鹅绒一般平滑、柔顺、质感、舒服。这是西方人的感受和看法。按照马克思主义的观点,"天鹅绒革命"更不是革命。东欧剧变是社会主义制度向资本主义制度的急速转变,是社会的倒退,是资本主义制度在东欧的复辟,与革命恰好背道而驰。"颜色革命"虽然没有推动社会向前显著发展,但也谈不上它把社会拉向倒退。从"革命"的方式和过程来看,如果说"天鹅绒革命"还令不少人感到舒服的话,那么"颜色革命"给人的印象就是反感。原因是:第一,"颜色革命"的所有活动均围绕"选举"展开,反对派选前厉兵秣马,选后一看结果于己不利就大闹,

---

① 郭学良:《"柠檬革命"后的苦涩》,载《光明日报》,2005年10月28日。
② 刘明:《街头政治与颜色革命》,中国传媒大学出版社2006年版,第7页。

把整个国家闹得天翻地覆,其手法有点像地痞无赖。第二,无法无天。反对派强行冲击总统府和议会大厦,占领政府办公大楼和电视台,赶走和吓跑总统,逼其辞职或亡命国外。第三,一度造成国内局势的动荡和周边他国形势的紧张。①

事物都是一分为二的。换一个层面分析,"颜色革命"作为现代政党政治斗争的一种新方式与新方法,的确点中了"革命"国家执政党的"死穴",并一度造成这些国家政局的动荡和社会的失序。但"颜色革命"也是对这些转型国家中存在的民主化进程缓慢、政治体制改革滞后于市场经济发展内在要求等社会问题与矛盾的一种缓冲与调适,其最鲜明的特点是:"乌、格、吉三国的各个政治派别现在都开始将注意力集中到如何赢得一场大选,而不是再发动一场革命,这可以说是颜色革命到目前为止对三国最大的贡献"。② 因此,只有将"颜色革命"纳入一个较为宏大的历史视野来考察,而非简单地"戴着意识形态的有色眼镜"去评判,才有可能对"革命"的性质作出相对客观的认识和评价。

仔细研究"颜色革命"爆发的过程、特点、成因与目标,根据唯物辩证法的矛盾论思想,笔者认为,"颜色革命"只是新兴的政治势力取代了旧的政治势力,是独联体各国自身内部的一次政权更替。这一判断基于三点:其一,在乌、格、吉三国发生的"颜色革命",事实是不同派别之间的权力争夺与利益斗争。在格鲁吉亚,是以萨卡什维利为首的政治新兴派和谢瓦尔德纳泽为首的传统当权派之间的斗争;在乌克兰,是主张亲美的尤先科派别与主张亲俄的亚努科维奇派别之间的斗争;在吉尔吉斯斯坦,是以巴基耶夫为代表的南方利益集团和以阿卡耶夫为代表的北方利益集团之间的斗争。其二,乌、格、吉三国"颜色革命"后上台的新执政党所制定实施的国策措施与原执政党差别不大,国内的经济状况、社会环境和民众生活水平没有发生根本性的改观,有的甚至出现经济滑坡,社会倒退,造成国家持续动荡。其三,"颜色革命"是国家政治集团内部的一次权力与利益的再次分配。比如在格鲁吉亚,

---

① 刘明:《街头政治与颜色革命》,中国传媒大学出版社2006年版,第7页。
② 孟庆尧:《从"颜色革命"看社会和谐危机》,载中国CFA考试网,http://www.chinacfa.cn/l/t/2006 - 06 - 17/html,2006年6月17日。

以谢瓦尔德纳泽为首的当权派与萨卡什维利为首的新兴派,虽然在亲西方政策上无根本冲突,但存在着国家财富重新分配问题。"颜色革命"后,萨氏以反腐败为名,统计清理旧当权派的财产,事实上是掌权后重新分配国家财富与权力。在乌克兰和吉尔吉斯也存在着同样的事实。

综上所述,"颜色革命"没有改变独联体各国当初独立时建立的国体与政体,只是新兴的政治势力取代了旧的政治势力;"颜色革命"既非传统意义上的革命,也非真正意义上的社会革命,实质是独联体国家自身内部的一次政权更替。

(载《中国国际共运史学会2012年年会暨学术研讨会论文集》)

布莱尔对英国工党与工会关系的定位与调整论析[①]

李华锋

摘　要：在工党与工会保持特殊关系的负面作用凸显、保守党打压工会政策取得成功、英国工会80年代后明显衰落和金诺克调整工党与工会关系初见成效的背景下，1994年出任工党领袖的布莱尔把对工会的定位由工党的劳工运动盟友转变为社会合作伙伴，对工会开始采取疏远和强硬的态度，尽力削弱附属工会在党内的权力。布莱尔对工党与工会关系的调整总体上是成功的，因为其较好地处理了巩固阶级基础与扩大社会基础的关系，但也产生工党失去身份特征、核心选民减少等问题，对此要给予全面辩证的认识。

关键词：布莱尔；英国工党；英国工会；党团关系

作者简介：李华锋（1976—），男，河南鄢陵人，聊城大学政治与公共管理学院副院长、副教授、法学博士，山东大学欧洲研究中心博士后，主要从事国际政治与国外社会主义研究。

在世界党团关系之林，英国工党与工会关系十分独特。不仅许多工会是工党的集体党员，而且二者长期结成劳工运动盟友。对于这一特殊的党团关

[①] 基金项目：本文系作者主持的山东省社科规划重点项目"英国工党与工会关系研究"（08BKSZ01）和山东省教育厅社科规划项目"英国工党执政史研究"（S07YG04）的阶段性成果。

系，1994年出任工党领袖的布莱尔进行了重新定位和重大调整。本文试就这一问题作些粗浅的探讨。

一、布莱尔调整工党与工会关系的缘由

为了实现工党的上台执政和连续执政，作为出身于中产阶级的新一代领导人，布莱尔上台伊始就在建设"新工党、新英国"的旗帜下，寻求对工党进行全面彻底的改革。在各种改革举措中，工党与工会关系的调整是布莱尔改革的重要内容。做出这一重大的举措，是布莱尔基于英国政治社会现实和二者关系作用的新变化作出的深思熟虑的选择。

首先，工党与工会保持特殊关系的负面作用凸显。在英国政党政治中，工党与工会长期以来保持着特殊的关系。20世纪初，正是一些工会对其他团体提出创建新政党建议的态度发生积极的转变，使得工党应运而生，可以说没有工会就没有工党。在随后半个多世纪的时间里，工会会员一直是工党党员和大选选票的主要来源，工会缴纳党费和提供捐助是工党财政收入的主要来源。正是在工会的支持和配合下，工党快速崛起于英国政坛，取代自由党，成长为两大主流政党。当然，工会对工党的服务并非一无所图，而是进行权力寻租，希望凭借工党实现通过议会方式保障自己及会员的权益。因此，工会通过组织机制或外在施压等方式，在工党领导人选举、议员提名、纲领政策制定等方面都起着决定性的作用，使二者形成劳工运动两翼的密切盟友关系。在20世纪前半叶的发展中，由于工党处于幼年，双方关系总体十分和谐，并铸造出工党执政史、也是发展史上的第一个辉煌时期——艾德礼执政时期。进入20世纪下半叶，随着英国阶级结构、产业结构和就业结构的调整，工党在六七十年代多次拉开与工会的距离，使二者关系走向疏远。80年代初，富特出任工党领袖后，工党又作出密切工会的选择，但结果更为糟糕。在1983年大选中工党惨败，仅获得27.6%的支持率，与社会民主党25.4%的支持率相差无几，濒临泡沫化的命运。①

其次，保守党打压工会的政策取得成功。在富特选择迎合工党的同时，

---

① [英]佩里·安德森：《西方左派图绘》，江苏人民出版社2002年版，第151页。

以强硬著称的保守党首相撒切尔夫人开始对工会痛下杀手。撒切尔夫人认为，英国经济之所以长期停滞不前，与工会拥有未加限制的无限权力，桀骜不驯，片面追求集团利益有着直接的关系，变革工会是进行其他所有改革的先决条件。在这一认知下，保守党政府多管齐下，对工会进行猛烈的打压。一是采用立法方式，通过1980年、1982年、1988年和1990年四部《就业法》，以及1984年《工会法》，从工会罢工合法性、范围、对象、声援行动、领导人产生、政治基金设立等方面对工会权力进行限制、削弱和剥夺，决定性地改变了工会及工会会员的法律地位。二是在作好充分准备的基础上，面对工会采取的罢工行动，毫不妥协，采用以牙还牙的强硬方式，迫使工会罢工失败，一无所获。三是通过抑制通货膨胀、实现经济增长和搞私有化运动、推行"民众资本主义"等经济与社会政策使工人失业率激增，使工人与企业利益休戚相关，从而降低工会组织和动员会员的能力。保守党政府的这些政策既在一定程度上符合英国大多数民众的要求，也推动了英国经济的复苏，从而不仅使保守党在撒切尔夫人领导下取得大选三连胜，甚至在撒切尔夫人辞职之后，使梅杰首相靠感情票在1992年大选中涉险过关。

再次，英国工会80年代以来明显衰落。二战结束后，随着保守党20年代制定的反工会立法的废除，工会在国家经济与社会生活中应有地位的完全确立和英国工业化的进一步发展，工会力量一直呈现增加趋势，到70年代后期达到发展的顶峰。进入80年代，在保守党对工会极力打压，货币主义经济政策带来失业人数增加和后工业化来临造成的工作流动性大，中产阶级增多，传统产业工人下降，女性成为重要劳动者等综合作用下，工会会员数迅速下滑，工人的入会率明显降低。如1980年职工大会总会员人数为1217万，到1989年下降到865万；1980年工人的入会率为53%，到1989年下降到38%。[①] 受工会力量衰退的影响，工会的行为能力也大为减弱。如70年代工会的罢工次数、罢工参加人数和因罢工损失的工作日分别是2601次、161.5万人和1287万工作日，都达到战后的最高水平。到80年代就分别降低到1129次、104万人和721.3万工作日。在布莱尔出任工党领袖之前的90年代

---

① 张世鹏：《当代西欧工人阶级》，北京大学出版社2001年版，第162页。

初期（1990年—1993年），进一步下滑到366次、25.2万和4.3万工作日。①即使罢工或进行劳资谈判，其地位也由强势转为弱势，由增加工资和福利待遇、改善劳动条件等较高层次的要求转为保障就业、缩短工时和对失业人员进行技能培训等较低层次的要求。

最后，金诺克和史密斯工会政策调整初见成效。1983年大选失利后，金诺克出任工党领袖。基于工会力量减弱并给工党造成一定负面影响，工党又不能结束与工会特殊关系的现实，就开始了调整工党与工会关系的进程。其基本思路是在感情上拉近工党与工会的距离，保持工党与工会合作关系，争取工会对工党各方面支持，避免走上对立道路的同时，减少工会对党内事务的控制，政策主张尽可能以有利于实现自我复兴为着眼点，削弱工会施加的影响，去掉工会党的帽子。在金诺克九年领导下，工党虽然未能实现重新执政，但其支持率和议席数持续回升，已经恢复到重新与保守党相抗衡的地步。金诺克辞职后，在史密斯领导工党的两年时间里，其在组织层面通过拓展一人一票制的使用范围和降低工会在选举领袖中的比重进一步调整工党与工会的关系，使工党的民意支持率开始超过保守党，并在欧洲议会选举和地方选举中接连胜利。②

二、布莱尔对工会的新定位和新态度

80年代以来不同领袖时期工党与工会之间关系变化对工党的影响，保守党工会政策的结果和工会自身的发展态势使布莱尔认为必须改变工党和工会并称劳工运动两翼，工会是工党劳工运动盟友的定位，使双方关系转变为一般的社会伙伴关系。布莱尔对工会的新定位是从阐释工党与工会性质与目标的不同开始的。

布莱尔认为，从历史上看，由于工党起源于工会，是作为工会在议会中的代表而出现的，所以在相当长的时间内工党是由广大劳工组成，并以维护广大劳工权益为目标，即工党是一个旗帜鲜明的工会党或劳工党。这是一个

---

① 陈晓律：《当代英国》，贵州人民出版社2001年版，第323页。
② 金重远：《战后西欧社会党》，上海人民出版社1997年版，第40页。

无法磨灭的事实,也使工党和工会相得益彰,实现共同发展壮大。但经过工党与工会多年的努力以及时代的变迁,工会和劳工的基本政治经济权益已经有了明确的法律保障,英国的产业结构和阶级结构也发生巨大的变化,传统的产业工人和第二产业严重萎缩。这决定着工党若想实现执政,代表所有人民肩负起领导和治理英国的重任,必须"跨越民族、跨越阶级、跨越政治界限",成为"多数人的党"。① 换言之,工党必须作为一个全民党,而不仅仅是一个劳工政党出现在当今的政治舞台上。20世纪下半叶,许多情况下,工党在确立政策时就是因为纠缠于或拘泥于维护劳工利益,而不能够完全从全民的角度,从各种利益协调者角度考量而未能赢得大选。因此,基于历史上的经验教训,在1996年的工党年会上,布莱尔明确表示,工党是全体英国人民的政党,而不是个别人的政治臂膀。②

而工会与工党则有很大的不同。作为由劳动工人组成的团体,工会的目标是维护劳工的权利和利益,其性质是部分产业、部分地区等人们利益的代表。随着时代的发展,工会无论在追求目标上,还是性质上,都与工党的距离越拉越大,呈现出根本的区别。正如60年代的工会领袖乔治·伍德科克表达的那样:"我们创建工党是为了获得我们渴望得到的东西。现在我们达到了此目标,在这方面,我们对工党无所求了。工党的头等大事是捞选票,我们关心的是挣工资。"③ 在这种情况下,人民既"希望有一个健康、自由,能够正确代表会员利益的工会",又"不希望工会与当选政府混淆在一起",而是希望"这个政府——任何政府——必须代表整个国家说话"。④ 因此,工党与工会不能混为一谈,必须有着清晰的界限。工党制定政策必须从自身、从全民,而非工会、阶级的角度来考虑,必须减少工会对工党的牵制。

---

① [英]托尼·布莱尔:《新英国:我对一个年轻国家的展望》,世界知识出版社1998年版,第43页。
② Brian Brivati, *The Labor Party: A Centenary History*, London: Macmillan Press Ltd., 2000, p. 236.
③ [英]安东尼·桑普森:《最新英国剖析》,中国社会科学出版社1988年版,第95页。
④ [英]托尼·布莱尔:《新英国:我对一个年轻国家的展望》,世界知识出版社1998年版,第163页。

对工党与工会的性质形成新认识后，布莱尔就在各种场合不断对工党与工会的关系，工会在工党发展中的位置等问题给予新的定位。如在1995年7月的布莱克普尔运输总工会会议上，布莱尔明确指出："曾经有一段时期，一个大工会通过一项政策后，大家想当然地认为工党一定会照搬。要求一经提出，工党就会对此作出反应并讨论该事。那些日子都结束了。时光不会倒流。现在工会的意见当然应该被听取，雇主们的意见也一样，但无论哪一方都不能左右工党及其政策，我们力图代表整个国家进行治理，我们提倡以理服人，反对乱提要求。"[①] 9月，在职工大会年会上布莱尔再次表示，工党的决定，工会可以进行说服，但决定权必须掌握在工党手中。工党要管理整个国家，不允许某个既得利益集团在内部支配它。[②]

总之，在对工会的定位上，布莱尔认为，由于历史的原因，工党与工会保持一种联系是正常的，也应当保持一个相互信任的纽带，但时代变了，这种关系的性质必须产生变化，工会应当是工党的社会合作伙伴，而非劳工运动盟友；工会应当在一个健康的、民主的社会中找准它的位置，不能再幻想把工党作为其政治上的代言人出现，应当认识到未来的工党政府只给工会以公平的机会，而不是特权或偏袒；工党对工会的这一基本态度，不仅是一个正确的决定，而且相对于保守党在撒切尔时期采取的对工会公开敌视政策，已经有了很大的进步。

显然，布莱尔对工会的新定位是要拉大工党与工会的距离，减少工会对工党的负面影响。于是在实践中布莱尔在言论和行动上都开始采取疏远工会，不事事听从于工会的态度。1995年，布莱尔以工党领袖的身份与保守党副领袖一道出席"英国企业家联盟"年会，发表对企业界示好的演讲，表示工党也是实业界的政党，其上台不会损害企业主的利益。同年，工党接受了来自泰特莱尔糖业公司的7500英镑捐款，并对铁路工会组织的罢工活动没有给予任何形式的支持。1997年，工党在大选宣言中对工业关系的承诺并没有与职

---

① ［英］托尼·布莱尔：《新英国：我对一个年轻国家的展望》，世界知识出版社1998年版，第160页。

② 林建华：《比较与借鉴：东西方社会主义的理论和实践》，山东大学出版社2005年版，第391页。

工大会协商。工党的这些举动在其历史上都是首次出现,是其对劳资双方态度转变的重要例证。

布莱尔疏远和强硬对待工会的事例中影响最大的是1995年工党新党章的通过。一个政党的现代化,首先应是党章的现代化,因为党章是纲领性文件,对党的政策主张起着统领全局的作用,对此布莱尔非常清楚。工党原党章制定于1918年,到此时已经有近80年的历史,其核心内容是体现工党宗旨和社会主义性质的第四条,也称"公有制条款"。由于布莱尔认为工党公有制的目标与实际政策长期存在严重的背离不仅表明其没有实事求是,造成失去大量选民的支持,而且也给指责工党背叛原则的人提供了口实,使其认为工党领导层过于怯懦,不敢踏上真正的社会主义道路,于是其上台后建设新工党的第一个重大举动就是修改党章。在这一问题上,布莱尔与一些附属工会产生激烈的争论,最终在历经挫折后取得胜利。

对于工党的公有制目标,具有经济主义传统的工会最初是不支持的,只是在韩德逊等工党领袖的努力下,在一战特殊的环境和经历中,工会界作出了妥协,才得以写入党章。但是随着二战时期国家对经济控制和二战后工党政府推行的国有化政策大大提高了工会的地位和影响,工会界,特别是国有化产业界的工会,如矿工工会。对"第四条"的态度发生根本性的转变,许多工会把公有制写进工会章程,使其成为吸引工会会员的一种图腾。与此同时,大量党员和会员也认为,工党宁可不上台,也不能放弃公有制追求。因此,虽然盖茨克尔早在50年代就认识到公有制条款对工党带来的不利,但其试图修改第四条的尝试最终在工会界的反对中以失败告终。这样,虽然此后在实践中工党一直没有提出大规模的国有化主张,甚至有时回避国有化问题,但公有制条款犹如一个禁区,许多工党领袖都不愿触及,不敢提出修改建议,从而得以继续存于党章之中。即使布莱尔给予很高评价的工党革新事业的开拓者——金诺克和史密斯两位领袖也是如此。金诺克是在悄悄印发一批没有"第四条"党章后引起一片指责声中作罢,史密斯因怕引起党的分裂而对修改"第四条"持消极态度。

尽管布莱尔清楚修改"第四条"将遭遇来自附属工会方面的反对,但仍选择迎难而上。1994年10月,在其当选领袖后的首次工党年会上,布莱尔就提出修改"第四条"的动议。由于没有作好充分的准备工作,在党内左翼和部分附属工会的反对中以 41.9% 对 50.9% 的得票率之差遭到否决。① 对此，布莱尔并没有放弃，从 1994 年 11 月起的约半年时间里，一直在为修改"第四条"而与党内左翼和部分附属工会论战。一方面，不断通过各种场合向它们阐述坚持公有制的错误。在实践上，公有制的弊端早已暴露无遗，工党也早已不再相信它，多年来未曾承诺要真正地扩大国有化；在理论上，公有制实际上应是实现社会主义价值和目标的一种手段，无原则地坚持公有制，是"混淆了手段和目的，让经济成分遮掩了它所服务的目标"。② 另一方面，向他们发出警告，除非放弃公有制这一过时的意识形态，选民不会把权力交给工党，党将走向死亡，必须把新第四条作为下次大选的目标，把新第四条写进 21 世纪的党章中。③

面对布莱尔对"第四条"的攻击，坚持"第四条"的附属工会与工党左翼联合起来，成立"保卫第四条"组织来应对布莱尔。其代表人物托尼·本指责布莱尔意在创建一个目的是只想上台执政的全新的党，"根本忽视了工会和社会主义传统"。不过由于布莱尔做了大量的工作，以及工党大选的连续失利，使变革工党的做法逐步得到党内绝大多数人的认可。如当时对普通工会会员，也是工党党员的民意测验显示，被访问者的 90% 喜欢对党的目标的新陈述。④

1995 年 4 月，工党特别代表大会以 65.23% 赞成，34.77% 反对的近 2/3 多数通过布莱尔等人起草的新"第四条"。新"第四条"废除了原有的公有制追求，而代之详细阐述了工党的价值目标。它指出"工党作为一个民主社会主义政党相信，依靠共同的努力，一定能够实现比单独行动所能实现的更多的目标，从而为每一个人创造实现真正潜能的手段，为所有人创造一个权

---

① 刘建飞．布莱尔：《英国新首相与工党》，当代世界出版社 1997 年版，第 286 页。

② [英] 托尼·布莱尔：《新英国：我对一个年轻国家的展望》，世界知识出版社 1998 年版，第 67—68 页。

③ Tudor Jones, *Remaking the Labor Party: Form Gaitskell to Blair*, London: Routledge, 1996, p. 139.

④ Henry Pelling, *A Short History of the Labor Party*, London: Macmillan Press Ltd., 1996, p. 191.

力、财富和机会掌握在多数人,而非少数人手中的社会。"① 工党新"第四条"的通过,既是布莱尔变革工党的重要成果,也是布莱尔疏远工会,强硬对待工会的重要缩影。

三、布莱尔对工会党内权力的削弱

布莱尔认为,若想真正拉开工党与工会的距离,真正确立社会合作伙伴关系,必须减少二者之间的组织和经济上的联系,削弱附属工会在党内的权力。于是,打着推动党内民主,实现党的现代化的旗帜,从改变决策机制、党员成分、收入来源等方面对工党进行了更为深入的改革,以打破近一个世纪的以工会为主体的党的权力结构,成为布莱尔变革工党,也是调整工党与工会关系的重要内容。

第一,在推行一人一票制方面,把一人一票制的投票机制全面运用到党的各项事务中去。从工党领袖角度讲,一人一票制的确比集团投票好很多。一方面,一人一票制能够真实地反映广大党员对相关事务的态度,使党作出更为适宜正确的决策。而在集团投票中,工会领袖和代表虽然也考虑工会会员的态度,但总体上看投票意向受个人因素影响很大,投票结果不能完全反映民意,甚至常常与正确选择背道而驰。另一方面,在一人一票制中,权力处于分散状态,没有被某一集团所控制,对增强党领袖的权威、提高领袖的行为能力是有利的。而在集团投票中,权力处于集中状态,掌握大量投票权的工会领导人常常利用手中的权力来支配工党,使党领袖的领导权大打折扣。从布莱尔个人讲,其不仅主张减弱工会对工党的牵制,加强党领袖的权威,而且其本人就是一人一票制的受益者。因此,布莱尔在史密斯取得成就的基础上,进一步批判集团投票制,加大推行一人一票制的力度。布莱尔指出,"主要的民主联系应该是政党和它所寻求代表的人民之间的联系",而集团投票的决策方式不仅使工党"失去了与选民的联系",而且"以党内民主的名义

---

① 裴援平:《当代社会民主主义与"第三条道路"》,当代世界出版社2004年版,第180页。

丢掉了其可信度的最终来源——人民"①；"70年代总委员会的成员可能会说他们代表工党全体党员，工会的执行委员可能会说他们代表着他们的成员，但实际情况是他们经常是谁也代表不了"。② 在实践中，1995年，继一人一票制运用于党领袖和议员候选人选举后，又运用到党章修改中。新"第四条"就是在专门会议上按一人一票制的投票方式通过的。1996年，工党又采用一人一票制通过了翌年大选的竞选纲领。至此，工党在所有重要问题上都采用了一人一票制的表决方法。这从根本上改变了大工会领袖长期凌驾于工党领袖之上的局面，削弱了工会左右工党人事和政策的权力，加强了工党领袖对全党事务的控制。

第二，在限制年会作用方面，降低了工会的投票权和年会的决策地位。年会是工党的最高权力机构，也是附属工会最有权力、不易为党领袖控制的机构。在年会议案不可能都靠一人一票制来表决的情况下，降低工会的投票权和年会的决策地位成为布莱尔限制年会作用、削弱工会权力的两手对策。1995年5月，工党执委会决定，今后工会在工党年会上的投票权再次降低，由金诺克后期开始的70%减少至50%。1997年，在工党大选胜利在望的情况下，布莱尔为了减少工会通过年会对政府政策构成掣肘的机会，提出了年会改革措施。其主要内容有：提高年会的工作效率，将年会会期由5天减为2天；取消年会对工党政府的表现作出评判的资格和讨论重大政策问题的权力，规定年会的主要任务是对两三个问题作深入的探讨，为政府提出长远选择方案；要求内阁大臣在向年会代表们作介绍时，要在没有新闻媒介参加的非正式的秘密会议上进行，而且只作简要介绍。在该建议获得通过后，布莱尔又提出既能削弱年会作用，又能为领袖支配的新党内决策机制——"权力伙伴"计划。"权力伙伴"计划主要涉及三个机构。联合政策委员会是指导机构，负责权力伙伴关系的实施，由首相、政府大臣、全国政策论坛和政策委员会成员组成。全国政策论坛是决策机构，由183个党的所有有关集团的代表组成，

---

① ［英］托尼·布莱尔：《新英国：我对一个年轻国家的展望》，世界知识出版社1998年版，第25页。
② ［英］托尼·布莱尔：《新英国：我对一个年轻国家的展望》，世界知识出版社1998年版，第13页。

每年举行两到三次会议,负责向年会提交政策文件。2001年和2005年工党的大选纲领就是在全国政策论坛提交文件基础上形成的。① 全国政策委员会是工作机构,共有8个,负责向全国政策论坛提交涉及经济、社会等方面的报告。在这三个机构中,联合政策委员会和全国政策委员会都绝对为党领袖所控制。即使所谓具有广泛代表性的全国政策论坛也主要是给地方党组织提供参与政策讨论的机会,工会代表仅有30位,不到总代表数的1/6。② 因此,虽然不能否认工党决策机制的改革能使更多的不同利益代表者得以参与,增加了党的决策民主,但削弱年会在政策制定中的权力,增强党领袖权力的用意是十分明显的。

第三,在改变财政来源方面,工党广开门路筹措资金,减少对工会政治基金和赞助的依赖。长期以来,工党之所以受到工会的制约,关键在于在选举中和财政上受其影响较大。如果没有工会的财政支持,工党连基本的运作都成问题,遑论争取执政。于是扩大财政来源成为布莱尔削弱工会在党内影响和权力的重要间接手段。布莱尔采取的手段主要有大量接受个人和公司捐款,提高党费标准。在党员党费上,在1989年金诺克时期个人党费提高到10英镑后,工党又先后于1993年、1999年和2002年把其提高到15英镑、17.5英镑和18.5英镑。在接受社会赞助上,从1995年起,工党开始接受和争取来自企业界的赞助。在1996年6月到1997年3月的大选前夕,工党共从企业界筹集了1500万英镑。1997年大选后,工党又建立了"高价值捐赠单位"和"工党1000俱乐部",争取社会各界和个人对工党提供大宗捐款。经过这些努力和因会员减少工会政治基金的减少,进入布莱尔时期,工会投入在工党中央总收入中的比重不断降低,在1996年、1997年和2002年分别降为50%、40%和30%。③ 即到2002年高达70%的收入都已经变为来自个人党费和社会赞助。布莱尔从财政方面采取的这些举措无疑增加了工党的独立自主性,使其能够更为有效地应对来自工会方面的压力。与此同时,工党决定从1995年

---

① 林德山:《英国新工党的现代化改革简析》,载《欧洲研究》,2006年第2期。
② 裘援平:《当代社会民主主义与"第三条道路"》,当代世界出版社2004年版,第183—186页。
③ 张迎红:《英国工党组织体系的现代化》,载《当代世界社会主义问题》,2002年第3期。

起结束工会直接赞助工党议员的历史,使1997年当选的工党议员没有一个是在工会的赞助下当选的。

第四,在改变党员结构方面,工党大力吸收个人党员和劳工以外的党员。大力吸收这类党员不仅能够降低工会集体党员在工党中的比重,削弱工会在党内的权力,而且有助于塑造工党新的全民党,而非阶级党的形象。因此,布莱尔出任党领袖后,立刻表示扩展党员队伍的来源,增加个人党员的数量。在1995年费边社召开的纪念1945年大选获胜50周年大会上,布莱尔公开表示,1945年工党政府成功的一个重要原因是"重视壮大党的队伍",吸收来自全国范围内各阶层、各种职业和各个地区的熟练工人、技术专家、飞行员、科学家、建筑师、记者等人的代表;新工党若想建设成功,必须使其成为"个体户和失业者、小企业业主和他们的顾客、经理和工人、房屋所有者、补贴住房租用者、技术工程师、还有熟练的医生和教师的党"。① 经过布莱尔的努力,其增加个人党员的目标也很快初见成效。1994年7月,布莱尔任领袖时,工党个人党员仅为30万,到1996年7月工党全国执委会制定出新的政策声明时,工党的个人党员已达40万,接近保守党的党员队伍。也就是说,有1/3的个人党员是布莱尔上台后入党的。② 这些新党员与传统的工会党员不同,他们基本上是出于对工党民主社会主义价值观的信仰而加入到党的队伍中来的。这无疑增加了布莱尔的支持力量,使其思想主张能够更有效地转化为实践。对此,布莱尔不仅没有否认,而且明确表示,"继续实验入党的计划,以吸引新人特别是年轻人参加工党"。③

四、对布莱尔调整工党与工会关系的评价

在西方政党政治中,对于像英国工党这样的主流政党,其思想理念调整是否成功,关键是看其是否有利于赢得大选。从这一点来说,在布莱尔出任

---

① [英]托尼·布莱尔:《新英国:我对一个年轻国家的展望》,世界知识出版社1998年版,第25—26页。
② Anthony King, *Britain at the Polls: 2001*, London: Seven Bridges Press, 2002, p.105.
③ [英]托尼·布莱尔:《新英国:我对一个年轻国家的展望》,世界知识出版社1998年版,第32页。

工党领袖后对工党与工会关系的定位和调整是成功的。因为通过这些举措，不仅增进了党的团结，增强了党的独立性，确立了党领袖的权威地位，结束了自60年代末期以来党内存在的左右翼激烈争论局面，而且使其制定的竞选纲领更具有包容性，更能引起公众的关注和向往，塑造出崭新的政党形象。在1997年的大选中，工党获得419个议席，比保守党的165个议席多出254个，比工党历史上获得最好成绩的1945年大选还多出26席①，毫无争议地在蛰伏18年后获得执政机会。工党以绝对的优势重掌政权，显然是对布莱尔对工党与工会关系的新定位和新调整的充分肯定。工党执政后，布莱尔政府的工会观延续了工党在野时期对工会的定位和调整。在这一背景下，工党取得巨大的执政业绩，历史上第一次取得大选三连胜的佳绩，迎来执政的又一次高峰，也引领了民主社会主义在冷战后的复兴。这是对布莱尔调整工党与工会关系的又一次认可。

马克思主义的政党观认为，政党产生于阶级斗争，服务于某一阶级的需要。因此，无论西方政党是否承认，其都是有阶级基础的，其阶级基础既是党力量的主要来源，又是党在多党竞选中选民的主要来源。通过适宜的方针政策，党是能够赢得其阶级基础的支持的。但同时又必须认识到，与党在理论上既具有利益表达功能，又具有利益整合功能相一致②，在实践中党的发展壮大不仅离不开其阶级基础，而且离不开其社会基础，社会基础就是支持党的所有民众。阶级基础与社会基础的关系一般是社会基础大于阶级基础，其内涵包括阶级基础。换言之，党的阶级基础是党的社会基础中的核心。若社会基础小于阶级基础，即基本的阶级力量也大多不支持该政党，则说明该政党存在严重的危机。如何协调和平衡党的阶级基础和社会基础，是任何一个政党在生存和发展中都需要着力解决的一个问题。对于英国工党来说自然也是如此，故从理论上讲，布莱尔对工党与工会关系的定位与调整能够获得成功，关键是这一理念与实践较好地处理了稳固阶级基础与扩大社会基础的关系。

布莱尔把工会定位为社会合作伙伴，削弱附属工会的党内权力，显然不

---

① Anthony King, *Britain at the Polls: 2001*, London: Seven Bridges Press, 2002, p. 233.
② 王长江：《政党现代化论》，江苏人民出版社2004年版，第175页。

仅是减少工会对工党的负面影响，更是着眼于吸引其他社会力量的支持。在英国进入后工业化时代，在中产阶级队伍异常庞大，工会会员人数明显萎缩的当下，应当说，布莱尔对工党与工会关系的新定位和新调整顺应了英国经济与社会情势的变迁。需要特别指出的是，布莱尔虽然调整了工党与工会的关系，但其对工会的社会诉求并非一概拒绝，而是拒绝给予工会过分的、超出工党执政可忍受的诉求；其对附属工会党内权力也仅仅是削弱，而不是取消，完全切断工党与工会的特殊联系。因此，在工党执政下，工会的境遇总体上还是比保守党执政时期要好。正因为此，布莱尔的新工会观可以说是较好地稳固了阶级基础。即在流失了部分工会会员选票的同时，还保留有相当核心选民的支持。在此基础上，工党又赢得了许多工会会员之外的选票，自然使执政之路变得相对坦平。

在看到布莱尔调整工党与工会关系总体成功的同时，也应当看到其不足。布莱尔调整工党与工会关系，褪去工党的工会党色彩是以淡化自身的阶级特征为代价的。美其名曰工党超越了左和右，吸引了更多的社会阶层，成为全民党和天然党，实际上这是不可能的。工党疏远工会的过程，实际上是向新自由主义妥协的过程。在这一进程中，由于竞选纲领与政策主张等与右翼政党越来越趋同，意识形态失去了鲜明的特征和感召力，工党逐渐淹没了自身的身份特征，抹去了清晰辨认的政治形象。这样在使工党的核心选民减少、游弋选民增多的同时，也使执政的风险系数更高。稍有失误，就会引起大的波澜，即使不失误，在政党政治钟摆效应作用下，也更易使民众产生厌烦心理和换将想法。这正是工党虽然在世纪之交连续执政，但支持率和议席却连续下降、优势丧失殆尽、来到失去政权边缘的深层原因。因此，对布莱尔对英国工党与工会关系的定位与调整，不能全盘肯定，必须给予全面辩证的认识。

（载《聊城大学学报〈社科版〉》2012 年第 2 期）

最熟悉的陌生人：英国工党与工会关系的政治分析[①]

李华锋

随着 2010 年 5 月的大选失利和 9 月选出新领袖，英国工党进入埃德·米利班德时期。为了重新赢得执政地位，工党也开始了政策反思与调整的历程。在诸多影响工党政坛发展的变量中，工会由于与工党存在特殊的制度化联系，是其中最为重要的因素。

一、英国工党与工会关系的传统与布莱尔的调整

与西欧大多数社会民主主义政党的建立不同，英国工党起源于工会运动。在 20 世纪初，正是为了更好地从议会角度保卫工会和劳工的利益，英国工会联合其他社会主义团体创建了工党。由于工会是工党力量的主要输送者和财政的主要供给者，使得工党政策主张与思想理念的选择长期受到工会的控制，以工会政治臂膀的形象出现于英国政坛。

在 20 世纪相当长的时间里，工会与工党的劳工运动盟友关系总体上推动了工党的政坛崛起。因为伴随英国工业化的不断发展、劳工数量的持续增多和选举制度的民主化进程，以工会会员为主的工党选民基础不断扩大。但进入 20 世纪 60 年代后，超于国家承受能力的福利负担和肆意的罢工使英国经济长期陷入停滞状态。为了实现连续执政，体现利益整合功能，工党开始疏

---

① 基金项目：中国博士后科学基金项目（20110491607）、山东省社科规划重点项目（10BZZJ04）"英国工党政坛沉浮与主导思想的关系研究"的阶段性成果。

远工会，规范工会的行动，使二者关系出现显著的裂痕。

进入20世纪90年代后，在撒切尔夫人打压工会政策取得成功，工会力量严重衰落，由鼎盛时期的1300万会员下滑到700万会员，入会率由1980年53%下滑到1993年37%的背景下，布莱尔对工党与工会之间的传统关系作出重大调整。在基本定位上，把工党定为全民党，而非劳工党，把工会定位为追求特殊利益的集团。在政策主张上，提出只能给工会平等的机会，而不是特权与偏袒。在内部关系上，减少工党对工会的经济依赖，削弱附属工会在工党内的各种权力。经过这些调整，工党与工会关系明显疏离，由传统的劳工运动盟友转变为一般的社会合作伙伴。

二、英国工党与工会关系的小幅回暖

埃德·米利班德出任工党领袖后，工党与工会关系发展态势出现一定程度的逆转，看似由原来的渐行渐远转变为友好互动。如埃德·米利班德并没有对工会的罢工提出谴责；要求保守党政府通过积极的经济政策，而不主要依靠货币政策防范债务危机的冲击；出席英国工会年会，加强与工会领袖的沟通频率。工会也对工党的友好举动投桃报李，加大了对工党的经济支持，使工党得以有效运转，避免布朗时期出现的工党财政危机再现。工党与工会关系的回暖与以下两方面的主客观因素有着密切的联系。

一是保守党的压缩公共开支政策。受美国次贷危机的影响，在布朗执政时期，英国的经济形势就开始恶化。2009年英国国内生产总值比2008年下降了4.7%。这也是导致工党下台的重要原因。保守党上台后，爆发于2009年底的希腊债务危机愈演愈烈，开始向整个欧洲蔓延。为了防患于未然，保守党政府领导的联合政府采取了二战后历届政府惯用的手段。压缩公共开支，收紧银根，减少赤字。由于受这一政策影响最大的是工薪阶层和底层民众，引发工会界的激烈反应。不仅在2011年多次举行罢工行动，出现新世纪以来的首次罢工浪潮，而且最大的工会组织——英国总工会多次威胁将在奥运会期间举行罢工，要求保守党政府提高公共开支，解决高达250万人的失业问题。在两党制的政治结构中，政党政策的互动影响更为明显。面对中下层民众对保守党政府的不满，工党自然想接近工会，争取深受工会影响的传统核心选民的支持。

另一是埃德·米利班德的左翼色彩。除了外在因素作用外,埃德·米利班德的个人因素也不容忽视。在2010年9月工党领袖选举前,埃德·米利班德无论是资历还是名气都不及其哥哥,主要竞争对手戴维·米利班德,在民意测验中一直居于落后局面。之所以能够在最后时刻翻盘,以50.65%对49.35%的微弱优势胜出,成为工党新一任,也是新一代领袖,与埃德·米利班德的传统左翼色彩,其竞选主张向左倾斜,减弱了布莱尔新"第三条道路"的激进性,最终得到附属大工会的认可和支持不无关系。正因为此,英国媒体把埃德·米利班德的胜利视为工党内左翼战胜中间派。在此背景下,在没有执政压力下,埃德·米利班德为了把重新修补的工党与工会关系转化为促进工党政坛竞争的推动力量,在一定程度上在施政中坚持了领袖竞选中的左翼观。

三、英国工党与工会关系的长远疏离

虽然工党在埃德·米利班德时期改进了与工会的关系,但并不意味着工党对工会态度出现明显的逆转。从总的发展趋势看,二者之间的关系不要说回到传统的盟友状态,就是出现密切的沟通与协调也是很难的,而将呈现出逐步疏远的走势。

第一,工党与工会的目标差异明显。工党现在是一个选举型政党,其各种主张的指向都是实现上台执政与长期执政。要想实现这一目标,其基本路径就是充分发挥政党的利益整合功能,做全民利益的代表者,争取尽可能多的选民支持。工会虽然随着时代的变化和会员构成的变化,不再仅是传统蓝领工人的代表,而是尽可能扩大会员范围,成为众多由白领组成的行业性或综合性工会,但其代表劳方利益,代表中下层民众维护工资与社会保障待遇的基本定位不可改变,否则工会就失去其政治上的合法性和生存根基。显然,工党与工会的追求目标有着不可克服的内在矛盾。双方可能会在一定时期暂时再次接近,但这种接近只是一种特殊环境下的权宜之计,不可能长期存在下去。

第二,布莱尔调整工会政策的成功。在十年前的世纪之交,布莱尔以新

"第三条道路"为旗帜,对工党与工会关系以及涉及工会的相关政策进行了重大的调整。虽然后来布莱尔辞职,工党现在处于在野位置,但并不能就此否定布莱尔变革工党的总体成功。一方面,工党在布莱尔的领导下,连续三次以绝对的优势赢得大选。另一方面,布莱尔执政十年经济增长率年均近3%,人均收入年均增长3.5%,通货膨胀率年均2%,失业率年均4%,均达到二战后最好水平。在此背景下,工党不会对布莱尔的工会政策作出重大改变。在埃德·米利班德领导下,工党政策主张出现一定程度的左转,与其说是转向,毋宁说是对布莱尔部分激进政策的纠偏,其主要立场与观点并没有超出布莱尔变革的范畴。

第三,工会的发展走势与历史的教训。随着全球化和后工业化的到来,英国传统的全日制工人和固定从业者越来越少,灵活就业与个人创业者明显增多,使工会的入会率继续降低,也使会员对工会、工会对工党的忠诚度降低。目前,英国职工大会会员人数仅为620万人。工会行为能力的减弱使工党更为器重为数众多的中产阶级。同时,基于工会罢工破坏社会秩序的负面影响和历史教训,工党内反对与工会接近的人总体居于优势。埃德·米利班德本人虽然没有公开批评工会动辄罢工的行为,但也没有予以支持。工党内政发言人库伯更是明确表示:"工党绝不能接受这种自私、不爱国、影响国家和社会生活的行为。"

当然,由于工党和工会之间的制度化联系不可能在短时期内结束,工党的工会政策还是要好于保守党的工会政策,工党现在又处于在野党地位,工党与工会关系的疏远将是渐进的和长期的。

(原载《中国社会科学报》2012年8月29日,
全文转载于《工会博览》2012年第29期)

论邓小平社会主义法制思想

赵常伟

摘　要：邓小平的法制思想为社会主义法制作了基本定位：社会主义法制是中国社会主义建设的重要任务；社会主义法制是中国社会主义改革的重要内容；社会主义法制是中国社会主义发展的重要经验。邓小平的法制建设思想的基本内容表现为"有法可依、有法必依、执法必严、违法必究"四个方面。邓小平的法制建设方略是必须通过加强法律体系建设、法制队伍建设和法制宣教工作，不断推进社会主义法制的顺利发展。

关键词：邓小平；法制；定位；内容；方略

作者简介：赵常伟（1965—），男，山东阳谷人，《聊城大学学报》编辑部编审，聊大世界共运所教授，硕士导师，法学博士，研究方向为中国特色社会主义。

社会主义法制思想，是马克思主义法学理论的基本问题，是邓小平理论的重要内容，在科学社会主义发展史上占有非凡地位。由于历史原因，马克思恩格斯并未使用"社会主义法制"概念，但在其巨著中曾328次论述"法制"问题，充分显现出他们对此问题的高度重视。列宁是首位使用"社会主义法制"概念的革命导师。他在1917—1922年间写成《论社会主义法制》一书，专门论述社会主义法制问题，并在其各类著作中先后276次论述"法制"问题。在中共历史上，毛泽东是使用"社会主义法制"概念的第一人。他在

1957年4月23日首次阐述"社会主义法制"问题,并在其各类著作中先后12次论述"法制"问题。进入新时期以后,我党首位使用"社会主义法制"概念的是邓小平。他在1979年3月30日首次重申并阐述"社会主义法制"问题,并随后在其各类著作中先后18次论述"社会主义法制"问题,65次论述"法制"问题,从而为新时期中国社会主义法制建设奠定了坚实基础。邓小平的"社会主义法制"思想是马克思主义法制思想在当代中国的集中体现。其内涵深刻,外延丰富,意义远大,涵盖了加强社会主义法制建设的各个方面,为新时期中国建立健全社会主义法制,确保中国社会主义现代化大业的健康发展提供了坚固支撑。在全党全民高举中国特色社会主义伟大旗帜,以邓小平理论和"三个代表"重要思想为指导,深入贯彻落实科学发展观,为夺取全面建设小康社会新胜利而奋斗之际,重新学习和正确实践邓小平的社会主义法制思想,对于不断推进社会主义法制的建设进程,全面提高和谐社会主义的建设效益,具有重大现实意义。

一、社会主义法制的基本定位

社会主义法制是代表了新中国全体人民的最大利益和意志的法律和制度,是社会主义民主的制度化和法律化,在社会主义现代化建设中举足轻重。"文革"结束后,邓小平及其党中央领导全党全民拨乱反正,正本清源,开启了依法治国的新时期。他说:"在当前新的长征中,在四项基本原则的指引下,实行互相监督,充分发扬社会主义民主,加强社会主义法制,对于增强和维护安定团结,共同搞好国家大事,是十分重要的。"① 他的深刻阐述为新时期社会主义法制建设明确了基本定位。

(一)社会主义法制是中国社会主义建设的重要任务。邓小平说:"我们当前以及今后相当长一个历史时期的主要任务""就是搞现代化建设"②,就是"多快好省地建设现代化的社会主义强国"③。这项宏伟事业,既表现为工

---

① 《邓小平文选》第2卷,人民出版社1994年版,第205页。
② 《邓小平文选》第2卷,人民出版社1994年版,第162页。
③ 《邓小平文选》第2卷,人民出版社1994年版,第249页。

业、农业、国防、科技的现代化，也表现为政治、经济、文化、法制的现代化，是新时期各项建设任务的有机统一。"为了建设现代化的社会主义强国，任务很多，需要做的事情很多，各种任务之间又有相互依存的关系，如像经济与教育、科学，经济与政治、法律等等，都有相互依存的关系，不能顾此失彼。"① 其中，法制建设尤为重要，需要特别加强。因为，"中国要实现四个现代化，摆脱落后状态，必须有一个安定团结的政治局面，必须有领导有秩序地进行建设。"② 而这种政治局面的达成必须依靠坚强而高效的法制建设才能实现。"搞四个现代化一定要有两手，只有一手是不行的。所谓两手，即一手抓建设，一手抓法制"。③ 尤其是，"我们这个国家有几千年封建社会的历史，缺乏社会主义的民主和社会主义的法制。现在我们要认真建立社会主义的民主制度和社会主义法制。只有这样，才能解决问题。"④

（二）社会主义法制是中国社会主义改革的重要内容。邓小平说："为了发展生产力，必须对我国的经济体制进行改革，实行对外开放的政策。"⑤ 不过，"改革是全面的改革，不仅经济、政治，还包括科技、教育等各行各业。"⑥ 而政治改革的目标之一就是"发扬社会主义民主，调动广大人民的积极性"⑦。通过改革，"把民主和集中、民主和法制、民主和纪律、民主和党的领导结合起来"⑧，"处理好法治和人治的关系，处理好党和政府的关系。"⑨ 也就是说，"政治体制改革包括民主和法制。我们的民主同法制是相关联的。"邓小平强调，"中国的政治体制改革，要讲社会主义的民主，也要讲社会主义的法制。在强调发展民主的同时，要教育我们的人民特别是青年要有理想，

---

① 《邓小平文选》第 2 卷，人民出版社 1994 年版，第 249—250 页。
② 《邓小平文选》第 3 卷，人民出版社 1993 年版，第 208 页。
③ 《邓小平文选》第 3 卷，人民出版社 1993 年版，第 154 页。
④ 《邓小平文选》第 2 卷，人民出版社 1994 年版，第 348 页。
⑤ 《邓小平文选》第 3 卷，人民出版社 1993 年版，第 138 页。
⑥ 《邓小平文选》第 3 卷，人民出版社 1993 年版，第 117 页。
⑦ 《邓小平文选》第 3 卷，人民出版社 1993 年版，第 178 页。
⑧ 《邓小平文选》第 2 卷，人民出版社 1994 年版，第 176 页。
⑨ 《邓小平文选》第 3 卷，人民出版社 1993 年版，第 177 页。

守纪律。"① 因为,"在政治体制改革方面,最大的目的是取得一个稳定的环境。"② 否则,我们"就没有精力搞建设"。③ 所以,"民主和法制,这两个方面都应该加强"④。

(三) 社会主义法制是中国社会主义发展的重要经验。邓小平说:"党和国家现行的一些具体制度中,还存在不少的弊端,妨碍甚至严重妨碍社会主义优越性的发挥。""从党和国家的领导制度、干部制度方面来说,主要的弊端就是官僚主义现象,权力过分集中的现象,家长制现象,干部领导职务终身制现象和形形色色的特权现象。"导致这些问题的原因多种多样。比如,官僚主义"同我们长期认为社会主义制度和计划管理必须对经济、政治、文化、社会都实行中央高度集权的管理体制有密切关系"⑤;权力过分集中"同我国历史上封建专制主义的影响有关,也同共产国际时期实行的各国党的工作领导者个人高度集权的传统有关"⑥;"家长制是历史非常悠久的一种陈旧社会现象",也与我党没有一如既往地"实行集体领导,实行民主集中制"有关;"干部领导职务终身制现象的形成,同封建主义的影响有一定关系,同我们党一直没有妥善的退休解职办法也有关系";"搞特权,这是封建主义残余影响尚未肃清的表现。"总之,"旧中国留给我们的,封建专制传统比较多,民主法制传统很少。解放以后,我们也没有自觉地、系统地建立保障人民民主权利的各种制度,法制很不完备,也很不受重视",没有真正实现"公民在法律面和制度面前人人平等,党员在党章和党纪面前人人平等"。历史表明,"我们过去发生的各种错误,固然与某些领导人的思想、作风有关,但是组织制度、工作制度方面的问题更重要。这些方面的制度好可以使坏人无法任意横行,制度不好可以使好人无法充分做好事,甚至会走向反面。"⑦ 为推进中国社会主义健康发展,我们必须"下决心克服一切阻力抓法制建设和精神文明

---

① 《邓小平文选》第 3 卷,人民出版社 1993 年版,第 244—245 页。
② 《邓小平文选》第 3 卷,人民出版社 1993 年版,第 312 页。
③ 《邓小平文选》第 3 卷,人民出版社 1993 年版,第 332 页。
④ 《邓小平文选》第 2 卷,人民出版社 1994 年版,第 189 页。
⑤ 《邓小平文选》第 2 卷,人民出版社 1994 年版,第 327—328 页。
⑥ 《邓小平文选》第 2 卷,人民出版社 1994 年版,第 329 页。
⑦ 《邓小平文选》第 2 卷,人民出版社 1994 年版,第 329—333 页。

建设"①。

二、社会主义法制的基本内容

社会主义法制，既包括相对静态的法律、制度和依法办事的原则，更包括相对动态的立法、司法、执法、守法和法律监督、法律宣教等活动，是社会主义法制形式和内容的有机统一。邓小平说："我们的国家已经进入社会主义现代化建设的新时期。我们要在大幅度提高社会生产力的同时，改革和完善社会主义的经济制度和政治制度，发展高度的社会主义民主和完备的社会主义法制。"② 我们要"在加强民主的同时，要加强社会主义法制"③，努力"做到有法可依，有法必依，执法必严，违法必究"④。他的精辟阐释完整地概括了社会主义法制的基本内容。

（一）有法可依。法制建设始于立法，只有法律法规健全才能实践相应的法制活动，进而实现相应的法制效益。由于"文革"等因素的影响，新中国法制建设并不顺利，甚至出现了无法可依的不良现象。邓小平说："现在的问题是法律很不完备，很多法律还没有制定出来。往往把领导人说的话当做'法'，不赞成领导人说的话就叫做'违法'，领导人的话改变了，'法'也就跟着改变。"⑤ 为扭转这种尴尬局面，第一，要尽快制定基本法律。"应该集中力量制定刑法、民法、诉讼法和其他各种必要的法律，例如工厂法、人民公社法、森林法、草原法、环境保护法、劳动法、外国人投资法等等"。⑥ 第二，要跟进制定特定法规。"为了保证安定团结，建议国家机关通过适当的法律法令，规定罢工罢课事前要经过调处；游行示威事前要经过允许，指定时间地点；禁止不同单位之间、不同地区之间的串联；禁止非法组织的活动和

---

① 《邓小平文选》第3卷，人民出版社1993年版，第152页。
② 《邓小平文选》第2卷，人民出版社1994年版，第208页。
③ 《邓小平文选》第2卷，人民出版社1994年版，第233页。
④ 《邓小平文选》第2卷，人民出版社1994年版，第146—147页。
⑤ 《邓小平文选》第2卷，人民出版社1994年版，第146页。
⑥ 《邓小平文选》第2卷，人民出版社1994年版，第146页。

非法刊物的印行。"① 第三，要研究制定国际法。为不断规范对外交流，"我们还要大力加强对国际法的研究"。② 第四，要稳步推进立法工作。为了保证实效，立法可以"先粗后细、先试后立、先行后修"的原则进行。"法律条文开始可以粗一点，逐步完善。有的法规地方可以先试搞，然后经过总结提高，制定全国通行的法律。修改补充法律，成熟一条就修改补充一条，不要等待'成套设备'。总之，有比没有好，快搞比慢搞好。"③ 只有建立健全并严格实行各种法规，我们才能"真正脚踏实地、按部就班地""搞建设"④，才能"不受任何干扰，一心一意、坚定不移地搞社会主义现代化建设"。⑤

（二）有法必依。法律体系健全后，必须遵法行事、依法办事才能达成依法治国的实效。董必武曾在1957年说过："有法不依，法就是空的东西，起不了作用。""有法不依就等于无法。没有法，做事情很不方便。"⑥进入新时期后，邓小平强调："全党同志和全体干部都要按照宪法、法律、法令办事，学会使用法律武器（包括罚款、重税一类经济武器）同反党反社会主义的势力和各种刑事犯罪分子进行斗争。这是现在和今后发展社会主义民主、健全社会主义法制的过程中要求我们必须尽快学会处理的新课题。"⑦ 为此，第一，领导干部要以身作则。在"有法必依"的实践中，"高级干部能不能以身作则，影响是很大的"。⑧ 因为"贯彻执行的关键在于高级干部要以身作则"，"高级干部办不到，就会一风吹，一切照旧"。⑨ 所以，相比普通群众，领导干部要模范遵守党纪国法，带头做到"有法必依"，"各级领导干部，特别是高级干部，更应该严格遵守党章、遵守《关于党内政治生活的若干准则》，起模范作用。"⑩ 第二，全体党员要遵纪守法。党章草案早就要求，"每一个党

---

① 《邓小平文选》第2卷，人民出版社1994年版，第371页。
② 《邓小平文选》第2卷，人民出版社1994年版，第147页。
③ 《邓小平文选》第2卷，人民出版社1994年版，第147页。
④ 《邓小平文选》第3卷，人民出版社1993年版，第311页。
⑤ 《邓小平文选》第3卷，人民出版社1993年版，第228页。
⑥ 《董必武选集》，人民出版社1985年版，第452页。
⑦ 《邓小平文选》第2卷，人民出版社1994年版，第371页。
⑧ 《邓小平文选》第2卷，人民出版社1994年版，第125页。
⑨ 《邓小平文选》第2卷，人民出版社1994年版，第72—73页。
⑩ 《邓小平文选》第3卷，人民出版社1993年版，第39页。

员严格地遵守党章和国家的法律,遵守共产主义道德,一切党员,不管他们的功劳和职位如何,都没有例外。"①面对新形势,党员要经得起诱惑,守得住信仰,自觉遵纪守法,抵制违法乱纪,"党员要按照党的章程办事,遵守党的纪律,不能搞宗派主义。"②"各级组织、每个党员都要按照党章的规定,一切行动服从上级组织的决定,尤其是必须同党中央保持政治上的一致。这一点在现在特别重要。谁要违反这一点,谁就要受到党的纪律的处分。"③ 第三,党风社风齐抓共管。党风与社风紧密关联,党风不正必然导致社风日下。"党是整个社会的表率,党的各级领导同志又是全党的表率。""如果党的领导干部自己不严格要求自己,不遵守党纪国法,违反党的原则,闹派性,搞特殊化,走后门,铺张浪费,损公利私,不与群众同甘苦,不实行吃苦在前、享受在后,不服从组织决定,不接受群众监督,甚至对批评自己的人实行打击报复,怎么能指望他们改造社会风气呢?"④ 所以,"不正之风很突出,要先从领导干部纠正起。"⑤ 也就是说,"端正党风,是端正社会风气的关键。"⑥"只有搞好党风,才能转变社会风气,才能坚持四项基本原则。"⑦

(三)执法必严。司法主体的疏漏或执法工作的松懈都会抵消法制建设的应有成效。因此,司法主体和执法工作必须尊重事实、依照章法、根据规程、坚守原则,方能在主动学法、正确释法、严格守法、坚决护法、规范执法等实践中实现科学性与革命性、严格性与能动性、政策性与效益性、原则性与灵活性的有机统一。为此,第一,执法队伍要"有才可用"。"现在我们能担任司法工作的干部,包括法官、律师、审判官、检察官、专业警察,起码缺一百万。可以当律师的,当法官的,学过法律、懂得法律,而且执法公正、品德合格的专业干部很少。"⑧ 所以,"要大力加强政法、公安部门的建设和

---

① 《邓小平文选》第1卷,人民出版社1989年版,第243页。
② 《邓小平文选》第2卷,人民出版社1994年版,第13页。
③ 《邓小平文选》第2卷,人民出版社1994年版,第366页。
④ 《邓小平文选》第2卷,人民出版社1994年版,第177—178页。
⑤ 《邓小平文选》第2卷,人民出版社1994年版,第125页。
⑥ 《邓小平文选》第3卷,人民出版社1993年版,第144页。
⑦ 《邓小平文选》第2卷,人民出版社1994年版,第178页。
⑧ 《邓小平文选》第2卷,人民出版社1994年版,第263页。

工作，提高这些部门人员的政治素质和业务素质。"① 毕竟，"事情要人来做"②，"执法必严"的实现有赖于能够达标的执法队伍，"没有人才什么事情也搞不好。"③ 第二，干部队伍要以身作则。"领导干部，特别是高级干部以身作则非常重要。群众对干部总是要听其言，观其行的。"法律法规一旦颁行，领导干部要身先士卒，令行禁止。"下了命令，要立即到职，高级干部要带头。""政治干部更要强调以身作则"，"不能说的是一套，做的又是一套。""后勤干部，特别是领导干部也要以身作则，不要'近水楼台先得月'。一定要廉洁奉公，当好红管家。要严格遵守财经纪律，同违反财经纪律的现象作斗争，要同假公济私、开后门的现象作斗争。"④ 交通干部要严格"必要的规章制度，增强组织性和纪律性"⑤。民族干部要"在实际行动中严格执行纪律"⑥。第三，党风党纪要从严抓起。"从党的工作来说，重点是端正党风，但从全局来说，是加强法制。我们国家缺少执法和守法的传统……没有法制不行。"⑦ 干部及其家属、子女的犯罪负面影响更大，因而要"抓紧处理"，"越是高级干部子弟，越是高级干部，越是名人，他们的违法事件越要抓紧查处，因为这些人的影响大，犯罪危害大。""高级干部在对待家属、子女违法犯罪的问题上必须有坚决、明确、毫不含糊的态度，坚决支持查办部门。不管牵涉到谁，都要按照党纪、国法查处。"⑧ 各级干部党员，"要严格执行《关于党内政治生活的若干准则》，坚持不懈地纠正各种不正之风，特别要坚决反对对党中央的路线、方针、政策采取阳奉阴违、两面三刀的错误态度。"⑨ 第四，惩治犯罪要雷厉风行。违法犯罪活动猖獗的根源在于认识不清，打击不力，"几年了，这股风不但没有压下去，反而发展了，原因在哪里？主要是下不了手，对犯罪分子打击不严、不快，判得很轻。对经济犯罪活动是这样，

---

① 《邓小平文选》第2卷，人民出版社1994年版，第371页。
② 《邓小平文选》第3卷，人民出版社1993年版，第164页。
③ 《邓小平文选》第3卷，人民出版社1993年版，第369页。
④ 《邓小平文选》第2卷，人民出版社1994年版，第124—125页。
⑤ 《邓小平文选》第2卷，人民出版社1994年版，第5页。
⑥ 《邓小平文选》第1卷，人民出版社1989年版，第164页。
⑦ 《邓小平文选》第3卷，人民出版社1993年版，第163页。
⑧ 《邓小平文选》第3卷，人民出版社1993年版，第152页。
⑨ 《邓小平文选》第2卷，人民出版社1994年版，第358—359页。

对抢劫、杀人等犯罪活动也是这样。"① "对于这种种活动的严重性，我们有些同志还没有足够的认识，因而打击不力，有时甚至放纵不管。"② "所以，现在刹这个风，一定要从快从严从重。"③ 对于违法乱纪者，"应该从重处理，不是从轻，乱得太不像话了。国家不管是不行的。对这类分子的法律措施要从严，从严了才可以教育过来一批青年。"④ 处理犯罪行为时，要"当断即断"，"雷厉风行"。⑤ "如果还是软弱无力，处理不严，坏人的气势还会长上来。对严重刑事犯罪分子，包括杀人犯、抢劫犯、流氓犯罪团伙分子、教唆犯、在劳教劳改中继续传授犯罪技术的惯犯，以及人贩子、老鸨儿等，必须坚决逮捕、判刑，组织劳动改造，给予严厉的法律制裁。"在一些"非常状态，必须依法从重从快集中打击，严才能治住。搞得不痛不痒，不得人心"⑥。对于危害一方的惯犯、屡教不改的累犯、罪大恶极的重犯等，必须严惩不贷。那些"屡教屡犯"的"累犯"要"依法杀一些"；那些"贩卖妇女、儿童，搞反动会道门活动，屡教不改的"，要"依法从重判处"；那些"经济犯罪特别严重的，使国家损失几百万、上千万的国家工作人员"，要"按照刑法规定判死刑"。需要强调的是，"死刑不能废除，有些罪犯就是要判死刑。""对严重的经济犯罪、刑事犯罪，总要依法杀一些。现在总的表现是手软。判死刑也是一种必不可少的教育手段。"⑦ 总之，对于恶贯满盈的不法分子，"必须依法杀一批，有些要长期关起来。还要不断地打击，冒出一批抓一批。不然的话，犯罪的人无所畏惧，十年二十年也解决不了问题。"⑧

（四）违法必究。违法是一种危害社会的行为，必须依法严肃处理或严厉制裁，才能捍卫法律的尊严，维护社会的稳定，保障国家的安定，实现发展的顺畅。邓小平说："公民在法律和制度面前人人平等，党员在党章和党纪面

---

① 《邓小平文选》第3卷，人民出版社1993年版，第33页。
② 《邓小平文选》第2卷，人民出版社1994年版，第370页。
③ 《邓小平文选》第2卷，人民出版社1994年版，第403页。
④ 《邓小平文选》第2卷，人民出版社1994年版，第254页。
⑤ 《邓小平文选》第3卷，人民出版社1993年版，第154页。
⑥ 《邓小平文选》第3卷，人民出版社1993年版，第34页。
⑦ 《邓小平文选》第3卷，人民出版社1993年版，第52—153页。
⑧ 《邓小平文选》第3卷，人民出版社1993年版，第34页。

前人人平等。人人有依法规定的平等权利和义务,谁也不能占便宜,谁也不能犯法。不管谁犯了法,都要由公安机关依法侦查,司法机关依法办理,任何人都不许干扰法律的实施,任何犯了法的人都不能逍遥法外。谁也不能违反党章党纪,不管谁违反,都要受到纪律处分,也不允许任何人干扰党纪的执行,不许任何违反党纪的人逍遥于纪律制裁之外。只有真正坚决地做到了这些,才能彻底解决搞特权和违法乱纪的问题。"① 为此,第一,要从严治党。"国要有国法,党要有党规党法。党章是最根本的党规党法。""对于违反党纪的人,不管是什么人,都要执行纪律,做到功过分明,赏罚分明,伸张正气,打击邪气。"② 同时,"要有群众监督制度,让群众和党员监督干部,特别是领导干部。凡是搞特权、特殊化,经过批评教育而又不改的,人民就有权依法进行检举、控告、弹劾、撤换、罢免,要求他们在经济上退赔,并使他们受到法律、纪律的处分。对各级干部的职权范围和政治、生活待遇,要制定各种条例,最重要的是要有专门的机构进行铁面无私的监督检查。"③ 第二,要"坚决打击经济犯罪活动"。"这股风来得很猛。如果我们党不严重注意,不坚决刹住这股风,那么,我们的党和国家确实要发生会不会'改变面貌'的问题。"因为,"卷进经济犯罪活动的人不是小量的,而是大量的。""现在的大案子很多,性质都很恶劣"。而且,经济犯罪形式也多种多样,"有些是个人犯罪,有些是集体犯罪"④;有些是"走私漏税、投机倒把、行贿受贿、贪赃枉法等犯罪活动";有些是"泄露和出卖国家机密、违反规定滥发奖金、抬高物价、扰乱市场等严重违法乱纪行为"⑤;更有甚者,"有个别干部子弟泄露经济情报,卷入了情报网,出卖消息,出卖文件。"对于这些"经济犯罪的案件"⑥,必须速查严办,"处理要及时,一般地要严,不能松松垮垮,不能处理太轻了。""对一些情节特别严重的犯罪分子,必须给以最严厉的法律制

---

① 《邓小平文选》第 2 卷,人民出版社 1994 年版,第 332 页。
② 《邓小平文选》第 2 卷,人民出版社 1994 年版,第 147 页。
③ 《邓小平文选》第 2 卷,人民出版社 1994 年版,第 332 页。
④ 《邓小平文选》第 2 卷,人民出版社 1994 年版,第 402—403 页。
⑤ 《邓小平文选》第 2 卷,人民出版社 1994 年版,第 370 页。
⑥ 《邓小平文选》第 3 卷,人民出版社 1993 年版,第 152 页。

裁。"① 第三，要"严厉打击刑事犯罪活动"。"刑事案件、恶性案件大幅度增加，这种情况不得人心。"② 对于"杀人放火、制造爆炸、抢劫偷窃、强奸轮奸等各种恶性案件"，"我们决不能掉以轻心"，必须"及时地、有区别地给以坚决处理"，必须"坚决打击和分化瓦解上述各种破坏安定团结的势力"，"坚决打击和防范制止各种刑事犯罪活动"。③ 第四，打击违法乱纪要常抓不懈。"严厉打击刑事犯罪活动是一件大快人心的事"，必须坚持不懈；同时也要认识到其复杂性和长期性，"解决刑事犯罪问题，是长期的斗争，需要从各方面做工作。"④ 就其意义来说，"打击经济犯罪活动的斗争，是我们坚持社会主义道路和实现四个现代化的一个保证。这是一个经常的斗争，经常的工作。""如果不搞这个斗争，四个现代化建设，对外开放和对内搞活经济的政策，就要失败。所以，我们要有两手，一手就是坚持对外开放和对内搞活经济的政策，一手就是坚决打击经济犯罪活动。没有打击经济犯罪活动这一手，不但对外开放政策肯定要失败，对内搞活经济的政策也肯定要失败。"⑤ 只有"坚持两手抓"，"两只手都要硬"⑥，我们的社会秩序才能稳定，社会风气才能好转，社会进步才能实现。

三、社会主义法制的基本方略

社会主义法制体系的完善贵在建设，社会主义法治目标的实现功盖万世。为全面实践"认真建立社会主义民主制度和社会主义法制"⑦的战略规划，努力"建设一个社会主义法制国家"⑧，邓小平在总结中外民主与法制建设，尤其是社会主义法制建设经验教训的基础上，为新时期中国量身打造了加强

---

① 《邓小平文选》第 2 卷，人民出版社 1994 年版，第 403 页。
② 《邓小平文选》第 3 卷，人民出版社 1993 年版，第 33 页。
③ 《邓小平文选》第 2 卷，人民出版社 1994 年版，第 370—371 页。
④ 《邓小平文选》第 3 卷，人民出版社 1993 年版，第 34 页。
⑤ 《邓小平文选》第 2 卷，人民出版社 1994 年版，第 404 页。
⑥ 《邓小平文选》第 3 卷，人民出版社 1993 年版，第 378 页。
⑦ 《邓小平文选》第 2 卷，人民出版社 1994 年版，第 348 页。
⑧ 《彭真文选》，人民出版社 1991 年版，第 536 页。

社会主义法制建设的科学方略。

（一）建设一套完备的法律体系。施法必先立法，立法务求完备，这是中外法制建设的基本经验，更是新时期中国社会主义法制建设的必然方略。邓小平高度重视立法工作，多次指示要加快立法进程，尽快健全法律体系。他说："为了保障人民民主，必须加强法制。必须使民主制度化、法律化，使这种制度和法律不因领导人的改变而改变，不因领导人的看法和注意力的改变而改变。"但是，多年来，我们的法律体系"很不完备"①，或者说，"我们好多年实际上没有法，没有可遵循的东西。"② 所以，社会主义法制建设的首要问题就是尽快制定各种法律，其中包括："刑法、民法、诉讼法和其他各种必要的法律，例如工厂法、人民公社法、森林法、草原法、环境保护法、劳动法、外国人投资法等等"③，以便尽快建立健全社会主义法律体系，为社会主义法制建设的全面推进提供坚固支持。1979 年五届全国人大二次会议通过了《刑法》等七部法律后，邓小平指出，法律是"建立安定团结政治局面的必要保障。没有安定团结生动活泼的政治局面，搞四个现代化就不行。这次会议以后，要接着制定一系列的法律"。毕竟，"我们的法律太少了，成百个法律总是要有的，这方面有很多工作要做，现在只是开端。民主要坚持下去，法制要坚持下去。这好像两只手，任何一只手削弱都不行。"④ 为此，他强调，"发展社会主义民主，健全社会主义法制。这是三中全会以来中央坚定不移的基本方针，今后也决不许有任何动摇。我们的民主制度还有不够完善的地方，要制定一系列的法律、法令和条例，使民主制度化、法律化。社会主义民主和社会主义法制是不可分的。"⑤ 邓小平建立健全法律体系的思想，适应了新时期中国社会发展的客观需求，反映了社会主义法制建设的必然趋势，指明了新时期中国立法工作的正确方向，推动了我国社会主义民主与法制建设的健康发展。

（二）建设一支过硬的法制队伍。立法是基础，执法是关键。而执法的成

---

① 《邓小平文选》第 2 卷，人民出版社 1994 年版，第 146 页。
② 《邓小平文选》第 2 卷，人民出版社 1994 年版，第 189 页。
③ 《邓小平文选》第 2 卷，人民出版社 1994 年版，第 146 页。
④ 《邓小平文选》第 2 卷，人民出版社 1994 年版，第 189 页。
⑤ 《邓小平文选》第 2 卷，人民出版社 1994 年版，第 359 页。

效要通过正确司法、科学司法、照章执法、公正执法、严格执法、文明执法等来实现，正如邓小平所言："政治路线确立了，要由人来具体地贯彻执行"，"由什么样的人来执行"，"结果不一样"。① 所以，要搞好社会主义法制建设，就必须在做好立法工作的同时，大力加强司法和执法队伍建设，"必须有一支强大的专业的执法队伍搞这方面的工作"②。邓小平一贯重视司法和执法工作，多次强调要努力造就一支过硬的法制人才队伍。他在1978年12月就明确指出，要"加强检察机关和司法机关"③，不断提高法制工作的科学性和规范性。在1979年10月说："我们的干部有一千八百万，缺少的是专业干部，技术人员、管理人员和其他各种专业人员，如果能增加一百万司法干部……那就比较好了。"④ 1980年1月说："现在我们能担任司法工作的干部，包括法官、律师、审判官、检察官、专业警察，起码缺少一百万。可以当律师的，当法官的，学过法律、懂得法律，而且执法公正、品德合格的专业干部很少。"⑤ 同年3月又说："现在，警察不够，警官更不够，法院院长、法官、律师、检察官、审判员都缺乏。"⑥ 法制人才的匮乏大大影响了法制建设的成效，造成实际工作中的诸多盲目性和错误性。为此，必须大力加强法制人才培养工作，努力实现队伍建设的"革命化、年轻化、知识化、专业化"⑦。邓小平特别指出："一般资本主义国家考法官、考警察，条件很严格，我们更应该严格，除了必须通晓各项法律、政策、条例、程序、案例和有关的社会知识以外，特别要求大公无私、作风正派。"⑧ 只有通过严格考核、科学培养、规范实践等环节，不断提高法制队伍的政治素质和专业能力，才能忠实履行社会主义法制的基本职责，顺利实现社会主义法制的根本目标。

---

① 《邓小平文选》第 2 卷，人民出版社 1994 年版，第 191 页。
② 《彭真文选》，人民出版社 1991 年版，第 380 页。
③ 《邓小平文选》第 2 卷，人民出版社 1994 年版，第 146 页。
④ 《邓小平文选》第 2 卷，人民出版社 1994 年版，第 196 页。
⑤ 《邓小平文选》第 2 卷，人民出版社 1994 年版，第 263 页。
⑥ 《邓小平文选》第 2 卷，人民出版社 1994 年版，第 286 页。
⑦ 《邓小平文选》第 2 卷，人民出版社 1994 年版，第 396 页。
⑧ 《邓小平文选》第 2 卷，人民出版社 1994 年版，第 286 页。

（三）建设一个完整的宣教系统。历史往往是在环境和教育的综合作用下发生的，法制建设也是一定社会中法制环境和法制教育的综合结果，正如马克思和恩格斯所言："每一代一方面在完全改变了的环境下继续从事所继承的活动，另一方面又通过完全改变了的活动来变更旧的环境。"① 社会主义中国法制建设的发展缓慢，归因于旧中国封建主义的长期沉淀和新中国法制建设的相对忽视，导致当事人在法律意识淡漠、法律知识匮乏、法律教育缺失、文化素质低下等情况下违法乱纪。为此，邓小平多次强调要加强法制宣传教育工作，破除封建禁锢，提高法制观念，倡导遵纪守法。他在 1980 年 12 月指出："在党政机关、军队、企业、学校和全体人民中，都必须加强纪律教育和法制教育。""大中小学的学生从入学起，工人从入厂起，战士从入伍起，工作人员从到职起，就要学习和服从各自必须遵守的纪律。对一切无纪律、无政府、违反法制的现象，都必须坚决反对和纠正。否则我们就决不能建设社会主义，也绝不能实现现代化。"② 他分析说："我们国家缺乏执法和守法的传统，从党的十一届三中全会以后就开始抓法制，没有法制不行。法制观念与人们的文化素质有关。现在这么多青年人犯罪，无法无天，没有顾忌，一个原因是文化素质太低。所以，加强法制重要的是要进行教育，根本问题是教育人。法制教育要从娃娃开始。小学、中学都要进行这个教育，社会上也要进行这个教育。纠正不正之风中属于法律范围、社会范围的问题，应当靠加强法制和社会教育来解决。"③ 他号召，"宣传、教育、理论、文艺部门的同志，要从各方面来共同努力"，通过灵活多样、行之有效的法制宣教活动，对"全党、全国人民"进行持之以恒的法制教育，"真正使人人懂得法律，使越来越多的人不仅不犯法，而且能积极维护法律"；"要在全国坚决实行这样一些原则：有法必依，执法必严，违法必究，在法律面前人人平等。"邓小平强调："经济搞好了，教育搞好了，同时法制完备起来，司法工作完善起来，可以在很大程度上保障整个社会有秩序地前进。"④ 他坚信，"有了理

---

① 《马克思恩格斯选集》第 1 卷，人民出版社 1995 年版，第 88 页。
② 《邓小平文选》第 2 卷，人民出版社 1994 年版，第 360 页。
③ 《邓小平文选》第 3 卷，人民出版社 1993 年版，第 163 页。
④ 《邓小平文选》第 2 卷，人民出版社 1994 年版，第 254—255 页。

想,还要有纪律才能实现。"① 只要我们始终不渝地坚持"四项基本原则",坚持建设与法制、理想与纪律的辩证统一,中国社会主义现代化的宏伟目标就一定能实现。

(载《山东理工大学学报〈社科版〉》2012年第1期)

---

① 《邓小平文选》第3卷,人民出版社1993年版,第111页。

中国特色社会主义制度体系的形成及其历史意义①

秦正为

摘 要：胡锦涛总书记在纪念建党九十周年讲话中指出：党和人民取得了三大成就，即开辟了中国特色社会主义道路，形成了中国特色社会主义理论体系，确立了中国特色社会主义制度。其中，中国特色社会主义政治、经济、文化和社会制度与体制形成了一个完整的制度体系。中国特色社会主义制度体系的形成有着独特的条件，其理论基础是马克思主义的基本理论、历史鉴戒是苏联的社会主义实践、实践基础是新民主主义革命的探索。这一制度体系的形成是个历史性的过程，新中国的建立使社会主义基本制度得以确立，改革开放使中国特色社会主义制度体系最终形成。中国特色社会主义制度体系，不仅充分体现了社会主义的性质和本质，而且是当代中国发展进步的根本制度保障，集中体现了中国特色社会主义的特点和优势。

关键词：中国特色社会主义；制度体系；形成；历史意义

作者简介：秦正为（1973—），男，山东阳谷人，聊城大学政治与公共管理学院系主任、副教授、博士，中共中央编译局博士后，研究方向为马克思主义发展史与中国特色社会主义。

---

① 基金项目：教育部社科基金青年项目（11YJC710042）、山东省高校人文社科强化建设基地项目（MJDXK0103）阶段性成果。

胡锦涛总书记在纪念建党九十周年讲话中指出：经过 90 年的奋斗、创造、积累，党和人民取得了三大成就，即"开辟了中国特色社会主义道路，形成了中国特色社会主义理论体系，确立了中国特色社会主义制度"。其中，"中国特色社会主义制度"，"是当代中国发展进步的根本制度保障，集中体现了中国特色社会主义的特点和优势"。① 这些制度包括：人民代表大会制度的根本政治制度，中国共产党领导的多党合作和政治协商制度、民族区域自治制度以及基层群众自治制度等基本政治制度，中国特色社会主义法律体系，公有制为主体、多种所有制经济共同发展的基本经济制度，以及建立在根本政治制度、基本政治制度、基本经济制度基础上的经济体制、政治体制、文化体制、社会体制等各项具体制度。尤其重要的是，这些制度形成了一个完整的制度体系。对这一制度体系进行梳理和研究，不仅具有重要的学理价值，而且具有极强的现实意义。

一、中国特色社会主义制度体系的形成条件

中国特色社会主义制度体系，并不是新时代中国的主观独创和空中楼阁，而是有着独特的形成条件，具备深厚丰富的理论基础、历史鉴戒和实践基础。

马克思主义的基本理论是中国特色社会主义制度体系的理论基础。关于共产主义的"第一阶段"即社会主义的基本制度，马克思恩格斯曾经进行了设想，并确定了一些基本原则。社会主义作为一种新的社会制度，是资本主义的对立物和替代物，其直接目的是取代现实不平等的资本主义，因而其基本特征是与资本主义相对立的。如资本主义是私有制、按资分配，社会主义就应该是公有制、按劳分配。由于生产资料所有制是生产关系的决定性因素，因而马克思恩格斯指出："从这个意义上说，共产党人可以把自己的理论概括为一句话：消灭私有制。"② "无产阶级将取得国家政权，并且首先把生产资

---

① 胡锦涛：《在庆祝中国共产党成立 90 周年大会上的讲话》，载《人民日报》2011 年 7 月 2 日。
② 《马克思恩格斯选集》第 1 卷，人民出版社 1995 年版，第 286 页。

料变为国家财产。"① 同时要组织农民合作社，把农民吸引到社会主义方面来。由此可见，社会主义的首要特征和根本特征就是公有制。当然这种公有制，并不是单纯的"国家"所有，而是一种"社会"所有。而要实现这一点，就必须实行和通过无产阶级革命和无产阶级专政。无产阶级革命和无产阶级专政必须有无产阶级政党来领导，但不是无产阶级一党独占，同时要建立工农联盟，吸收其他革命力量，否则"不免要变成孤鸿哀鸣"式的"独唱"。② 无产阶级专政，不仅仅是对敌人的专政，更需要对革命阶级和人民的民主，"它是由人民自己当自己的家"的"新的真正民主的国家"③。而这种民主与专政相结合的形式，就是民主共和国。对此，恩格斯指出："如果说有什么是毋庸置疑的，那就是，我们的党和工人阶级只有在民主共和国这种形式下，才能取得统治。"④ 当然，根据巴黎公社的经验，公社是未来社会共和国的一定形式，但不是唯一形式。同时，马克思恩格斯倾向于建立单一制的中央集权。在1848年3月德国革命时，马克思恩格斯就提出建立统一的、不可分割的德意志共和国，马克思称之为"中央集权制"。恩格斯在1891年讲得更清楚："在我看来，无产阶级只能采取单一而不可分的共和国的形式"。⑤ 另外，马克思恩格斯还认为，社会主义社会还要进行观念和文化的更新。因为，"共产主义革命就是同传统的所有制关系实行最彻底的决裂；毫不奇怪，它在自己的发展进程中要同传统的观念实行最彻底的决裂"⑥，并把教育与物质生产结合起来。尤其值得一提的是，马克思恩格斯还认为，社会主义是资本主义的批判者，也是资本主义的继承者，要吸取资本主义的有益的文明成果。马克思主义的这些基本原则，是中国特色社会主义制度体系的根基所在。

苏联的社会主义实践是中国特色社会主义制度体系的历史鉴戒。十月革命使社会主义第一次成为现实，从而也提供了社会主义制度体系的最初模式。

---

① 《马克思恩格斯选集》第3卷，人民出版社1995年版，第754页。
② 《马克思恩格斯选集》第1卷，人民出版社1995年版，第684页。
③ 《马克思恩格斯全集》第17卷，人民出版社1963年版，第565页；《马克思恩格斯选集》第3卷，人民出版社1995年版，第13页。
④ 《马克思恩格斯选集》第4卷，人民出版社1995年版，第412页。
⑤ 《马克思恩格斯选集》第4卷，人民出版社1995年版，第413页。
⑥ 《马克思恩格斯选集》第1卷，人民出版社1995年版，第293页。

在政治上，列宁认为，无产阶级国家应该是包括无产阶级政党、苏维埃机关、工会组织、非党工农代表会议等"一个由若干齿轮组成的复杂体系"①。后来，斯大林在《论列宁主义的几个问题》中又把它表述为一个由"指导力量"无产阶级政党、"传动装置"或"杠杆"工会、合作社、青年团等组成的"无产阶级专政体系"。在这个体系中，国家的根本性质是无产阶级专政，而"无产阶级专政是劳动者的先锋队——无产阶级同人数众多的非无产阶级的劳动阶层（小资产阶级、小业主、农民、知识分子等等）或同他们的大多数结成的特种形式的阶级联盟"②，其"最高原则就是维护无产阶级同农民的联盟，使无产阶级能够保持领导作用和国家政权"③。党的领导是"总的领导"，而不能进行"琐碎的干预"④。苏维埃，是"新型民主"与"新型专政"相结合实现无产阶级专政的最好形式，实行"议行合一"。苏联最高苏维埃，则由联盟苏维埃和民族苏维埃两院组成。而这个体系也处于变动之中，开始的多党制变为一党制又变为党政不分、以党代政，苏维埃的"议行合一"变为"以行代议"，国家的联邦制变为实际上的单一制，选举制变为委任制，任期制变为终身制，集体领导变为个人专权。在经济上，也经历了一个变化过程。开始是"战时共产主义"，实行余粮收集制、工业国有化、劳动义务制、实物配给制。后来变为新经济政策，实行粮食税、租让制和租借制，恢复商品货币关系，允许社会主义经济、自然经济、小私有经济、私人资本主义经济和国家资本主义经济五种经济成分的存在。再后来，经过社会主义工业化和农业集体化，最终确立了重工业优先、单一的公有制和计划经济。在文化上，摧毁旧文化，建设新文化。列宁认为："一切技术奇迹、一切文化成果都将成为全民的财产"⑤。为此，苏维埃国家建立了新的文化领导机构，用马克思主义占领思想文化阵地，积极开展扫盲运动，加强文化教育，建设文化设施。新经济政策时期，允许私人资本进入文化领域，鼓励文化流派和团体平等竞争、自由发展和共同繁荣。斯大林时期，实行文化大批判和文化大

---

① 《列宁全集》第40卷，人民出版社1986年版，第200页。
② 《列宁全集》第36卷，人民出版社1985年版，第362—363页。
③ 《列宁全集》第42卷，人民出版社1986年版，第49—50页。
④ 《列宁全集》第43卷，人民出版社1987年版，第64页。
⑤ 《列宁全集》第33卷，人民出版社1985年版，第288—289页。

清洗，最终确立了以《联共（布）党史简明教程》为衡量标准和最高体现的文化模式。在社会方面，探索处理了人与自然、人与社会、人与人、人与自我、区域与城乡、国家与社会等各种关系，但最明显的是忽视了"现实的人"的需求，同时造成了"强大国家"与"弱小社会"。苏联社会主义制度建设的经验教训，是中国特色社会主义制度体系的深思所在。

新民主主义革命的探索是中国特色社会主义制度体系的实践基础。作为由马克思列宁主义指导的无产阶级政党，中国共产党从一成立就宣称：消灭资本家私有制，由劳动阶级重建国家，承认无产阶级专政。因而，在整个新民主主义革命时期，中国共产党都将"消灭私有制"和"重建国家"作为核心任务，并进行了切实探索。国民大革命时期，中国共产党推动了国民党改组，使国民政府成为工人阶级、农民阶级、小资产阶级和民族资产阶级四个阶级联盟的新政权，北伐期间进行了"打土豪、分田地"。土地革命时期，各农村革命根据地建立了工农民主专政，并于1931年建立了中华苏维埃共和国，同时限制富农、保护中小工商业者、消灭地主阶级，变封建半封建的土地所有制为农民的土地所有制。抗日战争时期，建设共产党员、左派分子和中间分子各占三分之一的"三三制"政权，实行地主减租减息、农民交租交息政策。解放战争时期，主张建立民主联合政府，实行人民民主专政，没收地主土地分配给农民。经过革命的实践和探索，中国共产党形成新民主主义的政治、经济和文化纲领。新民主主义的政治纲领，是推翻帝国主义和封建主义的统治，建立一个无产阶级领导的、各革命阶级联合专政的新民主主义的共和国。毛泽东曾经指出："国体——各革命阶级联合专政。政体——民主集中制。这就是新民主主义的政治，这就是新民主主义的共和国。"① 新民主主义的经济纲领，是没收封建地主阶级的土地归农民所有，没收官僚资产阶级的垄断资本归新民主主义的国家所有，保护民族工商业。新民主主义经济包括国营经济、个体经济、私人资本主义、合作社经济和国家资本主义五种经济成分，并实行"公私兼顾、劳资两利、城乡互助、内外交流"的经济政策。新民主主义的文化纲领，是发展无产阶级领导的人民大众的反帝反封建的文化，即民族的科学的大众的文化。其中，居于指导地位的是共产主义思

---

① 《毛泽东选集》第2卷，人民出版社1991年版，第677页。

想。这些纲领，共同构成了新民主主义的制度体系。对此，毛泽东指出："新民主主义的政治、新民主主义的经济和新民主主义的文化相结合，这就是新民主主义共和国，这就是名副其实的中华民国，这就是我们要造成的新中国。"① 这个新中国，既不同于资产阶级专政的国家，也不同于无产阶级社会主义的国家，而是一种新型的新民主主义的国家。新民主主义革命的探索，是中国特色社会主义制度体系的起点所在。

二、中国特色社会主义制度体系的形成及其相互关系

中国特色社会主义制度体系的形成，是一个历史性的过程。其中，有两个重大里程碑，一个是新中国的建立，使社会主义基本制度得以确立，一个是改革开放，使中国特色社会主义制度体系最终形成。

中国特色社会主义政治制度的形成。中国社会主义的基本政治制度，是随着新中国的建立而逐步确立起来的。1948年4月30日，中共中央在发布的纪念五一劳动节口号中首次提出：各民主党派、各人民团体、各社会贤达迅速召开政治协商会议，讨论并实现召集人民代表大会，成立民主联合政府。此后，在筹备召开新政协和建立新中国的过程中，毛泽东等就新中国的国体、政体进行了深入的构想和设计。1948年6月1日中宣部拟定的重印《左派幼稚病》中，提出了"人民民主专政"的概念。9月，毛泽东在中共中央政治局会议上更加明确地提出，我们要建立的新国家的阶级性质是"无产阶级领导的以工农联盟为基础的人民民主专政"，同时明确表示我们不搞资产阶级的三权鼎立和国会制，要搞民主集中制的人民代表大会制度。随后，毛泽东在中共七届二中全会报告和《论人民民主专政》等文章中，对人民民主专政问题进行了系统的理论论述，形成了完整的思想体系。1949年9月中国人民政治协商会议通过的《共同纲领》规定：中华人民共和国为新民主主义即人民民主主义的国家，实行工人阶级领导的、以工农联盟为基础的、团结各民主阶级和国内各民族的人民民主专政。这一规定和随后成立的中华人民共和国中央人民政府，标志着人民民主专政的国家政权的正式建立。随着新民主主

---

① 《毛泽东选集》第2卷，人民出版社1991年版，第709页。

义向社会主义的转变，人民民主专政的国家政权形式仍然保持不变。1954年9月，第一次全国人民代表大会召开，颁布了新中国的第一部宪法，再次以根本大法的形式对这种新型的国家政权形式进行规定和保障。同时，中国人民政治协商会议代行全国人民代表大会的职能结束，《共同纲领》代行国家宪法的职能也结束。但中国人民政治协商会议作为中国共产党领导的统一战线组织形式仍然存续，作为中国共产党领导的多党合作和政治协商制度的具体体现继续得到发展。鉴于中国自古就是一个统一的多民族国家，新中国根据本国的历史发展、文化特点、民族关系和民族分布等具体情况，实行了民族区域自治制度，并将其作为中国的一项基本政治制度。实际上，在新中国成立之前的1947年，在中国共产党领导下，已经解放的中国蒙古族聚居地区就建立了中国第一个省级民族自治地方——内蒙古自治区。新中国成立后，中国政府开始在少数民族聚居的地方全面推行民族区域自治。1955年10月，新疆维吾尔自治区成立；1958年3月，广西壮族自治区成立；1958年10月，宁夏回族自治区成立；1965年9月，西藏自治区成立。至此，人民民主专政的国体，人民代表大会制度的政体，中国共产党领导的多党合作和政治协商制度，民族区域自治制度，作为新中国社会主义的基本政治制度最终确立。改革开放后，这些制度得到进一步发展和完善。在此过程中，基层民主自治制度也得到发展。1949年底到1950年初，在一些城市中出现了由群众自己组织起来的防护队、防盗队和居民组等名称不一的群众性自治组织。1950年3月，天津市建立了居民委员会。此后，各城市都陆续建立了类似组织。1954年12月，《城市居民委员会组织条例》颁布。1958年至1966年，城市居民委员会的发展遭受挫折。"文化大革命"中，其组织建设遭到了破坏。十一届三中全会后，得到全面恢复和发展。1980年1月，《居民委员会组织条例》、《人民调解委员会暂行通则》和《治安保卫委员会暂行通则》重新公布。1982年，现行宪法首次以根本法的形式明确规定了居民委员会的性质、任务和作用。1989年12月26日，通过了《城市居民委员会组织法》，标志着其组织建设进入了一个新的全面发展时期。与之相比，村民委员会出现得较晚。十一届三中全会后，在实行联产承包责任制的过程中，广西罗城县和宜山县的一些村创立了村民委员会，并被全国许多地方仿效。1982年，村民委员会和居民委员会一起被写进宪法。1987年11月24日，通过了《村民委员会组织法（试行)》。1998年11月4日,通过《村民委员会组织法》。农村村民委员会、城市居民委员会和企业职工代表大会,共同构成了基层群众自治体系。与这些制度相适应,中国的法律体系逐渐形成。20世纪50年代中期,我国对构建法律体系就很重视,出台了《宪法》、《选举法》等一系列重要的法律。1957年到1976年,对立法的重视程度下降。"文革"十年,中国没有出台过一部法律,公检法还被"砸烂"。十一届三中全会后,确定"有法可依、有法必依、执法必严、违法必究"的方针,全国人大的工作重点转到立法上来。改革开放之初至1997年,立法工作重在弥补法律空白点,一系列民事、商事、行政新法律出台。仅1979年,全国人大就通过了7部法律,中国律师制度同年恢复。1997年至2009年,更加注重提高立法质量,立法之前也更加注意听取民意。2010年,我国已制定现行有效法律236件、行政法规690多件、地方性法规8600多件,并全面完成对现行法律和行政法规、地方性法规的集中清理工作,中国特色社会主义法律体系最终形成,国家经济建设、政治建设、文化建设、社会建设以及生态文明建设的各个方面实现有法可依。

中国特色社会主义经济制度的形成。中国社会主义的基本经济制度,是随着新中国建立和社会主义改造的完成而最终确立的。新中国首先没收了四大家族为首的官僚资本以及帝国主义在华企业,建立起了以生产资料公有制为基础的社会主义性质的经济。到1949年底,在全国大型工业的总产值中,国营经济占41.3%。通过社会主义改造,农民、手工业者的个体私有经济基本转变为劳动群众集体所有的社会主义公有制,资本家所有的私人资本主义经济基本转变为国家所有即全民所有的社会主义公有制。这样,在整个国民经济中,全民所有制和劳动群众集体所有的社会主义公有制经济,已经居于绝对统治地位。由于公私合营中把对企业的改造和对人的改造相结合,资本家基本上都转化为自食其力的劳动者,社会主义的按劳分配原则得到全面落实。在此过程中,社会主义计划经济体制逐渐确立。随着新民主主义向社会主义的转变,国民经济调节机制也在由国家计划控制与指导下的广泛的市场调节,通过统购统销等方式逐步向单一的指令性计划管理过渡。尽管此间,毛泽东曾经指出:"有中央和地方两个积极性,比只有一个积极性好得多。我们不能像苏联那样,把什么都集中到中央,把地方卡得死死的,一点机动权也没有"①；陈云也提出过极其珍贵的"三个主体三个补充"（在工商业生产经营方面，国家经营和集体经营是主体，附有一定数量的个体经济作为补充；在生产计划方面，计划生产是工农业生产的主体，按照市场变化，在国家计划许可的范围内的自由生产为补充；在社会主义统一市场里，国家市场是主体，自由市场是补充），但最终还是在确定以调整为中心的"八字方针"后，又回到了中央高度集权的管理体制。1978年，经济体制改革率先在农村展开，1984年扩展到城市。此后经过从"计划经济为主、市场调节为辅"到"计划经济与市场调节相结合"，1992年将建立"社会主义市场经济"体制确立为改革方向。其主要内容是：坚持以公有制经济为主体、多种经济成分共同发展的方针，建立适应市场经济要求的现代企业制度；建立全国统一开放的市场体系，实现国内市场与国际市场衔接，促进资源的优化配置；转变政府管理经济的职能，建立完善的宏观调控体系；鼓励一部分地区一部分人先富起来，走共同富裕的道路；为城乡居民提供同中国国情相适应的社会保障，促进经济发展和社会稳定。1997年，进一步提出非公有制经济是国民经济的重要组成部分，鼓励资本、技术等生产要素参与收益分配。现在，社会主义市场经济体制已经初步建立并日益完善，市场在资源配置中的基础作用显著增强，宏观调控体系日趋完善；以公有制经济为主体、个体和私营等非公有制经济共同发展的格局基本形成。

中国特色社会主义文化制度的形成。中国社会主义的基本文化制度，是随着社会主义政治经济基本制度的确立而确立起来的。经过建国前后的思想改造和社会主义文化建设的实践，马克思列宁主义和毛泽东思想逐渐被确立为中国文化建设的指导思想。在此基础上，党和国家进行了大规模的社会主义文化建设。其主要表现有：通过开办识字班、夜校等方式进行教育扫盲和文化普及；清除封建的、殖民主义的、资本主义的文化思想，从而改造旧文化；树立无产阶级思想和道德观念，大力培养"有社会主义觉悟、有文化的劳动者"，并以此作为国家的教育方针；强调人民群众的文化主体地位，充分调动人民群众的积极性；对公共文化服务体系进行初步建设，为文化的发展奠定基础。其中，党的知识分子政策问题成为较为突出的一个问题。1951年

---

① 《毛泽东文集》第7卷，人民出版社1999年版，第31页。

9月起在全国范围内开展的知识分子自我教育、自我改造的学习运动，使知识分子的思想面貌发生了重大变化。1956年1月，在中共中央知识分子问题会议上，周恩来提出了知识分子"已经是工人阶级的一部分"的科学论断。不久，成立了以陈毅为主任的国家科学规划委员会，并制定了1956—1967年科学发展远景规划。1956年4月28日，毛泽东在政治局会议上正式提出"百花齐放，百家争鸣"的方针，即发扬艺术民主和学术自由。这些方针政策的提出，对于发展和繁荣社会主义的文化教育事业起到了极其重大的作用。但是，由于国内外形势的影响和毛泽东认识的偏差，对于知识分子的思想改造问题始终没有完全解决，这也成为反对"右倾"扩大化和发动"文化大革命"的重要原因。改革开放后，邓小平提出了极其丰富和深刻的中国特色社会主义文化建设思想，如物质文明和精神文明都搞好，才是有中国特色社会主义；社会主义精神文明建设的根本目标是培养"四有"新人；社会主义文化建设必须坚持马克思主义指导，必须继承和发扬民族优良文化传统，吸收和借鉴人类一切文明成果；要培养造就一大批优秀的科学家、教育家和文艺家及各种专家；要加强思想政治工作；要加强党对精神文明建设的领导，等等。1990年，李瑞环第一次提出了建设"有中国特色的社会主义文化"的概念。1991年，在庆祝建党70周年大会上的讲话中，江泽民提出了建设"中国特色社会主义文化"的战略任务和基本要求。此后，党和国家高度重视文化建设，提出了"科教兴国"战略、"依法治国"、"以德治国"、社会主义初级阶段文化纲领、"三个代表"重要思想等。十六大以来，胡锦涛继续高度重视中国特色社会主义文化建设，统筹考虑文化建设中事关全局的重大问题，在科学判断国内外形势和全面把握当今世界文化发展趋势的基础上，提出提升国家文化"软实力"、建设"和谐文化"和"社会主义核心价值体系"的发展战略。至此，中国特色社会主义文化发展道路基本形成。

中国特色社会主义社会制度的形成。中国特色社会主义社会制度，实际上是指与政治、经济、文化并列，以社会保障为重点的公共服务和社会管理制度。这一制度，正式建立于新中国成立，创新发展于20世纪90年代以后。以1951年政务院颁布《劳动保险条例》为重要标志，加上此前建立的优待抚恤制度，以后施行的救灾救济、公费医疗政策和国家机关工作人员退休、退职制度等，到1956年时已初步创立了以国家为责任主体的社会保障制度。

1957年—1968年进行制度调整，国务院先后颁行了《关于工人、职员退休处理的暂行规定》、《关于精简职工安置办法的暂行规定》等，卫生部、劳动部、内务部等亦发布有关决定，对公费医疗、劳保医疗、农村五保保障和军属优待制度等进行相应的调整和完善，使退休制度趋向正常化、社会保险覆盖面扩大，但由于政治气候的影响而中断。"文化大革命"时期，社会保障事业遭受重大挫折，社会保障制度形成为国家保障制、企业保障制和乡村集体保障制三个相互封闭、彼此脱节的板块。1978年决定重设民政部，结束了全国社会救济、社会福利、优抚安置事务无主管部门的局面；国务院先后颁行了《关于安置老弱病残干部的暂行办法》、《关于工人退休、退职的暂行办法》、《关于军队干部离职休养的暂行规定》、《退伍义务兵安置条例》、《军人抚恤条例》等法规，有关部门亦制定了《农村合作医疗章程（试行草案）》等；同一时期，还在部分地区开始了国有企业职工待业保险、集体企业职工养老保险及救灾保险等的改革试点。随着经济改革的深入发展和社会主义市场经济的逐步建立，社会保障制度也进入一个创新发展的新时期。自1990年起，全国人大先后通过了《残疾人保障法》、《妇女权益保障法》、《老年人权益保障法》、《劳动法》、《公益事业捐赠法》等；国务院则在继1991年发布《关于企业职工养老保险制度改革的决定》后，不仅制定了失业保险条例、农村五保户供养工作条例、城镇最低生活保障条例等法规，还制定了下岗职工基本生活保障制度及深化养老保险、医疗保险、城镇住房福利制度改革政策，制定并实施了大规模的"八七"扶贫攻坚计划等。现行中国的社会保障制度模式，是一种"统账结合"的混合模式，即社会统筹和个人账户相结合。这种模式，既吸取了欧美现收现付制的优点，也引入了新加坡和拉美模式中的个人账户因素和个人责任，从而成为具有中国特色的社会保障模式。

中国特色社会主义政治制度、经济制度、文化制度和社会制度，彼此联系、相互支撑，共同构成了一个完整的制度体系。其中，人民代表大会制度是根本政治制度，居于核心地位。因为，这一制度直接体现了我们国家人民民主专政的国家性质，从而成为建立其他有关国家管理制度的根源。中国共产党领导的多党合作和政治协商制度、民族区域自治制度、基层群众自治制度是基本政治制度，居于基础地位。因为，中国共产党领导的多党合作和政治协商制度，是与人民民主专政国家性质紧密相关的具有中国特色的政党制度，起着调动一切积极因素、团结一起可以团结的力量，进行政治协商、民主监督、参政议政的重要作用；民族区域自治制度，是符合中国历史传统、现实国情，保障少数民族当家作主的重要政治制度；基层群众自治制度，是基层民主的主要实现形式，是人民民主的重要体现。中国特色社会主义法律体系，从属于政治制度体系，但又具有鲜明的特色和相对独立性，对政治、经济、文化和社会保障起着规定和保护作用。公有制为主体、多种所有制经济共同发展，是基本经济制度。因为，这一制度既体现了中国的"社会主义"性（公有制），又体现了"特色"性（多种所有制共同发展），同样居于基础地位。我国的基本文化制度，是以社会主义精神文明为核心进行教育科学文化建设和思想道德建设。我国的基本社会保障制度，是构建社会主义和谐社会。体制，是体现形式和运行机制，居于表征地位。中国的经济体制，原来是单一的计划经济，现在是社会主义市场经济，其中包括按劳分配为主、多种分配方式并存。中国的政治体制，是民主共和，其中包括人民民主、党内民主以及其他方面的民主。中国的文化体制，是发展文化事业和文化产业。中国的社会体制，包括教育体制、医疗卫生、社会保险、社会福利、社会救济、社会优抚和社会管理等。根本制度、基本制度、具体制度，有核心、有基础、有表征，结构合理、层次分明、承接有序、动态发展，小体系构成大体系，大体系包括小体系，从而使中国特色社会主义制度体系具有了鲜明的特征。

三、中国特色社会主义制度体系形成的历史意义

中国特色社会主义制度体系的形成，不仅是新中国建立、特别是改革开放发展的必然结果，而且是中国特色社会主义继续发展和胜利推进的重要保证，因而具有极其重要的历史意义。

中国特色社会主义制度体系是真正的科学社会主义，充分体现了社会主义的性质和本质。中国的国体是人民民主专政，其实质是无产阶级专政。中国共产党不仅是中国工人阶级的先锋队，同时是中国人民和中华民族的先锋队，是中国特色社会主义事业的领导核心。人民代表大会制度的根本政治制度，充分体现了人民当家作主。中国共产党领导的多党合作和政治协商制度、

民族区域自治制度、基层群众自治制度的基本政治制度，是人民当家作主的重要途径和选举代表管理国家的重要补充。公有制为主体、多种所有制经济共同发展的基本经济制度，其主体和主导都是社会主义公有制。教育科学文化建设和思想道德建设的基本文化制度，其核心是社会主义精神文明。公共服务和社会管理的基本社会制度，其目标是构建民主法治、公平正义、诚信友爱、充满活力、安定有序、人与自然和谐相处的社会主义和谐社会。这些制度都具备重要的社会主义性质，因为，这些制度都充分体现了"社会主义的本质"，即"解放生产力，发展生产力，消灭剥削，消除两极分化，最终达到共同富裕"①。尽管这些制度与所谓"纯而又纯"的社会主义制度有所不同，特别是允许多种所有制经济共同发展，但这正是与时俱进的社会主义，是中国特色的社会主义。即使那些"纯而又纯"的传统社会主义，也未必就是真正的社会主义，因为"社会主义究竟是个什么样子，苏联搞了很多年，也并没有完全搞清楚。可能列宁的思路比较好，搞了个新经济政策，但是后来苏联的模式僵化了"②。并且中国的这些制度，是历史的必然选择和历史发展的必然结果，符合马克思主义的基本原理，"没有丢马克思，没有丢列宁，也没有丢毛泽东"③。同时，这些制度也经历了历史的考验，传统社会主义的僵化成为苏东剧变的重要原因，而中国特色社会主义获得了蓬勃发展。其中最根本的原因，就在于"讲社会主义，首先就要使生产力发展，这是主要的。只有这样，才能表明社会主义的优越性。社会主义经济政策对不对，归根到底要看生产力是否发展，人民收入是否增加。这是压倒一切的标准"④。因此，中国特色社会主义，既不是中国特色"资本主义"，也不是什么民主社会主义，而是真正的科学社会主义。

中国特色社会主义制度体系是当代中国发展进步的根本制度保障，集中体现了中国特色社会主义的特点和优势。中国的人民民主专政，体现出较为广泛的人民性和民主性，因而，既不同于资产阶级专政，也不同于苏联等国

---

① 《邓小平文选》第 3 卷，人民出版社 1993 年版，第 373 页。
② 《邓小平文选》第 3 卷，人民出版社 1993 年版，第 139 页。
③ 《邓小平文选》第 3 卷，人民出版社 1993 年版，第 369 页。
④ 《邓小平文选》第 2 卷，人民出版社 1994 年版，第 314 页。

的无产阶级专政。人民代表大会制度实现了民主集中原则上的人民当家作主，是人民民主专政的政权组织形式，既不同于西方的两院制，也不同于苏联的苏维埃制度。中国共产党领导的多党合作和政治协商制度，是马克思主义政党理论和统一战线理论与中国实际相结合的产物，既不同于西方的两党制和多党制，也不同于苏联的一党制。民族区域自治制度，实现了民族统一和民族自治、中央领导和地方自治的有机结合，既不同于纯粹的单一制，也不同于联邦制或邦联制，而是在中国实现国家统一、民族平等团结、共同繁荣发展的新型政治制度和最佳制度。中国政治制度的基本特点是民主集中制，既有民主基础之上的集中，又能充分发挥集中之下的民主，因而既不同于资本主义"超阶级"的空泛的自由民主，也不同于苏联高度集中的中央专权和个人专制。中国社会主义经济制度的基本特点体现在公有制、按劳分配"两个主体"和计划性上，既不同于苏联的单一公有制和计划经济，也不同于资本主义的单一私有制和市场经济。公有制为主体，决定了我国的社会主义经济基础；非公有制经济的存在，有利于生产力的发展和满足人们的生活需要。按劳分配，体现了多劳多得、少劳少得、不劳不得的社会主义原则，与按资分配的剥削制度根本对立；非按劳分配形式的存在则符合中国的生产力状况和社会主义所有制状况，有利于社会生产力的发展和调动人们的积极性。计划经济，是传统社会主义与传统资本主义的重要区别，有利于减轻和避免资本主义的经济危机。中国社会主义文化制度，以马克思主义为指导，与苏联等社会主义国家是一致的，而把中国化马克思主义的毛泽东思想和中国特色社会主义理论体系与马克思主义并列为指导思想，又是中国文化的特色。现行中国"统账结合"的社会保障制度混合模式，既不同于传统社会主义和民主社会主义的"从摇篮到坟墓"高福利，也不同于资本主义的完全市场化。中国特色社会主义制度，既坚持了社会主义的基本原则，又体现了"中国特色"，既是中国的立国之本，又是中国的强国之路，能够调动一切积极因素、集中力量办大事，因而成为当代中国发展进步的根本制度保障。"中国奇迹"已经举世瞩目，中国应对汶川地震、金融危机的制度优势，也获得了国内外社会的广泛赞誉。法国《欧洲时报》认为："包括'制度优势'在内的'中国特色'已成为中国信心的有力支撑。"《澳门日报》认为："中国举国一体，集中力量办大事、办急事、办难事的制度优势，已成为中国抗击各类灾难和危机的强大保障。"而与之形成鲜明对比的是,在国际金融危机的沉重打击下,美国信用评级近百年来首次遭下调,欧洲主权债务危机持续恶化,挪威发生死伤惨重的枪击爆炸案,英国爆发几十年未见的大规模街头骚乱等等困境和乱象表明:西方正在经历深刻的制度性危机。① 这些事实都雄辩地表明,中国特色社会主义制度体系,已经和必将永远成为中国特色社会主义特点和优势的集中体现。

(载《探索》2012 年第 1 期)

---

① 郭纪:《西方正在经历深刻的制度危机》,载《求是》,2011 年第 17 期。

国家利益与社会利益：社会主义和谐社会下的中国政府改革创新

秦正为

摘 要：构建社会主义和谐社会，不仅是中国特色社会主义的重大发展成果，也是中国政府改革创新的重要体现。国家利益与社会利益的对立统一是社会主义的应有之义，但如何实现二者的有机结合却是现实社会主义艰难探索的永恒主题。总体看来，新中国政府职能转变经历了从政治职能与公共职能并重，到以政治职能为重心、再到偏重经济职能、然后到强化社会管理和公共服务职能的过程。在社会主义和谐社会之下，包括国家利益和社会利益在内的各种利益关系能够得到和谐统一。中国特色社会主义政府创新的基本经验和未来启示在于：政府改革创新必须依据本国国情，国家利益为重；必须遵循渐进原则，综合利益平衡；必须反对官僚主义，公利压倒私利；必须高度关注民生，人民利益至上。

关键词：国家利益；社会利益；社会主义和谐社会；中国政府创新

构建社会主义和谐社会，不仅是中国特色社会主义的重大发展成果，也是中国政府改革创新的重要体现。因为，构建社会主义和谐社会，最为本质和最为关键的是构建和谐的利益关系。而构建和谐的利益关系，必须依赖于相关社会制度的保障。在现阶段，作为"调节、限制、疏导人们利益行为的

---

① 基金项目：教育部社科基金青年项目（11YJC710042）、山东省高校人文社科强化建设基地项目（MJDXK0103）阶段性成果。

一套机制"①，国家制度和政府发挥着极其重要的作用。因而，在社会主义和谐社会的视角下审视国家利益和社会利益的关系，不仅有利于认识和理解社会主义和谐社会的本质特征，也有利于分析和总结中国政府改革创新的基本趋向和基本经验，有利于推动和把握中国政府改革创新的未来走向。

一、国家利益与社会利益的对立统一是社会主义的应有之义

马克思曾经指出："人们奋斗所争取的一切，都同他们的利益有关。"②因此，追求利益是人类一切社会活动的动因，利益对政治权力具有决定作用。国家的产生和发展也是如此，并由此形成了国家利益和社会利益的辩证关系。

国家是社会阶级发展的产物，也是社会的对立物。人类社会产生以后，开始并没有国家。维系人类社会存在的是血缘族群，人们生活在无忧无虑、和谐相处的原始共产主义社会。随着生产力的发展和剩余产品的出现，也就产生了阶级和利益的冲突。"为了使这些对立面，这些经济利益互相冲突的阶级，不致在无谓的斗争中把自己和社会消灭，就需要有一种表面上凌驾于社会之上的力量，这种力量应当缓和冲突，把冲突保持在'秩序'的范围以内；这种在社会中产生但又自居于社会之上并且日益同社会相异化的力量，就是国家。"③由此可见，国家虽由社会产生，但却凌驾于社会之上，并日益同社会相异化，形成为一种与社会相对立的力量。由于国家是阶级矛盾不可调和的产物，是特殊阶级和阶层的代表，因而"随着时间的推移，这些机关——为首的是国家政权——为了追求自己的特殊利益，从社会的公仆变成了社会的主人"。④对此，列宁也指出："不论在君主国或在最民主的资产阶级共和国，官僚主义是随时随地把国家权力同地主和资本家的利益连在一起的"⑤。

---

① [美]塞缪尔·亨廷顿：《变化社会中的政治秩序》，华夏出版社1988年版，第10页。
② 《马克思恩格斯全集》第1卷，人民出版社1956年版，第82页。
③ 《马克思恩格斯选集》第4卷，人民出版社1995年版，第170页。
④ 《马克思恩格斯选集》第3卷，人民出版社1995年版，第12页。
⑤ 《列宁选集》第3卷，人民出版社1995年版，第723页。

这样，随着国家和社会关系的变化，国家利益与社会利益也就最终形成为一种相互对立和矛盾冲突的关系。

国家尽管是阶级统治的暴力机器，但从其产生和职能上讲，国家在很大程度上还是社会管理的工具。一方面，国家的产生是社会管理的必然要求。"社会为了维护共同利益，最初通过简单的分工建立了一些特殊的机关。"①而这些特殊机关就是国家。另一方面，社会管理是国家存在的必备条件。国家产生后，没有也不可能终止对社会公共事务的管理，并且"政治统治到处都是以执行某种社会职能为基础，而且政治统治只有在它执行了它的这种社会职能时才能持续下去"②。尽管国家在很大程度上与社会相异化，使掌控国家的特殊阶级的利益凌驾于社会利益之上，但实际上国家也并不总是为了特殊阶级利益而任意牺牲社会公共利益，甚至在很多时候为了社会公共利益还要限制特殊阶级利益。因为，毕竟国家的根基还在于社会，"国家是整个社会的正式代表，是社会在一个有形的组织中的集中表现"③。没有社会，就没有国家，没有了社会利益，也就没有了阶级利益。这样，从本质上讲，在阶级和国家存在的很长时期内，国家利益与社会利益又是相互依存和相得益彰的关系。

社会主义社会仍然存在国家利益和社会利益的对立统一，但能够真正实现二者的有机结合。由于社会主义社会仍然是阶级社会，国家仍然是阶级统治的工具，因此，国家利益与社会利益仍然存在很大的差别。并且，由于体制和机制等方面的原因，国家利益和社会利益肯定还会存在矛盾和冲突。但是，由于社会主义社会是真正实现了劳动人民当家作主的社会，居于统治地位的是占据社会绝大多数的广大人民群众，因而国家利益与社会利益从根本上又是一致和统一的。即使存在矛盾和冲突，也会通过调整和改革得到解决。正是从这个意义上讲，在社会主义社会，国家的社会管理职能将更加突出。对此，恩格斯曾深刻指出："所有的社会主义者都认为，政治国家以及政治权威将由于未来的社会革命而消失，这就是说，公共职能将失去其政治性质，

---

① 《马克思恩格斯选集》第 3 卷，人民出版社 1995 年版，第 12 页。
② 《马克思恩格斯选集》第 3 卷，人民出版社 1995 年版，第 523 页。
③ 《马克思恩格斯选集》第 3 卷，人民出版社 1995 年版，第 755 页。

而变为维护真正社会利益的简单的管理职能。"① 正因如此，社会主义社会将不同于以往的任何阶级社会，能够真正实现国家利益和社会利益的有机统一。并且，随着社会主义的发展，国家的统治职能将不断缩小，社会管理职能将不断扩大，国家利益和社会利益也将不断交融。由于"共产主义是社会主义发展的高级阶段，那时人们从事劳动都是由于觉悟到必须为共同利益而工作"②。因此，到了共产主义社会，随着国家的消失，国家利益也将最终融入到社会利益之中，最终消除掉自身的异化性。

国家利益与社会利益的对立统一是社会主义的应有之义，但如何实现二者的有机结合却是现实社会主义艰难探索的永恒主题，也是社会主义国家兴衰成败的重要原因。中国特色社会主义的艰难开创和健康发展，同样面临着这一问题。

二、由政治管制到社会服务是中国政府创新的基本趋向

新中国的建立，使中国确立了社会主义的基本制度，真正实现了人民当家作主。社会主义的基本制度和人民当家作主的社会现实，要求废除旧的反动阶级的专政体制，实行新的人民民主专政。随着阶级矛盾为主逐渐让位于人民内部矛盾为主，专政的性质会逐渐减弱，而民主的性质则会不断增强。并且，尽管"一般说来，人民内部的矛盾，是在人民利益根本一致的基础上的矛盾"③，但随着形势和具体利益关系的变化，国家的职能也要发生相应的变化。总体看来，新中国政府职能转变经历了从政治职能与公共职能并重，到以政治职能为重心、再到偏重经济职能、然后到强化社会管理和公共服务职能的过程。

1978年以前，由于国内外形势的影响和认识上的偏差，中国政府的政治职能与公共职能长期并重，即政府既要高度重视阶级斗争和政治建设，还要大力进行经济社会发展。后来，以"阶级斗争扩大化"以及"文化大革命"

---

① 《马克思恩格斯选集》第3卷，人民出版社1995年版，第227页。
② 《列宁选集》第4卷，人民出版社1995年版，第87页。
③ 《毛泽东文集》第7卷，人民出版社1999年版，第206页。

为标志,最终走向"阶级斗争为纲"和政治职能为重心。在此阶段,与计划经济体制相适应,我国实行高度集中的行政管理体制,政府呈现出全能型、封闭型、随意型、权力型、管制型、利益型和人治型特征。全能型政府,即既要维护公共秩序,又要分配资源、组织生产、安排生活;封闭型政府,即政府行政透明度不高,许多决策和活动都处于不公开状态,缺乏与民众的沟通;随意型政府,即政府决策和行政带有很大的随意性,朝令夕改"常态"化,政府信用置若罔闻;权力型政府,即政府代表权力,政府的工作和职责就是管控和约束;管制型政府,即政府处于管理和控制地位,政府成为社会的对立面;利益型政府,即政府机关利用自身权力追求私利,甚至与国争利、与民争利;人治型政府,即依靠领袖意志、个人好恶进行治国理政,缺乏民主和法治。针对这些现象,中国政府实际上也一直处于改革之中。1951—1953年的改革,是建国后的第一次精兵简政。此后,又经历了1954、1956、1960—1964、1966—1975年的改革。但这些改革,不管是向中央集权,还是向地方放权,总体经历了"精简—膨胀—再精简—再膨胀"的发展轨迹。并且,在政府职能改革上没有突破性进展,并未改变政府政治职能为重的局面。

  改革开放以后,伴随着经济体制的逐步转轨,我国进行了6次规模较大的政府机构改革。第一次是1982年,重点是对各级政府机构进行了较大幅度的精简,国务院机构由改革前的100个精简为61个。这次改革在放权让利的同时,提出干部队伍"四化"(即革命化、年轻化、知识化、专业化)方针,开始建立正常的干部离退休制度。1982年宪法规定,当代中国政府组织和活动的基本原则有民主集中制、责任制、服务原则、法制原则等。这说明,改革开放后的中国政府创新开始有了实质性的突破。第二次是1988年,为了适应发展商品经济的需要,第一次提出转变政府职能的要求,其改革重点是四个"分开":政企分开、政资分开、政事分开、政府与市场中介组织分开(过去是政社分开)。全能型政府开始松动。第三次是1993年的机构改革,为适应社会主义市场经济的培育和发展,此次改革的重点是转变政府职能,中心内容是政企分开,明确精简、统一、效率。第四次是1998年,这是新中国成立以来最大规模的政府机构改革,国务院组成部门从40个减到29个,人员从3.2万人减到1.6万人。同时,国务院机构实行"三定"(即定职能、定机构、定编制)原则。更为重要的是,这次改革明确提出,要建立办事高效、运转协调、行为规范的行政管理体制，完善国家公务员制度，按照依法治国、依法行政的原则加强行政体系的法制建设。教育部、科技部、人事部、劳保部、国资部等公共服务部门的加强，显示建设服务型政府的思考开始启动。这次机构改革是新中国建立以来规模最大、力度最大、难度最大的一次改革。第五次是2003年，为了适应加入WTO的要求，对政府职能和机构进行了局部的调整，重点是深化国有资产管理体制改革、完善宏观调控体系、健全金融监管体系。这次改革更加注重促进经济社会和人的全面发展，更加注重为构建社会主义和谐社会和全面建设小康社会提供体制保障，明确提出政府职能应集中于经济调节、市场监管、社会管理和公共服务等四个方面，要建设"行为规范、运转协调、公正透明、廉洁高效"的行政管理体制。第六次从2008年3月开始，其重点在于：一是加强和改善宏观调控，促进科学发展；二是着眼于保障和改善民生，加强社会管理和公共服务；三是按照探索职能有机统一的大部门体制要求，对一些职能相近的部门进行整合，实行综合设置，理顺部门职责关系。这次深化行政管理体制改革的总体目标是，到2020年建立起比较完善的中国特色社会主义行政管理体制。而其核心和基本指向，就是建立服务型政府。

纵观中国政府改革与创新的发展历程，可以看出有这样几个转变，即：由全能型政府向有限型政府转变；由封闭型政府向透明型政府转变；由随意型政府向信用型政府转变；由权力型政府向责任型政府转变；由管制型政府向服务型政府转变；由利益型政府向普惠型政府转变；由人治型政府向法治型政府转变。其基本思路，是政府政治统治—经济建设—社会治理的转变发展。其核心理念，是为人民服务，为市场服务，为社会服务，并逐步提高服务的效能和质量。这也是整个中国政府创新的发展趋势和基本走向。

三、国家利益与社会利益的有机结合是和谐社会的本质体现

构建社会主义和谐社会，是中国共产党提高执政能力建设的重要内容，也是中国特色社会主义发展到一定阶段的必然表现。中国特色社会主义，不仅体现在中国特色的社会主义民主政治、中国特色的社会主义市场经济、中

国特色的社会主义文化建设，还体现在中国特色的社会主义社会和谐。当中国特色社会主义发展到科学发展的新阶段时，在中国特色的社会主义民主政治、市场经济和文化建设的基础上，社会主义和谐社会的建设也就必然提上日程。社会主义和谐社会的本质是利益的和谐，这是由中国特色社会主义的现实背景和未来前景所决定的。

当代中国经过近30年改革开放的发展，已经进入经济社会发展的关键时期。这个关键期，既是"黄金发展期"又是"矛盾凸显期"。因为在这个时期，一方面是中国经济高速发展，人均GDP达到1000美元以上；另一方面是各种新旧问题和矛盾纷纷凸显，特别是利益分化严重影响到社会的稳定。一般地说，"当一个社会经历了经济与技术变化，当它获得了与这些变化过程相关的态度时，就会出现导向更高程度利益表达的倾向和行动手段"[1]。正因如此，为了适应这种新的变化和顺利进行全面小康社会的建设，党和国家及时转变执政理念，先后提出了"科学发展观"和"社会主义和谐社会"的重大决策。十六届三中全会明确"坚持以人为本，树立全面、协调、可持续的发展观，促进经济社会和人的全面发展"的要求，提出用"五个统筹"（统筹城乡发展、统筹区域发展、统筹经济社会发展、统筹人与自然和谐发展、统筹国内发展和对外开放）来落实科学发展观。十六届四中全会提出构建一个具有"民主法治、公平正义、诚信友爱、充满活力、安定有序、人与自然和谐相处"的美好社会。科学发展观是总的统领，和谐社会是具体体现，但其核心都是一种利益的协调。

利益是社会存在和发展的基石，"利益结构是社会结构的物质基础，是决定该社会和谐程度的重要因素。"[2] 因此，如何构建和发展利益结构、构建和发展什么样的利益结构，也就成为能否和如何构建社会和谐的关键所在。坚持"以人为本"，实现"人的全面发展"，是构建和谐社会的根本目标和总的要求。具体而言，正常合理的利益结构既不是平均主义，也不是两极分化，

---

[1] ［美］加·A. 阿尔蒙德：《比较政治学——体系、过程与政策》，上海译文出版社1987年版，第38页。

[2] 俞可平：《社会公平和善治是建设和谐社会的两大基石》，载《中国特色社会主义研究》，2005年第1期。

而是一种类似"橄榄型"的利益结构。平均主义看似利益均等，但这既不符合社会发展规律也违背人类的根本利益，因为人们不可能同步富裕也不愿意共同贫穷；两极分化是效率优先的结果，但却容易导致仇富心理、利益冲突和社会不稳。两头小中间大的"橄榄型"利益结构，由于拥有庞大的社会中间阶层，因而社会资源的配置一般都比较合理，社会各阶层之间的利益矛盾和冲突一般都不会太大。面对中国当前"金字塔型"的利益结构，要实现其合理转变，最重要的就是要搞好"五个统筹"，达到民主法治、公平正义、诚信友爱、充满活力、安定有序、人与自然和谐相处。民主法治，就是通过民主政治和依法治国，使各方面积极因素得到广泛调动；公平正义，就是通过妥善协调社会各方面的利益关系，社会公平和正义得到切实维护和实现；诚信友爱，就是全社会互帮互助、诚实守信，全体人民平等友爱、融洽相处；充满活力，就要使一切有利于社会进步的创造愿望得到尊重，创造活动得到支持，创造才能得到发挥，创造成果得到肯定；安定有序，就是社会组织机制健全，社会管理完善，社会秩序良好，人民群众安居乐业，社会保持安定团结；人与自然和谐相处，就是生产发展，生活富裕，生态良好。只有实现了各种利益关系的和谐，才能最终实现社会主义社会的整体和谐。

在社会主义和谐社会之下，国家利益和社会利益是和谐统一的。科学发展观和社会主义和谐社会的基本要求，看似协调的都是一些具体的社会利益，但实质上却体现了极强的国家利益。因为，在社会主义新理念下，中国当前的政治、经济、文化和社会（小社会）"四位一体"的建设，既是社会主义社会（大社会）建设，更是中国的国家建设。"五个统筹"，是国家发展的标志，也是社会和谐进步的表现；民主法治、公平正义、诚信友爱、充满活力、安定有序、人与自然和谐相处，是美好社会的目标，也是社会主义国家发展进步的体现。"中国模式"、"中国经验"和"中国奇迹"的背后，正是国家利益和社会利益的有机结合。

四、中国特色社会主义政府创新的基本经验和未来启示

中国特色社会主义的政府创新经历了几十年的艰难探索，取得了一定的经验，也还存在许多不足。通过对中国政府创新发展路程的纵向比较和与国

外的横向比较，我们或许会得到以下经验和启示。

第一，政府改革创新必须依据本国国情，国家利益为重。政府改革创新是社会发展的必然趋势，也是世界改革大潮的重要体现。社会要发展，国家要进步，就不能不进行改革。20 世纪 80 年代以来，为了顺应时代的要求，迎接全球化、信息化和国际竞争加剧的挑战，西方各国相继掀起"政府再造"的热潮，采取了一系列改革的战略和战术。在此影响下，苏联等社会主义国家也开始了大张旗鼓的改革。但是在西方国家改革取得相应成果的同时，苏联、东欧等国家的改革并不成功，甚至导致了政而不政、国而不国、党而不党的悲剧。之所以如此，最为关键的是苏联、东欧的改革很大程度上是在西方的影响下进行的，而不是结合本国国情自行进行的改革，大搞政治"多元化"、民族"自决化"，最终共产党解散、国家解体。在此背景下，中国改革也曾出现了许多杂音和一些曲折。但经历过深刻教训的中国共产党和中国政府始终有一种清醒认识，那就是"把马克思主义的普遍真理同我国的具体实际结合起来，走自己的路，建设有中国特色的社会主义，这就是我们总结长期历史经验得出的基本结论"[1]。实际上，全球化要求国家间的密切联系与合作，国家的改革也需要各国间的相互学习与借鉴。但这种联系与合作、学习与借鉴必须从本国国情出发，以国家利益为重。对此，邓小平在会见美国前总统尼克松时曾说："我们都是以自己的国家利益为最高准则来谈问题和处理问题的。在这样的大问题上，我们都是现实的，尊重对方的，胸襟开阔的。"[2] 所以无论是在国际交往，还是在内政改革上，中国都有着自己的基本原则。中国改革的成功和"中国模式"的巨大成就，得益于此。中国政府改革创新的具体成果和基本经验，也得益于此。通过对过去 10 年中申报"中国地方政府创新奖"的 1500 多个案例所呈现出的 16 个关注点的分析，我们会发现，"其中很重要的一点就是，政府创新必须要从各地实践创新中探索出一条符合中国国情、有中国特色的政府创新之路。"[3]

第二，政府改革创新必须遵循渐进原则，综合利益平衡。尽管中国的政

---

[1] 《邓小平文选》第 3 卷，人民出版社 1993 年版，第 3 页。
[2] 《邓小平文选》第 3 卷，人民出版社 1993 年版，第 330 页。
[3] 俞可平：《政府创新的若干关注点》，载《北京日报》，2010 年 8 月 2 日。

府改革创新起步较晚，但取得的成就却是有目共睹的。其中最为重要的原因之一，就是中国的改革是一种"渐进式"的改革。中国是一个发展中的大国，中国的特殊国情要求中国必须进行"渐进式"改革。中国几千年的政治文化和传统思维的重大转变，需要渐进改革；中国九百万平方公里的广袤区域的稳步发展，需要渐进改革；中国十几亿人群的各种利益的综合平衡，需要渐进改革；中国近百年来的经济社会发展的薄弱基础，需要渐进改革。所以，对于中国这样的发展中大国，稳定和改革、发展同等重要。因此，十六大报告在总结改革开放十条基本经验时指出："稳定是改革和发展的前提。要把改革的力度、发展的速度和社会可承受的程度统一起来，把不断改善人民生活作为处理改革发展稳定关系的重要结合点，在社会稳定中推进改革发展，通过改革发展促进社会稳定。"① 渐进改革有许多好处，如容易起步、可以减小阻力、可以避免巨大损失、可以积累丰富经验等等，但其中最重要的是可以综合各种利益，实现尽可能的平衡稳步发展。区域利益、城乡利益、人与人的利益、中央与地方的利益、中国与外国的利益等等，必须做到统筹兼顾。苏联"激进式"改革和"休克疗法"的实行和失败，很大程度上都归因于既得利益集团的推动和操控。中国改革的曲折和近年来各种群体事件的频发，也在于各种利益的冲突。这些都从反面证明，政府作为国家利益和社会利益的共同代表者，在解放思想、开拓进取的前提下，也必须同时实事求是、稳步前进。当然，"渐进"并不是四平八稳、齐头并进，在特殊地区和部门有时也需要"突进"。地方政府的创新应该大胆地"试"、大胆地"闯"，但决不能搞政绩工程、形象工程。即使这种局部的"突进"，也仍然是中国整体"渐进"改革中的"量变"。只有综合利益整体"突进"，才会实现政府改革的"质变"和政府职能的根本转型。

第三，政府改革创新必须反对官僚主义，公利压倒私利。政府改革创新的主体是政府，而具体操作者却是政府官员和公务员。这样，就不可避免地涉及到公利与私利的问题，难以避免产生官僚主义。之所以要进行改革，是要从根本上更好地维护和谋取国家利益和公共利益。而要进行改革，势必要触及到保守势力和人员的私利，也势必要照顾到改革势力和人员的私利。在

---

① 《江泽民文选》第3卷，人民出版社2006年版，第534—535页。

权衡和取舍公利和私利、私利和私利的问题上,自然就产生了官僚主义。因而,克服官僚主义,是政治体制改革的重要内容。早在 1986 年 5 月,邓小平就指出:"城市改革是全面改革,不仅涉及经济领域,也涉及文化、科技、教育领域,更重要的是还涉及政治体制改革。政治体制改革就要消除机构臃肿、人浮于事、官僚主义,还包括改革人事制度。"① 此后,邓小平就政治体制改革问题发表了一系列重要谈话,明确把克服官僚主义确定为政治体制改革的三大目标之一。他指出,进行政治体制改革的目的,总的来讲是要消除官僚主义,发展社会主义民主,调动人民和基层单位的积极性;而要克服官僚主义,必须着力解决三个问题:第一是党政分开,第二是权力下放,第三是精简机构;并提出"精简机构是一场革命"的著名论断。他严肃地指出:"如果不搞这场革命,让党和国家的组织继续目前这样机构臃肿重叠、职责不清,许多人员不称职、不负责,工作缺乏精力、知识和效率的状况,这是不可能得到人民赞同的,包括我们自己和我们下面的干部。"② 因此,进行政府改革创新最大的障碍就是官僚主义。政府改革创新难以进行,是官僚主义在作怪;政府改革创新出现了各种各样的问题,也是官僚主义在作怪;政府改革创新的最终失败,也必定是官僚主义在作怪。这不仅已经被历史所证明,而且正在被现实所继续证明。公共利益"部门化"、"部门利益"法制化、部门利益"个人化"、"政令不出红墙"、"政策层层打折扣"、"部门相互争夺利益"等各种现象,实际都是官僚主义的表现。"对于有远见的决策者来说,政府改革的目标应当十分清楚,这就是:民主、法治、公平、责任、透明、廉洁、高效、和谐。"③ 而实现这些目标的前提和关键,就是必须克服和清除官僚主义。

第四,政府改革创新必须高度关注民生,人民利益至上。在当代中国,政府不仅是人民政治利益的代表者,更是人民经济文化生活的代表者。公共管理、社会服务是政府的社会职能,其合理性在于民生性,这也是与中国共产党的宗旨和社会主义的理念相符合的。对此,胡锦涛明确指出:"全心全意为人民服务是党的根本宗旨,党的一切奋斗和工作都是为了造福人民。要始

---

① 《邓小平思想年谱》,中央文献出版社 1998 年版,第 354 页。
② 《邓小平文选》第 2 卷,人民出版社 1994 年版,第 396 页。
③ 俞可平:《应当鼓励和推动什么样的政府创新》,载《河北学刊》,2010 年第 2 期。

终把实现好、维护好、发展好最广大人民的根本利益作为党和国家一切工作的出发点和落脚点。"① 尽管中国经济社会的迅速发展使人们的社会生活得到了很大的改善,但是社会发展的急剧变化也造成了公共产品和公共服务的短缺。劳动就业、社会保障、收入分配、教育卫生、居民住房、安全生产、司法和社会治安等关系群众切身利益的问题,是政府改革创新的动力和压力,并且成为衡量政府改革创新的标准。从大政方针上讲,中国政府始终把"人民拥护不拥护"、"人民赞成不赞成"、"人民高兴不高兴"、"人民答应不答应"作为制定各项方针政策的出发点和归宿,把改革成果惠及全体人民作为改革的最终目的和基本条件。党的十七大明确提出,要加快推进以改善民生为重点的社会建设,着力保障和改善民生,推进社会体制改革,扩大公共服务,完善社会管理,促进社会公平正义,努力使全体人民学有所教、劳有所得、病有所医、老有所养、住有所居。从地方创新上讲,越来越多的地方政府以亲民、利民、为民、便民为主旨,全力建设"服务型"政府。有关方面总结了全国18个典型地区开拓成功发展之路的经验,其中重要的一条就是:"各级党政干部都能够深入群众,体察民情,了解民意,珍惜民力,注重调动人民群众的积极性、主动性、创造性,为推进改革开放和社会主义现代化建设提供最深厚的力量源泉。"② 由此可见,高度关注民生的"服务型"政府,不仅是中国政府改革创新的发展趋向,也是一条成功的发展道路。

(载《领导科学》2012年第29期,人大复印资料全文转载)

---

① 《中国共产党第十七次全国代表大会文件汇编》,人民出版社2007年版,第15页。
② 中国特色发展之路课题调研组:《在中国特色社会主义旗帜指引下开拓成功发展之路——对全国18个典型地区的调研综合报告》,载《人民日报》,2008年10月8日。

国家利益与意识形态：中国特色社会主义文化的发展道路①

秦正为

摘　要：中国特色社会主义文化，作为中国特色社会主义政治经济发展的反映，形成了具有"中国特色"的发展道路，体现了"中国特色"和"社会主义"、国家利益和意识形态的辩证关系和有机统一。中国特色社会主义文化，具有丰富的科学内涵，也具有鲜明的基本特征：根基是"中国特色"，具有民族性；本质属性是"社会主义"，具有阶级性；是先进的文化，具有发展性；是大众文化，具有人民性；是和谐文化，具有包容性。中国特色社会主义文化的发展，取得了巨大成就，也出现了不少问题，其经验教训在于：必须高度重视文化建设，同时切忌过犹不及；必须坚决维护国家利益，同时反对文化沙文；必须坚持意识形态原则，同时避免一花独放；必须贯彻文化改革创新，同时防止错误倾向。

关键词：中国特色社会主义；文化；国家利益；意识形态

任何文化，都是一定经济基础的上层建筑反映，因而具有意识形态性。任何文化，又都是一定人群文明和社会心理发展的结果，因而具有民族性和历史性。任何文化，还都是整个人类文明的重要组成和重要体现，因而具有普遍性和同质性。中国特色社会主义文化，也不例外。但是，无论在过去、

---

① 基金项目：教育部社科基金青年项目（11YJC710042）、山东省高校人文社科强化建设基地项目（MJDXK0103）阶段性成果。

当前乃至将来,关于中国特色社会主义文化的发展道路和建设问题,一直存在着各种不同的声音。因此,在经济全球化和文化多元化发展的形势下,如何把握中国特色社会主义文化的前进方向,不仅是划清"四个重大界限"、构建中国特色社会主义核心价值体系的基本要求,也是实现"文化自觉、文化自信、文化自强"①、推动中国特色社会主义文化繁荣发展的重大课题。

一、中国特色社会主义文化的发展道路和历史演进

中国特色社会主义文化,作为中国特色社会主义政治经济发展的反映,形成了具有"中国特色"的发展道路,体现了"中国特色"和"社会主义"、国家利益和意识形态的辩证关系和有机统一。

以毛泽东为代表的中共第一代领导集体的新文化理念和实践为中国特色社会主义文化的形成发展奠定了坚实基础。对于文化的本质,毛泽东有过经典的论断,即"一定的文化(当做观念形态的文化)是一定社会的政治和经济的反映,又给予伟大影响和作用于一定的政治和经济"②;"文化是反映政治斗争和经济斗争的,但它同时又能指导政治斗争和经济斗争。文化是不可少的,任何社会没有文化就建设不起来。"③ 正因如此,"中华民族的旧政治和旧经济,乃是中华民族的旧文化的根据;而中华民族的新政治和新经济,乃是中华民族的新文化的根据。"④ 在中国革命和建设的过程中,中华民族的新文化表现为两大主导形态——新民主主义文化和中国特色社会主义文化。这两种形态具有性质上的差别性,但在基本原则和基本内容上又具有相通性,那就是"中国特色"和"社会主义"。毛泽东强调指出,中华民族的新文化"是我们这个民族的,带有我们民族的特性"⑤。因而必须主张中华民族的尊严和独立,反映并体现中华民族的特点,具有民族形式。针对"中体西用"

---

① 云杉:《文化自觉·文化自信·文化自强——对繁荣发展中国特色社会主义文化的思考》,载《红旗文稿》,2010年第15、16、17期。
② 《毛泽东选集》第2卷,人民出版社1991年版,第663—664页。
③ 《毛泽东文集》第3卷,人民出版社1996年版,第109—110页。
④ 《毛泽东选集》第2卷,人民出版社1991年版,第664页。
⑤ 《毛泽东选集》第2卷,人民出版社1991年版,第706页。

和"全盘西化",毛泽东认为,前者实则是"以孔子为中心",倡导"学问要新道德要旧"①。后者则同样"不切于实际生活",因为"西方思想亦未必尽是"。② 毛泽东认为新文化建设"应该越搞越中国化,而不是越搞越洋化"③。只有如此,才能很好地维护我们国家的国家利益。同时,毛泽东强调,"这种文化,只能由无产阶级的文化思想即共产主义思想去领导,任何别的阶级的文化思想都是不能领导了的。所谓新民主主义的文化,一句话,就是无产阶级领导的人民大众反帝反封建的文化。"④ 中国的新文化需要无产阶级的文化思想即共产主义思想的领导,这是一个不可动摇的原则。针对国民党顽固派攻击"共产主义不适合中国国情"、要求"收起共产主义"的叫嚣,毛泽东强调,"中国的民主革命,没有共产主义去指导是决不能成功的,更不必说革命的后一阶段了。……其实,这是'收起'不得的,一收起,中国就会亡国。现在的世界,依靠共产主义做救星;现在的中国,也正是这样。"⑤ 当然,毛泽东同时指出:"我们信奉马克思主义是正确的思想方法,这并不意味着我们忽视中国文化遗产和非马克思主义的外国思想的价值。"⑥ "我们决不可拒绝继承和借鉴古人和外国人,哪怕是封建阶级和资产阶级的东西。但是继承和借鉴决不可以变成替代自己的创造,这是决不能替代的。"⑦ 1949 年以后,毛泽东还强调,"中国的和外国的,两边都要学好。"⑧ 后来毛泽东将这些主张精辟地概括为"古为今用、洋为中用"。1951 年,毛泽东提出"百花齐放,推陈出新"。1956 年,毛泽东又提出了著名的"百花齐放,百家争鸣"的方针。这说明毛泽东认为民族的科学的大众的文化在中国革命的两个阶段是贯通的,在社会主义革命和建设时期仍然是中国先进文化的发展方向。

以邓小平为代表的党的第二代领导集体坚持新文化的继承和创新,实现

---

① 《毛泽东早期文稿》,湖南人民出版社 2008 年版,第 363 页。
② 《毛泽东早期文稿》,湖南人民出版社 2008 年版,第 86 页。
③ 《毛泽东选集》第 2 卷,人民出版社 1991 年版,第 708 页。
④ 《毛泽东选集》第 2 卷,人民出版社 1991 年版,第 698 页。
⑤ 《毛泽东选集》第 2 卷,人民出版社 1991 年版,第 686 页。
⑥ 《毛泽东文集》第 3 卷,人民出版社 1996 年版,第 191 页。
⑦ 《毛泽东选集》第 3 卷,人民出版社 1991 年版,第 860 页。
⑧ 《毛泽东文集》第 7 卷,人民出版社 1999 年版,第 82 页。

了中国特色社会主义文化的成功转型与基本定型。早在 1977 年，邓小平就指出"我们国家要赶上世界先进水平，从何着手呢？我想，要从科学和教育着手。科学当然包括社会科学"①。1979 年在庆祝建国 30 周年大会上，叶剑英第一次明确提出在建设高度物质文明的同时，建设高度的社会主义精神文明。1980 年 12 月 25 日，邓小平在中共中央工作会议上全面论述了精神文明的内容："所谓精神文明，不但是指教育、科学、文化（这是完全必要的），而且是指共产主义的思想、理想、信念、道德、纪律、革命的立场和原则，人与人的同志式关系，等等。"1985 年，邓小平又明确指出："我们国家、国力的强弱，经济发展后劲的大小，越来越取决于劳动者的素质，取决于知识分子的数量和质量，也取决于文化建设的成果。"② 作为中国改革开放的总设计师，邓小平提出了极其丰富和深刻的中国特色社会主义文化建设思想，如物质文明和精神文明都搞好，才是有中国特色社会主义；社会主义精神文明建设的根本目标是培养"四有"新人；社会主义文化建设必须坚持马克思主义指导，必须继承和发扬民族优良文化传统，吸收和借鉴人类一切文明成果；要培养造就一大批优秀的科学家、教育家和文艺家及各种专家；要加强思想政治工作；要加强党对精神文明建设的领导，等等。这些思想，随着改革开放和现代化建设实践的发展不断得到丰富和深化。中国特色社会主义文化之所以能够实现成功转型和基本定型，最为关键的就是时代主题发生了根本性的变化。其中，最为明显的特征，除了精神文明和文化建设"要伴随着我们整个社会主义现代化建设的进程走"③，仍然凸显着"中国特色"和"社会主义"。尽管中国特色社会主义文化要实行改革开放，但其前提必须是"中国特色"。为此，邓小平特别强调指出："绝不允许把我们学习资本主义社会的某些技术和某些管理的经验，变成了崇拜资本主义外国，受资本主义腐蚀，丧失社会主义中国的民族自豪感和民族自信心。"④ "中国人民有自己的民族自尊心和自豪感，以热爱祖国、贡献全部力量建设社会主义祖国为最大光荣，以损害社

---

① 《邓小平文选》第 2 卷，人民出版社 1994 年版，第 48 页。
② 《邓小平文选》第 2 卷，人民出版社 1994 年版，第 120 页。
③ 《邓小平文选》第 2 卷，人民出版社 1994 年版，第 403 页。
④ 《邓小平文选》第 2 卷，人民出版社 1994 年版，第 262 页。

会主义祖国利益、尊严和荣誉为最大耻辱。"① 与此同时，邓小平也多次强调，"建设社会主义精神文明，最根本的是要使广大人民有共产主义理想、有道德、有文化、有纪律。"② "我们不是靠马克思主义的科学理论和上述的革命精神参加革命到现在吗？从延安到新中国，除了靠正确的政治方向外，不是靠这些宝贵的革命精神吸引了全国人民和国外友好人士吗？没有这种精神文明，没有共产主义思想，没有共产主义道德，怎么能建设社会主义？"③ 尤其值得注意的是，邓小平将爱国与爱社会主义紧密结合，指出："有人说不爱社会主义不等于不爱国。难道祖国是抽象的吗？不爱共产党领导的社会主义的新中国，爱什么呢？"④ 在当代中国，爱国主义与社会主义本质上是一致的，建设有中国特色的社会主义是新时期爱国主义的主题。

以江泽民为代表的第三代领导集体坚持与时俱进，将中国特色社会主义文化推进到一个新的发展阶段。1990 年，李瑞环第一次提出了建设"有中国特色的社会主义文化"这一概念，指出："有中国特色社会主义新文化，即我们的民族形式与社会主义内容相结合的新文化，就其本质和主体上说，它应该是符合中国国情的，表现社会主义时代生活和时代风貌，揭示现实社会关系的本质和历史发展趋势的，应该是体现社会主义的时代精神的。""如果不能建成这种新文化，建设有中国特色的社会主义的历史任务就不可能真正完成。""建设有中国特色的社会主义新文化，一定要根植于中华民族文化的深厚土壤，深入地研究中国的历史文化，弘扬中华民族文化的优秀传统。"同时要"积极借鉴一切对我有用的外来文化"。⑤ 1991 年，在庆祝建党 70 周年大会上的讲话中，江泽民提出了建设"中国特色社会主义文化"的战略任务和基本要求，指出坚持马克思主义、毛泽东思想的指导地位，是我们立党立国的根本，也是社会主义文化建设的根本，决定着我国文化事业的性质和方向。我们的文化必须坚持为人民服务、为社会主义服务；坚持百花齐放、百家争鸣、古为今用、洋为中用的方针，充分体现人民的利益和愿望，满足人民不

---

① 《邓小平文选》第 3 卷，人民出版社 1993 年版，第 3 页。
② 《邓小平文选》第 3 卷，人民出版社 1993 年版，第 28 页。
③ 《三中全会以来重要文献选编》（上册），人民出版社 1982 年版，第 641 页。
④ 《邓小平文选》第 2 卷，人民出版社 1994 年版，第 392 页。
⑤ 《社会主义精神文明建设文献选编》，中央文献出版社 1996 年版，第 367—368 页。

同层次、多方面的、丰富的、健康的精神需要。创造出无愧于伟大时代的社会主义文化，要适应现代化建设的要求，大力发展各项文化事业和开展多种形式的群体文化娱乐活动；要重视意识形态工作，加强对意识形态工作的领导，牢牢掌握意识形态部门的领导权。这标志着在冷战结束后多元文化激烈冲突的时代背景下，中国特色社会主义文化的发展进入到一个新的阶段。此后，党和国家高度重视文化建设，1992年邓小平南方谈话后，接连通过了《国家中长期科学技术发展纲要》、《中国教育改革和发展纲要》、《中华人民共和国教育法》、《爱国主义教育实施纲要》、《关于进一步加强和改进学校德育工作的若干意见》、《中共中央关于加强社会主义精神文明建设若干重要问题的决议》、《公民道德建设实施纲要》等，提出了"科教兴国"战略、"依法治国"、"以德治国"、社会主义初级阶段文化纲领、"三个代表"重要思想等。在新时期新阶段，中国特色社会主义文化的"中国特色"和"社会主义"性质显得更为必要和突出。为此，江泽民一再强调指出："越是发展经济，越是改革开放，越要重视思想政治工作"，"加强和改进思想政治工作，最根本的是坚持和巩固马克思主义在我国意识形态领域的指导地位。""在事关政治方向和根本原则的问题上，我们一定要旗帜鲜明，理直气壮，毫不含糊。"[①]"我们要以马克思主义和社会主义思想理论去指导宣传、教育、新闻、出版、文学艺术等部门的工作，去占领思想文化阵地和舆论阵地，丰富群众的精神生活。""要积极吸收我国历史文化和外国历史文化中的一切优秀成果，坚决摒弃一切封建的、资本主义的文化糟粕和精神垃圾"，"反对那种全盘否定中国传统文化的民族虚无主义和崇洋媚外思想"。[②]"坚持什么样的文化方向，推动建设什么样的文化，是一个政党在思想上精神上的一面旗帜。""在当代中国，发展先进文化，就是发展有中国特色社会主义文化，就是建设社会主义精神文明。"[③] 在此基础上，中国特色社会主义文化逐渐得到丰富，逐渐形成了以科学的理论武装人、以正确的舆论引导人、以高尚的精神塑造人、

[①] 《江泽民论有中国特色社会主义（专题摘编）》，中央文献出版社2002年版，第409—411页。

[②] 《十三大以来重要文献选编》（中），人民出版社1991年版，第626—627页。

[③] 《十五大以来重要文献选编》（下），人民出版社2003年版，第1906—1907页。

以优秀的作品鼓舞人,一手抓繁荣,一手抓管理,立足现实,重在建设,大力弘扬主旋律,促进文化事业全面繁荣的新局面。

以胡锦涛为代表的新一代领导集体坚持求真务实,正逐渐实现中国特色社会主义文化全面协调可持续的科学发展。十六大以来,胡锦涛继续高度重视中国特色社会主义文化建设,统筹考虑文化建设中事关全局的重大问题,在科学判断国内外形势和全面把握当今世界文化发展趋势的基础上,提出提升国家文化"软实力"、建设"和谐文化"和"社会主义核心价值体系"的发展战略。国家"软实力"是20世纪90年代著名学者约瑟夫·奈提出的,主要包括文化的凝聚力和吸引力、意识形态和价值观念的吸引力、社会制度和发展模式的吸引力,其中文化软实力居于首要和核心地位。2006年初,《中共中央、国务院关于深化文化体制改革的若干意见》颁布实施,发出了文化体制改革全面推开的信号。胡锦涛总书记2006年11月在全国文代会、作代会上发表讲话,称"提升国家软实力"是摆在我们面前的一个重大现实课题。并于2007年1月在中共中央政治局第三十八次集体学习时指出,加强网络文化建设和管理,"有利于增强我国的软实力"。建设"和谐文化",是构建社会主义和谐社会的基本要求和重要内容。2005年2月,胡锦涛在省部级主要领导干部提高构建社会主义和谐社会能力专题研讨班上的讲话中提出:"一个社会是否和谐,一个国家能否实现长治久安,很大程度上取决于全体社会成员的思想道德素质。没有共同的理想信念,没有良好的道德规范,是无法实现社会和谐的。要切实加强社会主义先进文化建设,不断增强人们的精神力量,不断丰富人们的精神世界。""通过发展社会主义先进文化来不断巩固和谐社会建设的精神支撑。"① 2006年10月,党的十六届六中全会通过了《中共中央关于构建社会主义和谐社会若干重大问题的决定》(以下简称《决定》),明确提出:"建设和谐文化,是构建社会主义和谐社会的重要任务。"② 2007年10月,胡锦涛在十七大报告中指出:"当今时代,文化越来越成为民

---

① 胡锦涛:《在省部级主要领导干部提高构建社会主义和谐社会能力专题研讨班上的讲话》,载《人民日报》,2005年6月27日。
② 《中共中央关于构建社会主义和谐社会若干重大问题的决定》,载《人民日报》,2006年10月19日。

族凝聚力和创造力的重要源泉、越来越成为综合国力竞争的重要因素","要坚持社会主义先进文化前进方向,兴起社会主义文化建设新高潮,激发全民族文化创造活力,提高国家文化软实力"。① 其具体措施在于:建设"社会主义核心价值体系",增强社会主义意识形态的吸引力和凝聚力;建设"和谐文化",培育文明风尚;弘扬中华文化,建设中华民族共有精神家园;推进文化创新,增强文化发展活力。2010 年 7 月 23 日,中共中央政治局就深化我国文化体制改革研究问题专门进行第二十二次集体学习,再次强调要从战略高度深刻认识文化的重要地位和作用,深入推进文化体制改革,推动社会主义文化大发展大繁荣。2011 年 10 月,十七届六中全会通过《中共中央关于深化文化体制改革、推动社会主义文化大发展大繁荣若干重大问题的决定》,提出大力发展文化事业和文化产业,实施"文化强国"战略。新形势下逐渐发展的中国特色社会主义文化,仍然坚持了"中国特色"和"社会主义"的基本原则。"和谐文化"与"和谐社会"、"和谐世界"相一致,体现了统筹各种利益的综合协调发展、合作共赢。而强调文化"软实力",则凸显了提高综合国力、维护国家利益的基本要求。提出建设"社会主义核心价值体系",则体现了社会主义意识形态的本质所在和马克思主义的指导地位。因而,新形势下的中国特色社会主义文化发展观仍然体现了国家利益和意识形态的有机统一。

二、中国特色社会主义文化的科学内涵与基本特征

中国特色社会主义文化,作为中国先进生产力发展根本要求和中国最广大人民群众根本利益反映的先进文化,是中国特色社会主义的基本内容和重要组成,能够充分体现中国特色社会主义的基本内涵和根本特征,那就是"中国特色"和"社会主义"的有机结合。"中国特色",即中国特色社会主义文化必须具有民族性和传统性,因而不同于和不能照搬任何外来的文化和文明;"社会主义",即中国特色社会主义文化必须具有社会主义性质,因而不同于封建主义、资本主义乃至殖民主义、奴役主义的思想文化。这是中国特色社会主义文化的最根本的内涵和"硬核"。

---

① 《中国共产党第十七次全国代表大会文件汇编》,人民出版社 2007 年版,第 32 页。

中国特色社会主义文化，作为中国特色社会主义的基本内容和重要组成，还有其特有的具体内涵和特定的规定性。对此，党的十五大报告作了十分明确而简洁的概括，十七大进一步丰富，综合起来可以表述为：建设有中国特色社会主义的文化，就是以马克思主义为指导，以培育有理想、有道德、有文化、有纪律的公民为目标，建设社会主义核心价值体系，发展面向现代化、面向世界、面向未来的，民族的、科学的、大众的、和谐的社会主义文化，推动社会主义文化大发展、大繁荣。由此可见，中国特色社会主义文化的指导思想必须是马克思主义、毛泽东思想、邓小平理论、"三个代表"重要思想和科学发展观，而不能是任何的反马克思主义思想、非马克思主义思想或文化的多元论；中国特色社会主义文化的发展目标是培养有理想、有道德、有文化、有纪律的社会主义公民，有理想即对马克思主义和共产主义的坚定信仰、对党和人民事业的科学信念，有道德即要遵守社会主义和共产主义道德，其基本要求是爱祖国、爱人民、爱劳动、爱科学、爱社会主义，并使"五爱"在社会生活各方面体现出来，有文化即社会主义公民应当具有良好的社会文化素质，具有为社会主义现代化建设服务所必备的科学文化知识和劳动技能，有纪律即社会主义公民应当增强法纪观念，自觉地遵纪守法，并且"四有"目标密切联系、有机统一，其中理想是目标、道德是基础、法律是保证、文化是条件；中国特色社会主义文化的本质体现是社会主义核心价值体系，即以马克思主义指导思想为灵魂，以中国特色社会主义共同理想为主题，以爱国主义为核心的民族精神和改革创新为核心的时代精神为精髓，以社会主义荣辱观为基础，并且四者相互联系、相互贯通、有机统一；中国特色社会主义文化的基本特征是面向现代化、面向世界、面向未来，是民族性、科学性、大众性、和谐性的有机统一，面向现代化即必须顺应和推动经济社会的发展，面向世界即改革与发展不仅要着眼于中国还要放眼世界，面向未来即文化发展必须具有超前性和前瞻性，民族性即必须是"中华文化"、具有中国风格中国气派，科学性即必须具有真理性、实践性和创新性，大众性即必须面向大众、服务人民、以人为本，和谐性即必须具有包容性、共生性和创新性。

中国特色社会主义文化，具有丰富的科学内涵，也具有鲜明的基本特征。第一，中国特色社会主义文化的根基是"中国特色"，具有民族性。中国特色社会主义是中国特有的社会主义发展形态，离不开中国特有的基本国情和社会土壤,中国特色社会主义文化亦是如此。"中华文化是中华民族生生不息、团结奋进的不竭动力。"① 因此,要发展和建设中国特色社会主义文化,就必须"弘扬中华文化,建设中华民族共有精神家园"②。同时,只有坚持文化发展的"中国特色",才能有效地防止殖民主义和奴役主义,在多元文化和全球文明冲突中更好地维护中国的国家利益。第二,中国特色社会主义文化的本质属性是"社会主义",具有阶级性。中国特色社会主义的本质是科学社会主义,而不是什么民主社会主义、"中国特色资本主义",因而中国特色社会主义文化也是"社会主义"文化。正因如此,中国特色社会主义文化必须坚持马克思主义的指导地位,而不能实行指导思想的多元化。为此,必须"建设社会主义核心价值体系,增强社会主义意识形态的吸引力和凝聚力"。因为,"社会主义核心价值体系是社会主义意识形态的本质体现"。③ 第三,中国特色社会主义文化是一种先进的文化,具有发展性。社会主义是代表先进生产力的社会形态,因而中国特色社会主义文化也是一种先进文化。这种先进文化不仅具有民族性、科学性、大众性,而且能够面向现代化、面向世界、面向未来,代表了人类社会的前进方向,并以意识形态的积极作用引领和推动经济社会的发展,最终实现共产主义。第四,中国特色社会主义文化是一种大众文化,具有人民性。中国特色社会主义文化的发展源泉、依靠力量和服务对象都是人民群众,离开人民性和群众性的文化绝不是社会主义文化,也不会具有发展的活力。代表最广大人民群众的根本利益,反映最广大人民的呼声和愿望,不仅是中国特色社会主义文化的根本要求和出发点,也是中国特色社会主义文化的鲜明特征和落脚点,是中国特色社会主义文化区别于其他文化的根本标志。第五,中国特色社会主义文化文化是一种和谐文化,具有包容性。中国特色社会主义的本质特征决定了中国特色社会主义文化是一种和谐文化,即以和谐为思想内涵、以文化为表现形式的文化系统。它不仅包括思想观念、理想信念和价值取向,也包括社会风尚、行为规范和制度规制;不仅继承和弘扬中国优秀传统文化,而且兼收并蓄、借鉴吸收世界优秀

---

① 《中国共产党第十七次全国代表大会文件汇编》,人民出版社2007年版,第34页。
② 《中国共产党第十七次全国代表大会文件汇编》,人民出版社2007年版,第34页。
③ 《中国共产党第十七次全国代表大会文件汇编》,人民出版社2007年版,第33页。

文明成果。其价值取向是有利于个人、家庭、国家、全人类的和谐与全面协调可持续发展，使人们在心灵自由、身体自由、财富自由等方面得到最大满足，最终实现多民族、多文化的"天下大同"。

中国特色社会主义文化，实际上体现了国家利益与意识形态的有机统一。国家利益是指满足国家生存与发展的必要条件，因而这些条件不仅包括疆土、人口、政权、经济、军事等物质层面的东西，也包括思想、观念、理想、价值、信念、心理等文化层面的东西。并且，国家利益的物质层面和文化层面是相辅相成、密不可分的，甚至建构主义认为，在物质条件相似的情况下人们对国家利益的认知和界定会产生截然不同的结果。因此，在一定程度上讲，文化层面的国家利益更为重要。特别是在冷战结束以后，随着经济全球化的持续高涨，新的历史条件下的文化殖民主义和文化霸权主义更加凸显，伴随改革之风和思想解放的各种自由主义不断肆虐，文化安全和文化利益正逐渐成为对包括中国在内的广大发展中国家的严峻挑战。因而，中国特色社会主义文化建设和发展的过程，实际上正是不断维护和谋求中国国家利益的过程。对内，中国特色社会主义文化不仅为中国特色社会主义政治、经济和社会建设提供精神动力、智力支持和思想保证，而且以其自身不断增长的大发展、大繁荣显示着中国"文化的力量"和国家"软实力"。对外，中国特色社会主义文化不仅有力地应对西方的价值观念、意识形态、生活方式、人权问题、"游戏规则"等各种挑战，而且以其积极参与国际事务的巨大成就体现着"中国声音"和中国的"话语权"。而中国特色社会主义文化的发展，最根本的还在于中国改革开放伟大实践的开展，是经济社会发展的意识形态反映。意识形态，是社会形态的本质反映，也包括国家政府提倡的认知体系和价值体系，是政治文化中的重要内容。由此可见，中国特色社会主义文化，不仅作为中国国家利益的重要组成体现着国家利益，而且以其"中国特色"和"社会主义"的性质体现着自身的意识形态，是国家利益和意识形态的有机结合、辩证统一。

三、中国特色社会主义文化的发展经验与教训启示

中国特色社会主义文化的发展，取得了巨大成就，也出现了不少问题，其经验教训在于：

第一，必须高度重视文化建设，同时切忌过犹不及。无论是从社会发展考虑，还是从社会主义国家建设出发，文化建设的地位是显而易见的，并且是越来越重要，也引起了人们的高度重视。布热津斯基曾说过，美国的世界大国地位的维持必须有四个缺一不可的因素，即军事上的超强优势、经济的火车头作用、科技的领先地位和巨大的文化感召力。同时，针对美国社会日益漫延的道德混乱、自由放纵和宗教式微，他还提出了美国必须进行严肃的文化反省的警告："以相对主义的享乐至上作为生活的基本指南是构不成民主任何坚实的社会支柱的；一个社会没有共同遵守的绝对确定的原则，相反却助长了个人的自我满足，那么这个社会就有解体的危险"①。正因如此，面对21世纪的新形势新变化，继承和发扬历代领导人高度重视文化发展的传统，胡锦涛在十七大报告中提出，要"推动社会主义文化大发展大繁荣"②。在此指导下，中国特色社会主义文化获得了新的发展契机，也取得了不少重大成就。但是，在高度重视文化发展的同时，必须切忌过犹不及。因为，文化毕竟是上层建筑的一部分，必须有坚实的经济基础。没有生产力的发展，没有社会主义公有制的巩固，文化就会出现偏向、散漫乃至混乱。"文化大革命"的教训，就是以所谓的"文化革命"冲淡了生产，破坏了发展。现今，为了所谓的文化发展，各种庸俗、低俗、媚俗现象纷生，主流文化受到冲击，主流价值观被颠覆，这已经不可避免地影响到经济发展和政治建设方面。正因如此，胡锦涛总书记在中共中央政治局第二十二次集体学习时强调："要引导广大文化工作者和文化单位自觉践行社会主义核心价值体系，坚持社会主义先进文化前进方向，坚决抵制庸俗、低俗、媚俗之风。"③ 这是近年来中央最高层首次明确强调抵制"三俗"之风，反"三俗"已成为文化体制改革的重大课题。

第二，必须坚决维护国家利益，同时反对文化沙文。当今世界，以文化力为先导的国家"软实力"逐渐成为民族国家国际竞争力的核心要素。因为，各国逐渐认识到，如果一个国家的"文化和意识形态具有吸引力，其他国家

---

① [美] 兹比格涅夫·布热津斯基：《大失控与大混乱》，中国社会科学出版社1994年版，第125页。
② 《中国共产党第十七次全国代表大会文件汇编》，人民出版社2007年版，第32页。
③ 胡锦涛：《顺应时代要求深化文化体制改革 推动社会主义文化大发展大繁荣》，载《人民日报》，2010年7月24日。

会更愿追随"其领导,因此软权力"与硬的指挥权力同样重要"。① 现在,美国更是将提升自己的软实力作为重塑其国际形象,维护国家核心利益的关键性举措之一,在世界范围内大力维护和拓展自己的文化利益,广泛传播其意识形态和文化价值观。特别是对于中国,由于"中国的崛起对美国形成了根本的挑战……美中冲突在很大程度上是基于两个社会的文化差异,但也涉及到权力的根本问题"②。面对这一严峻形势,江泽民明确指出:"当今世界,文化与经济和政治相互交融,在综合国力竞争中的地位和作用越来越突出。文化的力量,深深熔铸在民族的生命力、创造力和凝聚力之中,全党同志要深刻认识文化建设的战略意义,推动社会主义文化的发展繁荣。"③"努力建设我国的先进文化,使它在全国人民乃至世界人民中间具有强大的吸引力和感召力;努力发展我国的先进生产力,使我国加快进入世界生产力发达国家的行列,都是我们实现社会主义现代化的战略任务。"④ 胡锦涛也指出:要"繁荣发展社会主义文化,不断增强我国文化软实力和国际竞争力"。⑤ 正因如此,近些年来,中国"引进来"、"走出去"的文化发展略,不仅在稳定国内政治局面、促进经济发展、增强民族凝聚力方面发挥了重要作用,而且有利于树立大国形象、增强国际影响力,从而极大地维护了中国的国家利益。这一成就的取得,在于中国很好地坚持了自己的原则和立场,抵制了西方的文化渗透和文化沙文主义。同样,中国文化的发展属于"中国奇迹"的重要体现,但中国文化的传播不会是"中国崛起威胁论"的佐证。

第三,必须坚持意识形态原则,同时避免一花独放。只要还存在私有制,存在阶级,社会文化就存在意识形态性。意识形态性实际上就是社会文化的阶级性,因为意识形态作为"观念的上层建筑",总是要反映特定阶级和社会

---

① Joseph S. Nye, Jr. "The Changing Nature Of World Power", *Political Science Quarterly*, (Summer 1990), p. 105.
② [美] 塞缪尔·亨廷顿:《文明的冲突与世界秩序的重建》,新华出版社1998年版,第254页。
③ 《江泽民文选》第3卷,人民出版社2006年版,第558页。
④ 《江泽民文选》第3卷,人民出版社2006年版,第400页。
⑤ 胡锦涛:《顺应时代要求深化文化体制改革 推动社会主义文化大发展大繁荣》,载《人民日报》,2010年7月24日。

集团的利益,并通过一定的话语来表达和诉求。因而,意识形态的斗争,是阶级斗争的重要组成和具体体现。随着经济全球化的发展,意识形态领域的斗争愈加突出,在进行军事政治攻势的同时,西方文化渗透的威力也在逐渐显现。历史的深刻教训也说明,苏联的解体很大程度上源于其领导人早年美国留学所受的西方文化影响,而"柏林墙在1989年倒塌之前就被电视和电影凿得千疮百孔"①。正因如此,邓小平指出:"思想战线上的战士,都应当是人类灵魂工程师。……作为灵魂工程师,应当高举马克思主义的、社会主义的旗帜,用自己的文章、作品、教学、讲演、表演,教育和引导人民正确地对待历史,认识现实。"②江泽民在党的十六大报告中指出:"必须坚持马克思列宁主义、毛泽东思想和邓小平理论在意识形态领域的指导地位,用'三个代表'重要思想统领社会主义文化建设。"③胡锦涛在中共中央政治局第二十二次集体学习时也强调:"深入推进文化体制改革,必须以邓小平理论和'三个代表'重要思想为指导"④。只有坚持马克思主义的指导地位,才能在"多样化"的社会思潮和文化中彰显"主旋律",而不至于在改革开放和市场经济的冲击下迷失方向。当然,坚持和强化社会主义意识形态的主导性和"主旋律",并不等于压制、排斥、禁绝多元文化的发展,而导致"我花开罢百花杀",出现一花独放的局面。"宁要社会主义的草,不要资本主义的苗",只能造成社会悲剧。苏联对思想文化的钳制,最终导致了文化的极端和制度的崩溃。实际上,作为我国指导思想和文化"主旋律"的马克思主义,既是执政党的意识形态,也是体现人类文明的文化形态。作为中国特色社会主义的文化,既努力追求"古为今用"、"洋为中用",又努力实现"百花齐放"、"百家争鸣",具有极强的兼容并包性和兼收并蓄性,也必将促进文化的大发展大繁荣。

第四,必须贯彻文化改革创新,同时防止错误倾向。由于文化是一定的政治经济的反映,而政治经济的急剧变革也必然引起文化的变化。特别是在当今世界,正如美国学者迈克尔·波特所指出的:"经济文化已不再是一个如

---

① [美]约瑟夫·奈:《软力量》,东方出版社2005年版,第51页。
② 《邓小平文选》第3卷,人民出版社1993年版,第40页。
③ 《江泽民文选》第3卷,人民出版社2006年版,第558页。
④ 胡锦涛:《顺应时代要求深化文化体制改革 推动社会主义文化大发展大繁荣》,载《人民日报》,2010年7月24日。

何选择的问题。……问题已在于一国的经济文化何时变和变得快慢如何，而不在于是否愿意变"①。思想文化的相互激荡，文化载体的日益多样，文化竞争的日趋激烈，决定了不进行创新，文化就没有生命力和竞争力。创新是文化生命力的源泉，也是文化不断增强自身吸引力和感召力的重要途径。先进文化必须以创新精神作为自己的灵魂，推陈出新，与时俱进，充分体现时代要求，这样才能满足人民群众日益增长的精神文化需求，引导人民群众推动历史前进。正因如此，创新是社会主义文化具有先进文化属性的重要基石，也是社会主义文化永葆生机和活力的必由之路。江泽民在纪念建党八十周年讲话中指出：必须继承和发扬一切优秀的文化，具有世界眼光，"同时必须结合新的实践和时代的要求，结合人民群众精神文化生活的需要，积极进行文化创新，努力繁荣先进文化，把亿万人民紧紧吸引在有中国特色社会主义文化的伟大旗帜下。"② 胡锦涛也指出：要"以发展为主题，以体制机制创新为重点，以满足人民群众精神文化需求为出发点和落脚点，着力构建充满活力、富有效率、更加开放、有利于文化科学发展的体制机制"③。积极进行文化创新，必须正确处理继承与创新的辩证关系，努力繁荣和发展具有中国风格、中国特色的社会主义新文化；必须立足于建设有中国特色社会主义的实践，结合今天新的实践和时代的要求积极进行创新；积极进行文化创新，必须着眼于世界科学文化发展的前沿，善于吸纳世界上一切文化的优秀成果来充实和发展有中国特色社会主义文化。在具体机制改革上，要加快文化体制的改革创新，加快构建公共文化服务体系，加快发展文化产业，加快对文化产品创作生产的引导。坚持文化创新，必须把握正确的方向，处理好当代文化与传统文化、民族文化与外来文化的关系，既要反对"守旧主义"和"封闭主义"，又要反对"民族虚无主义"和"历史虚无主义"。

（载《内蒙古社会科学》2012 年第 3 期）

---

① ［美］塞缪尔·亨廷顿、劳伦斯·哈里森：《文化的重要作用》，新华出版社 2002 年版，第 60 页。
② 《江泽民文选》第 3 卷，人民出版社 2006 年版，第 278—279 页。
③ 胡锦涛：《顺应时代要求深化文化体制改革 推动社会主义文化大发展大繁荣》，载《人民日报》，2010 年 7 月 24 日。

中国文化外交模式建构

——以孔子学院为例

李德芳

摘 要：随着全球化的发展，文化外交成为国家软实力竞争最有效的手段。中国作为开展文化外交比较晚的国家，在借鉴西方经验的基础上，也在不断探索中国的文化外交模式。进入新世纪以来，以孔子学院为代表的中国文化外交模式取得了很大的成功，不仅使汉语走上了国际推广的道路，而且为中华文化走向世界提供了重要平台，成功地架起了中国与世界沟通的文化桥梁，极大地提升了中国的软实力。然而，孔子学院建设过程中也存在着总体布局不平衡、办学形式及内容缺乏多样性、对外汉语教师和志愿者短缺以及如何加强和明晰国家汉办暨孔子学院总部职能等问题，孔子学院的发展仍然任重而道远。

关键词：文化外交；软实力；孔子学院

作者简介：李德芳（1975—），女，山东临朐人，聊城大学政治与公共管理学院讲师，法学博士、历史学博士后，研究方向为国际政治理论及公共外交。

进入新千年以来，随着国际软实力竞争的加剧，文化外交作为提升国家软实力的重要方式，越来越受到世界各国的重视。近年来，基于提升国家软实力、塑造国家形象的需要，中国也在积极探索自己的文化外交模式。其中，孔子学院的运作取得的成效最为显著，并逐渐成为中国文化外交的代表模式之一。因此，考察孔子学院的运行模式，探究其经验与不足，对于中国文化外交模式的建构和发展有着积极的意义。

一、孔子学院的成功运行

自2004年中国第一所孔子学院在韩国首尔设立以来，中国已经在全球100多个国家和地区设立了358所孔子学院和500个孔子课堂。① 在短短几年多的时间内，孔子学院数量迅速扩大，成为中国文化外交的重要支撑性项目。

（一）孔子学院成为汉语国际推广的主要推动者

语言是增进国家、民族和人民之间相互了解和沟通的重要渠道。作为中华文化的重要载体，汉语的推广是促使中华文化走向世界的主要途径，也是中国文化外交的首要任务之一。早在1988年中国就曾在毛里求斯和贝宁设立了中国文化中心，但由于种种原因中国海外文化中心建设没能继续进行下去。进入21世纪后，随着中国综合国力与国际地位的日益提高，汉语的国际推广被重新提上日程，2002年底巴黎中国文化中心成立，2004年中国开始在海外设立孔子学院。此后，孔子学院（课堂）开始走向世界各地，与海外中国文化中心及海外华文教育一起成为推动汉语走向世界的重要渠道。

截止到2011年底，共有50多万人注册为孔子学院（课堂）的学员，还有76个国家的400多个机构焦急地等待与中国合办孔子学院（课堂）。② 而孔子学院（课堂）2010年一年开办的各类汉语教学班就达18000多班次，举办各种文化活动10000多场，参加人数超过500万。③ 同时，电视孔子学院、网络孔子学院的开通和成功运作，也进一步拓宽了汉语的国际推广渠道。目前，网络孔子学院已开通了英、法、德、俄、日、韩、西、阿、泰九个语种的《学习中心》，并不断开展丰富多彩的大赛及专题活动，网络孔子学院的吸引

---

① 《孔子学院：向世界的一声问候》，载《光明日报》，2012年1月5日。
② 《孔子学院：向世界的一声问候》，载《光明日报》，2012年1月5日。
③ 《国家汉办暨孔子学院总部2010年度报告》，载国家汉办暨孔子学院总部网站[2012-02-24]，http://www.hanban.edu.cn/.

力在不断上升,网站注册用户已达10万余人。孔子学院有力地推动了世界范围"汉语热"的持续升温,已有35个国家和地区将汉语教学纳入本国国民教育体系。在美国,2010年公立学校开设汉语课的大、中、小学超过5000所,学汉语人数达20万。在英国,5200多所中小学开设汉语课。在法国,中小学学汉语人数连年以40%的速度增长。在德国,学汉语人数在5年内增长了10倍。① 目前,遍及五大洲的孔子学院(课堂)已经成为推动汉语国际化的重要渠道,为中华文化的传播和中国文化软实力的塑造提供了重要保障。

(二)孔子学院成为推动中华文化走向世界的重要平台

国家软实力的提升在很大程度上来源于本国文化的传播程度和吸引力,一个国家文化传播越广,其潜在的软实力就可能越大。中国拥有丰富的文化资源,但中华文化的世界性传播和吸引力与西方文化大国相比还相去甚远,孔子学院的汉语教学及组织的各种文化活动为世界了解中华文化搭建了平台。

自孔子学院创立以来,各地孔子学院利用自身优势,开展了形式多样的教学和文化活动,逐步形成了各具特色的办学模式,成为各国民众学习汉语、了解中华文化的重要场所。例如,与俄罗斯、西班牙"汉语年"相配合,当地孔子学院积极组织参加在俄罗斯和西班牙的各类文化活动,共开展各类大型活动320多场,有30多万人参与到活动中来②,成为展示中华文化的一场盛会。2011年各国孔子学院在中外节庆、社区重大活动期间举办中医、武术、书法、茶艺、戏剧、舞蹈等富有中华传统的文化活动1.3万场次,受众达722万人。③ 结合中国传统特色文化而建立的诸如"中医孔子学院"、"戏曲孔子学院"等专项孔子学院,使国外公众在学习汉语的同时也了解和喜欢上了中国的传统艺术和文化。而"商务孔子学院"的设立不仅增进了外国企业界对中国的了解,同时也在一定程度上满足了各国企业界对中文雇员的需求。英国中小企业联合会2011年的调查显示,英国企业界对掌握中文的雇员的需求

---

① 《孔子学院:向世界的一声问候》,载《光明日报》,2012年1月5日。
② 《国家汉办暨孔子学院总部2010年度报告》,载国家汉办暨孔子学院总部网站[2012-02-24],http://www.hanban.edu.cn/。
③ 《孔子学院:向世界的一声问候》,载《光明日报》,2012年1月5日。

急速上涨,到 2010 年已经仅次于对法语雇员的需求。① 孔子学院越来越成为世界各国人民学习汉语和了解中华文化的园地。

(三) 孔子学院成为沟通中国与世界的桥梁

相较于文艺巡演、文化展示等文化信息、文化产品的输出与推介,面对面的文化交流仍然是发展人际关系最有效的手段,而在海外建立文化基地,让越来越多的中国人、中华文化"走进他国民众",就成为建立中外人际关系的重要手段和必要之举。遍及全球的孔子学院为中外人际交往提供了多方位交流的平台,成为沟通中国与世界的桥梁。

2010 年中国共派出孔子学院中方院长和教师 2049 人②,到 2011 年底,中国海外汉语教师和志愿者已经达到 1 万多名,而且这个数字还在不断扩大。他们在与他国公众面对面的交流中,良好的人际关系逐渐建立起来。英国最年轻的议员韦鸣恩指出:"中英关系在过去几年间有很大进展,但我仍然认为在中英两国之间存在着一个理解上的鸿沟,而孔子学院正在帮助我们弥合语言、文化和历史鸿沟。"③ 诚如中国驻美国大使张业遂所言,孔子学院(课堂)深入社会,以其独特的参与性、互动性和广泛性,为中国与西方民众交往提供了重要的渠道。④ 同时,越来越多的孔子学院的教师和志愿者在与外国民众的广泛接触过程中,也真切地认识到中外文化差异和话语体系的不同,逐步学会了如何与外国人打交道。孔子学院为中国培养了一支拥有国际视野、世界情怀、爱国主义情怀的新型队伍,这些"新时代的传道人"对于中国与西方的沟通与交流将起着重要的引领和表率作用。

一、中国文化外交模式建构中存在的一些问题

进入 21 世纪以来,中国的文化外交尤其是孔子学院所倡导的文化交流方

---

① 《孔子学院:向世界的一声问候》,载《光明日报》,2012 年 1 月 5 日。
② 《国家汉办暨孔子学院总部 2010 年度报告》,载国家汉办暨孔子学院总部网站 [2012 - 02 - 24],http://www.hanban.edu.cn/.
③ 《孔子学院:向世界的一声问候》,载《光明日报》,2012 年 1 月 5 日。
④ 《孔子学院:向世界的一声问候》,载《光明日报》,2012 年 1 月 5 日。

式取得了巨大成就，但是相较于西方大国而言，中国的文化外交还处于初级阶段，中国的文化软实力还没有很好地发挥出来。

（一）孔子学院总体布局有待优化

地理平衡标准是文化外交战略布局中的重要问题之一。面对大大小小 200 多个国家和地区，鉴于中国的实力及对文化外交的投入，中国的文化外交不可能面面俱到，也不能平均用力，只能在总体覆盖的基础上有重点的开展文化外交活动。目前，就孔子学院的地域布局来看，基本已覆盖了全球五大洲，囊括了世界整体格局中"东西"、"南北"国家。但是在分布的均匀度和合理性上还有所欠缺，主要表现在所建立的孔子学院（课堂）过于集中在西方发达国家，北半球孔子学院的布局密度较大，而东方文化圈和南半球欠发达国家孔子学院的数量很少。截止到 2010 年底，美洲 13 国建立孔子学院（课堂）343 所（其中美国 287 所），欧洲 187 所（其中英国 70 所），而非洲 19 国仅有 26 所，其中南非建立孔子学院（课堂）最多，但也仅仅 4 所。[①]

未来孔子学院的设立应该与各大洲、各国的整体布局相符合，过于集中和过于分散都不利于孔子学院传播中国文化、沟通世界任务的完成。当然，目前孔子学院这种布局的形成跟孔子学院设立的模式有关——汉办是在接到他国相关机构申请的基础上才考虑与他国相关机构合办孔子学院（课堂），而不是孔子学院的主动出击。因此，未来孔子学院应采取多种办学方式，比如主动为发展中国家尤其是落后的亚非拉友好国家提供设立孔子学院的机会，当然这可能需要中国投入更大的资金及人力，而不仅仅是担负教师的工资及培训费用的问题。但是相对于在发达国家设立孔子学院，其"收益"可能也会更大——不仅是汉语的推广和文化交流的问题，可能更重要的是认同、支持抑或追随的问题，这对于正在走向世界大国的中国来说既是必要的也是必须的。

（二）孔子学院办学形式及内容应多样化发展

文化外交模式不是一成不变的，要根据不同的需要不断调整文化外交的

---

① 《国家汉办暨孔子学院总部 2010 年度报告》，载国家汉办暨孔子学院总部网站 [2012 - 02 - 24]，http://www.hanban.edu.cn/.

内容与形式。随着全球信息沟通的便捷和公众对文化需求的不同,文化外交的内容和方式的多样化是必然的趋势。前歌德学院中国区总院长阿克曼曾指出,对外文化交流从低到高有三个层次的目标:第一个层次的目标是改善国家形象,第二个层次的目标是增强国家软实力,第三个层次的目标是发展相互理解。① 孔子学院在实现中国对外文化交流的前两个层次的目标上是比较成功的,早在 2006 年,美国《纽约时报》就曾刊文指出,"中国正在用汉语文化来创建一个更加温暖和更加积极的中国社会形象。"② 新加坡《联合早报》也刊文指出,"孔子学院的推广有助于外界了解中国,消除外界对中国和平崛起的误解。"③ 但在发展相互理解方面,孔子学院还有许多工作要做。

目前,海外孔子学院的设立主要是以国内大学与国外大学和科研机构合作为主,这种方式一方面能够保证中方在人员派出层次、交流能力等方面的优势,但在与他国普通公众接触交流层面有所欠缺。因此,未来孔子学院在设立过程中应该根据不同国家、地区的不同需求设立不同模式的孔子学院,以达到更加有效沟通的目的。比如采用类似于法语同盟的模式,由孔子学院总部授权、当地机构全权负责当地孔子学院的运作,包括人员配备、课程设置以及教学评估与监督。总之,未来孔子学院的建设应该把灵活的办学模式与各地孔子学院的办学思维模式以及实际运作情况结合起来,而且要以合作型办学模式为主,争取更广泛的民间参与,而不仅仅限于大学和科研院所之间的合作。

(三) 国家汉办暨孔子学院总部职能及机制有待改进

作为孔子学院的管理和指导机构,国家汉办暨孔子学院总部在海外孔子学院的设立、管理和监督方面都发挥着重要的作用,其职能的发挥决定着孔子学院的发展规模及发展前景。目前,国家汉办暨孔子学院总部在运行过程

---

① 《中华文化"走出去"需要学习国际经验》,载凤凰网文化,[2011 - 12 - 15],http://culture.ifeng.com/huodong/special/zhonghuawenhua/content - 3/detail_ 2011_ 11/05/10440086_ 0.shtml。

② Howard W. French, Another Chinese Export Is All the Rage: China's Language [N]. *New York Times*, 2006 - 1 - 11.

③ 《孔子学院:给世界一个温暖积极的中国》,载《光明日报》,2007 年 4 月 10 日。

中还有诸多问题,其职能和权限有待加强。首先,国家汉办暨孔子学院总部的官方色彩仍然比较醒目,容易在他国民众中造成"不信任感",甚至成为某些国家抹黑中国的砝码。例如,今年3月,美国国会众议员罗尔巴克尔就曾指责中国通过私营媒体和公共教育"进行宣传";5月,美国又以审查孔子学院学术资质为由要求部分孔子学院教师限期离境。因此,鉴于中国与西方国家之间意识形态的隔阂及文化思维方式的差异,孔子学院的建设应淡化官方色彩,避免被贴上"输出共产主义"甚或"文化殖民"的标签。进一步明确孔子学院总部的非政府组织性质,让政府(国家汉办)"缩在"后面起指导和调控的作用,把孔子学院总部真正推向前台,扩大其职权,发挥其运作的灵活性,使海外孔子学院真正成为推动中华文化走向世界的重要平台。

其次,国家汉办暨孔子学院总部面临经费不足的问题。2010年国家汉办对各国孔子学院重要项目支出共计约1.38亿美元①,还不及法国2002年对外文化交流总经费的十分之一(13.5亿欧元)。资金投入不足严重制约了孔子学院的发展,而经费问题仅仅靠政府解决也是不现实的。未来孔子学院的发展可以借鉴诸如肯尼迪文化中心的经验,建立一个广泛吸收社会资金、政府资助为辅的资金来源链条。中国拥有大量资产丰厚的富豪和企业家,他们中的很多人还是很热衷于公益事业的,而大量的社会资金的涌入不仅可以解决孔子学院办学的经费不足问题,而且可以改善孔子学院的"官办"形象,使孔子学院更加"公众化",也更有利于孔子学院的海外运作,真正实现从政府支持变成政府、大学、社会三方来共同兴办孔子学院的机制。

(四) 对外汉语教师、志愿者短缺现象亟待改善

对外汉语教师的匮乏已经成为制约孔子学院迅速发展的瓶颈。从2004年以来,中国国家汉办已经向海外孔子学院派出了1万多名汉语教师志愿者,但这还远远不能满足海外汉语学习对教师的需求。例如我们的邻国泰国,当地1600多所学校开设汉语课程,共有60多万人在学习汉语,国家汉办在泰国设立了12所孔子学院和11个孔子课堂,而2010年中国在泰国任教的教师

---

① 《国家汉办暨孔子学院总部2010年度报告》,载国家汉办暨孔子学院总部网站[2012-02-24], http://www.hanban.edu.cn/.

志愿者仅为1214人。①

近年来,国家汉办不断增加汉语教师和教授汉语的志愿者的培训和招募,仅2010年中国就向110个国家和地区增派汉语教师和志愿者6000多人,② 但这一数字离各国对汉语教师的需求还相去甚远。因此,不断加大对外汉语教师、志愿者的培训,培养一大批既能熟练掌握汉语教学技巧又能够熟练运用外国语、熟悉他国文化及历史传统的人才,是关乎孔子学院未来能否长久发展的大事。当然,仅靠国家汉办的人力、财力难以独自承担培养如此之多的对外汉语教师和志愿者的重任。因此,我们不妨从高校的教育改革入手,加强高校对汉语和外国语的教学。试想如果将来我们的学生大学毕业后都能够自如地用自己学习的外语和外国朋友交流,用自己的母语进行汉语的传授与教学,那么中国文化的力量就要上升一大截,中国文化的软实力功能将更加显现。

总之,孔子学院通过汉语教学和文化交流活动,推动了中华文化的世界性传播,提升了中国的软实力。但同时,我们也应该清醒地意识到,与英语、法语等世界性语言相比,汉语的世界使用率还处于比较低的水平。除中国外,全球学习汉语的人不过几千万,汉语在短时间内还难以获得国际信息社会的"话语权",孔子学院的汉语国际推广之路任重而道远。

(载《当代世界》2012年第11期)

---

① 《中国在泰汉语教师志愿者创1214人新高》,载中国新闻网 [2012-03-20],http://www.chinanews.com/hr/news/2010/06-14/2344820.shtml.

② 《国家汉办暨孔子学院总部2010年度报告》,载国家汉办暨孔子学院总部网站 [2012-02-24],http://www.hanban.edu.cn/.

冷战后中国对世界多极化的认识与对策

李华锋

摘 要：冷战结束后，随着世界主要力量实力的变化和战略关系的调整，中国对世界多极化发展态势的认识不断嬗变。而冷战后世界多极化固有的内在属性又使中国对世界多极化的认识呈现出一些不变的特质。面对世界多极化的历史必然性与积极作用，结合影响世界多极化发展的变量，中国不仅高度重视推动世界多极化进程，而且确立了适宜的目标、方式与重点，取得良好的效果。

关键词：冷战后时期；中国；世界多极化；认识；对策

世界多极化是冷战后国际格局变化的重要特征。冷战结束二十年来，中国对世界多极化的认识既有变化之处，又有不变特质。在此基础上，中国确立了顺应世界多极化的对策。深入考察冷战后中国对世界多极化的认识与对策，对于理解冷战后中国的外交战略，促进世界的和谐稳定具有重要的价值。

一、冷战后中国对世界多极化认识的逐步嬗变

20世纪80年代末，随着苏联和东欧的动乱与剧变，中国开始认识到存在四十多年的两极格局正在走向终结，世界正在向多极格局的方向发展。邓小平在1990年初就敏锐地指出："世界格局将来是三极也好，四极也好，五极也好，苏联总还是多极中的一个……所谓多极，中国算一极。中国不要贬低

自己，怎么样也算一极。"① 不过由于当时旧的格局还没有结束，新的格局还没有形成，对世界格局的转变情况还有待继续观察，邓小平并没有明确地提出"世界多极化"说法，也没有提出从两极向多极转变是一个长期的历史过程。

1991年苏联解体后，国际社会无论是主要力量对比还是国际战略态势都发生巨大的变化。从力量对比看，新独立的俄罗斯的综合国力无论是与美国相比，还是与原苏联相比都相差甚远，特别是在最为重要的经济领域滑落到世界大国的末位；美国虽然与苏联对抗中笑到最后，但其付出了巨大的代价，其综合优势一直在渐趋缩小；而欧盟、日本与中国的综合国力显著增强。从战略态势看，原来界限分明的大国关系因苏联的解体和俄罗斯的西化而进入一个需要重新审视与定位的阶段，开始变得飘忽不定，充满起伏。正因为此，在冷战结束后初期，中国在1992年的《政府工作报告》和十四大报告中先后明确提出"世界旧的格局已经终结，新的格局尚未形成，正朝着多极化方向发展"②和"新格局的形成将是长期的、复杂的过程"③等论断。

进入20世纪90年代中期，随着美国克林顿政府政策的内向化，把发展经济，实现经济安全作为对外政策的首要支柱，世界大国关系伙伴化和不意识形态化的深入发展以及中国为代表的发展中国家实力的增强，中国对世界多极化进程的发展明显乐观。如1994年、1996年和1998年的《政府工作报告》分别指出，"世界格局多极化的趋势明显增强"④、"世界加快向多极化发展，新的格局日渐明朗"⑤ 和 "多极化的发展趋势日益明显"⑥。与此同时，为了进一步证明世界多极化发展的加速，中国对世界多极化的表现也进行了

---

① 《邓小平文选》第3卷，人民出版社1993年版，第353页。
② 李鹏：《1992年政府工作报告》，载http://www.gov.cn/test/2006-02/16/content_200922.htm。
③ 《江泽民文选》第1卷，人民出版社2006年版，第241页。
④ 李鹏：《1994年政府工作报告》，载http://www.gov.cn/test/2006-02/16/content_201101.htm。
⑤ 李鹏：《1996年政府工作报告》，载http://www.gov.cn/test/2006-02/16/content_201115.htm。
⑥ 李鹏：《1998年政府工作报告》，载http://www.gov.cn/test/2006-02/16/content_201129.htm。

阐述。如1997年的十五大报告指出，"多极化趋势在全球或地区范围内，在政治、经济等领域都有新的发展，世界上各种力量出现新的分化和组合。大国之间的关系经历着重大而又深刻的调整。各种区域性、洲际性的合作组织空前活跃。广大发展中国家的总体实力在增强。"①

到了世纪之交，国际形势和力量对比又发生深刻的变化。美国经过数年的经济高速发展，率先进入"新经济"时代，扭转了20世纪90年代初期的衰退局面，其综合国力优势更为明显。为了在新世纪继续实现霸权护持，其谋划单极世界的霸权主义和强权政治行径明显肆虐，先后发动科索沃战争、阿富汗战争和伊拉克战争三场不对称的局部性战争。俄罗斯深受经济衰退和国内动荡之苦，还没有从转轨的阵痛中走出。日本经济长期陷入停滞状态，早期寻求独立自主的外交尝试重新为依赖美国、借重美国的"搭便车"战略所取代，美日之间的军事同盟关系进一步强化。而东亚和拉美的发展中国家，尤其是像印尼、巴西、阿根廷、韩国等发展中大国遭受经济与金融危机的袭击，不是陷入政治动荡，就是经济严重倒退，在国际社会的影响与作用有所减弱。中国虽然此时政治经济稳定，综合国力不断提升，但国际社会的这些变化，加之美国在袭击中国驻南斯拉夫大使馆、中美军机南海相撞等问题上对中国主权和安全的严重侵犯和伤害，使中国深刻感受到世界多极化的进程并非一蹴而就，一帆风顺，而是充满激烈的较量，开始再次强调世界多极化进程的长期性与曲折性。如在1999年美国袭击中国驻南使馆事件发生后不久，中国就先后指出，"多极化格局的形成需要经历相当长的时期，其间会充满各种政治力量之间的激烈斗争"②，"多极化格局的最终形成将是一个充满复杂斗争的长期过程"③。此后数年中国无论在对内还是对外场合，只要阐述国际形势，就一直坚持"世界多极化趋势在曲折中发展"④这种明显审慎的观点。

---

① 《江泽民文选》第2卷，人民出版社2006年版，第39页。
② 《江泽民论有中国特色社会主义（专题摘编）》，中央文献出版社2002年版，第515页。
③ 《江泽民论有中国特色社会主义（专题摘编）》，中央文献出版社2002年版，第516页。
④ 《江泽民文选》第3卷，人民出版社2006年版，第138页。

2005年以后，国际形势又开始出现对建立多极格局的有利状况。俄罗斯在普京的领导下，不仅实现了国家局势的稳定，而且实现经济的快速发展，扭转了20世纪90年代的衰退局面。欧盟通过签署《里斯本条约》，一体化进程取得重大突破，在国际社会中的地位与作用愈加明显。一些发展中大国回到正常发展的轨道，发展中国家整体力量增强。中国经济经过连续十多年的高速增长，已经进入世界经济强国前列，国际影响力更为突出。而美国随着"新经济"的破灭，经济已经数年陷入低速增长之中，2008年爆发的金融危机使经济形势更为恶化。时至今日，虽然形势明显好转，但并没有彻底从危机中走出，仍有许多不稳定因素，国际治理与管理能力出现诸多削弱的表现。在这种背景下，中国对世界多极化的判断再次趋于乐观。如2006年、2008年和2011年发表的《中国国防白皮书》先后指出，"世界格局处于向多极化过渡的重要时期，国际战略力量对比严重失衡的局面有望改善"①，"世界多极化深入发展"② 和 "世界多极化前景更加明朗"③。

二、冷战后中国对世界多极化认识的不变特质

虽然中国对冷战后世界多极化发展态势的认识不断变化，呈现出一条"中性—乐观—谨慎—乐观"的轨迹，但由于当今世界的多极化本身具有诸多内在的属性，使中国对世界多极化的认识也任凭国际风云变幻，呈现出一些不变的特质。

第一，世界多极化作为历史发展的趋势不变。虽然冷战后世界多极化的发展进程充满曲折，但中国对世界多极化发展总的定位不变，即把世界多极化与经济全球化一道作为不以个别人或国家主观意志而转移的时代发展趋势。因此，中国在阐述"世界多极化"时，总是把其与"趋势"连在一起，把其

---

① 中华人民共和国国务院新闻办公室：《2006年中国的国防》，载http://www.gov.cn/zwgk/2006-12/29/content_486759.htm.
② 中华人民共和国国务院新闻办公室：《2008年中国的国防》，载http://www.gov.cn/test/2009-01/21/content_1211037.htm.
③ 中华人民共和国国务院新闻办公室：《2010年中国的国防》，载《人民日报》，2011年4月1日。

提升到当今时代发展客观规律的高度。如江泽民在 1997 年访问俄罗斯时指出，多极化趋势"已成为不可阻挡的历史潮流"[1]；在 1999 年"上海五国"机制元首会晤时指出，"世界格局走向多极化的进程虽然曲折复杂，但这一发展趋势不可阻挡"[2]；同年又在中央经济工作会议上指出，多极化"这一历史方向不可逆转"[3]；2000 年在会见德国副总理菲舍尔时指出，"世界多极化的发展是不以人们意志为转移的"[4]；2002 年的《政府工作报告》指出，"世界多极化发展趋势并未改变"[5]；2003 年胡锦涛和普京签署的《中俄联合声明》指出，"世界多极化乃大势所趋"[6]；2005 年中俄两国发表的《关于二十一世纪国际秩序的联合声明》指出，多极化是"当前人类发展阶段的重要趋势"[7]。2007 年的十七大报告指出，"世界多极化不可逆转"[8]。

无论是从历史的角度还是冷战后的现实看，中国关于世界多极化系当今时代发展趋势的认识都是正确的。从历史角度看，从现代国际关系产生以来，世界出现过多极格局与两极格局，还从来没有出现过单极格局。尽管有些西方学者称近代社会以来出现过"大不列颠治下的和平"和"美利坚治下的和平"。但实际上英国和美国并没有主宰世界，甚至连大国长期争夺的欧洲都不能主宰。德国在 20 世纪两次企图称霸世界，也均告失败。从冷战后的国际现实看，美国独大的优势虽然明显，但世界并不是一个单极世界。美国在许多事务中需要其他国家的支持，受到其他大国的掣肘，并不能肆无忌惮地为所欲为。不要说中国、俄罗斯实施独立的外交政策，不会屈服于美国的压力，

---

[1] 《江泽民论有中国特色社会主义（专题摘编）》，中央文献出版社 2002 年版，第 513 页。

[2] 《江泽民文选》第 2 卷，人民出版社 2006 年版，第 401 页。

[3] 《江泽民论有中国特色社会主义（专题摘编）》，中央文献出版社 2002 年版，第 516 页。

[4] 《江泽民会见德国副总理兼外长菲舍尔》，载《人民日报》，2000 年 12 月 13 日。

[5] 朱镕基：《2002 年政府工作报告》，载 http://www.gov.cn/test/2006-02/16/content_201164.htm.

[6] 《中华人民共和国和俄罗斯联邦联合声明》，载《人民日报》，2003 年 5 月 29 日。

[7] 《中华人民共和国和俄罗斯联邦关于二十一世纪国际秩序的联合声明》，载《人民日报》，2005 年 7 月 2 日。

[8] 胡锦涛：《高举中国特色社会主义伟大旗帜，为夺取全面建设小康社会新胜利而奋斗》，载《人民日报》，2007 年 10 月 25 日。

听任美国的左右，就连美国传统盟友法、德等国也不时与美国产生尖锐的矛盾。冷战结束后，发展中国家地位总体上升，西方国家召开首脑会议时同时召开发达国家与发展中国家对话会议，发展中国家代表不断增加。近些年来，由发达国家和新兴大国组成的二十国集团在国际事务中的作用日益突出，成为加强全球治理，共商世界大事的主要平台。这些都表明单极化是美国的主观战略，多极化是历史发展的客观趋势。

第二，世界多极化对国际社会的影响不变。由于世界多极化与经济全球化均为当今国际社会的主要特点，二者又有着密切的联系，中国论述世界多极化常常与经济全球化放在一起。但与强调经济全球化是一柄双刃剑，具有鲜明的两重效应相比，中国对世界多极化的影响则持积极肯定的态度。中国之所以从正面理解冷战后的世界多极化趋势，关键是它有利于国际社会的和平与稳定，有利于国际关系的民主化进程。对此，中国在冷战后多次用不同的话语，表达相同的认知。如1997年党的十五大报告指出，"多极化趋势的发展有利于世界的和平、稳定和繁荣"①；1999年江泽民在地方考察时指出，"多极化趋势，反映了国际关系的深刻变化和历史的发展，有利于削弱和抑制霸权主义、强权政治，有利于推动建立公正合理的国际政治经济新秩序"②；2000年江泽民在联合国千年首脑会议上指出，"国际格局走向多极化，是时代进步的要求，符合各国人民的利益，有利于世界和平与安全"③；2002年江泽民访问德国时指出，"致力于建立一个多极世界，符合世界发展的客观规律，有利于体现各国和各国人民的共同意愿与利益，有利于推动建立公正合理的国际政治经济新秩序，有利于促进世界政治经济文化的协调平衡发展"④。

需要特别指出的是，在近现代国际关系上，欧美大国形成的世界格局也多是多极格局，中国对其历史作用主要持批评的态度。为什么同为多极格局，中国的认识却截然相反呢？主要在于中国认为世界近现代史上的多极格局与冷战后世界多极化发展后形成的多极格局有着主体、性质和作用上的根本性

---

① 《江泽民文选》第2卷，人民出版社2006年版，第39页。
② 《江泽民论有中国特色社会主义（专题摘编）》，中央文献出版社2002年版，第515页。
③ 《江泽民文选》第3卷，人民出版社2006年版，第108页。
④ 《江泽民文选》第3卷，人民出版社2006年版，第473页。

区别。世界近现代史中的多极格局的主体都是西方大国,他们不仅对世界中小国家进行欺辱,而且相互之间争夺,造成世界局势的紧张。即使实现暂时的和平,也是一种没有安全感的冷和平。而在当今世界多极化趋向的多极世界中,广大发展中国家是重要组成部分,是世界民主与和平力量的壮大,对国际社会起着积极的作用。因此,中国多次强调,虽然两个时期的多极格局,在一定程度上都是利用物理学中的相互制衡原理实现和平,但冷战后世界多极化发展的结果,必然"不同于历史上大国争霸、瓜分势力范围的局面"①。

第三,世界多极化的主要影响因素不变。世界多极化是指世界格局逐步向多极格局转变的过程。由于世界格局既是一种力量对比,又是一种战略态势对比。因此,无论世界多极化如何变化,其内在的主要影响因素是不变的。一个是综合国力,即实力的变化,另一个是主要力量之间战略关系的变化。这些从冷战后世界多极化的嬗变轨迹可以清晰地看出。在这两个因素中,综合国力是基础,是自身因素,决定着世界格局的基本面貌。没有强大的综合国力,一国不可能成为国际社会的重要力量;没有多个国家的群体性崛起,国际社会也不可能形成多极格局。之所以说冷战时期是两极格局,19世纪是多极格局,其基本含义就是当时的国际社会分别存在两个和多个力量中心。也正因为此,中国在阐述多极化时,总是从综合的角度说"世界多极化",而没有采用学术界有时运用的"政治多极化"提法。

当然,如果不把国家置于国际社会互动之中,孤立、静态地看待综合国力和世界格局是没有意义的,因为任何国家都处于动态变化的国际社会,只有通过国际行为才能体现出世界格局的影响。由于任何国家都想最大化地把自身的实力转变为能力,在实力不变的前提下在国际社会中发挥尽可能大的作用,于是国家之间的战略关系非常重要,其调整变化成为影响世界格局变化的另一重要变量,对国际社会会产生巨大的影响。冷战时期的两极格局能够对世界的和平与安全产生深远作用,不仅在于存在两个超级大国,更在于两个超级大国领导两大阵营长期对抗。因此,冷战后主要力量之间的分化与组合,不仅影响着国际社会的基本状态,而且决定着世界多极化的现状与走势,引起各国的高度重视。正是在这一意义上,中国在阐述世界多极化发展

---

① 《江泽民文选》第3卷,人民出版社2006年版,第108页。

根源时，总是既出现类似"国际战略力量消长变化"①的话语，又出现类似"大国关系出现新的深刻调整"的话语。②

三、冷战后中国顺应世界多极化的对策

面对冷战后世界多极化的历史必然性和积极作用，结合影响世界多极化发展的主要变量，中国确立了顺应和推动世界多极化的对策，主要表现在以下四个方面。

首先，高度重视推动世界多极化进程。"顺势者昌，逆势者亡"。由于世界多极化不仅是不可逆转的历史趋势，而且其发展进程会受到各种主观因素的影响，中国在冷战后高度重视推进世界多极化进程，争取早日形成一个和平、和谐的多极世界。于是，冷战后二十年，中国在多种场合极力表达将致力于推动世界多极化的决心。如江泽民在2001年新年贺词中表示，中国愿意"与世界上一切爱好和平的国家一道，为促进世界多极化，建立和平稳定、公正合理的国际政治经济新秩序而努力奋斗。"③ 在2002年的十六大报告中表示，中国"愿与国际社会共同努力，积极促进世界多极化，推动多种力量和谐并存，保持国际社会的稳定"。④ 温家宝在2004年和2005年的《政府工作报告》中先后表示，中国要"坚持促进世界多极化"⑤ 和"将继续推动世界多极化"⑥。在实践中，中国坚决反对某些国家谋求主宰世界，建立单极世界，威胁世界和平与稳定的行径，强调通过加强国家之间的沟通与合作，推动世界多极化的进程。

---

① 中华人民共和国国务院新闻办公室：《2008年中国的国防》，载http：//www.gov.cn/test/2009-01/21/content_1211037.htm.
② 中华人民共和国国务院新闻办公室：《2004年中国的国防》，载http：//www.gov.cn/zwgk/2005-05/27/content_1540.htm.
③ 江泽民：《共同创造美好的新世纪》，载《人民日报》，2001年1月1日。
④ 《江泽民文选》第3卷，人民出版社2006年版，第566页。
⑤ 温家宝：《2004年政府工作报告》，载http：//www.gov.cn/test/2006-02/16/content_201193.htm.
⑥ 温家宝：《2005年政府工作报告》，载http：//www.gov.cn/test/2006-02/16/content_201218.htm.

其次，把促进国际关系民主化作为根本目标。冷战后中国明确指出"外交政策的宗旨是维护世界和平，促进共同发展"，世界多极化战略的目标自然也服从于这一宗旨。中国把推动世界多极化作为实现外交宗旨的手段，主要与当今国际现实有关。在当前国际社会，法理主义还不能完全有效阻止某些霸权主义行径，需要借助于在全球或地区舞台上出现多个均衡力量中心，从而扩大各国的外交回旋余地，使个别国家的实力政策的运用受到制约，从而维护国际社会的多样性和平等性。因此，中国追求的世界多极化"并非针对特定国家，而是世界各种力量在平等互利的基础上，加强协调和对话，不搞对抗，共同维护世界的和平、稳定与发展"①。其目的是"推动世界各国各地区平等竞争、互利合作、和平共处、共同繁荣"②。它并不损害各国的正当利益，只是在一定程度上牵制了它们的霸权主义与强权政治行径。显然，中国的世界多极化追求是与实现国际关系民主化，保持国际社会多样性，建设一个民主和睦、公正包容的和谐世界有着密切的联系。换言之，推进世界多极化是国际关系民主化的必要手段，国际关系民主化是推进世界多极化的必然结果。正因为此，中国关于世界多极化的论述常常与国际关系民主化连在一起。如2011年胡锦涛访问俄罗斯时表示，中国将继续"坚持不懈致力于推动世界多极化和国际关系民主化"。③

再次，把增强综合国力和构建伙伴关系作为基本方式。由于国家实力和国际战略关系是影响世界多极化的主要变量，中国在推进世界多极化的基本方式上也是注重在这两个方面内外兼修。对内就是重视综合国力的提高，夯实自身在国际社会立足的根基，强调"依靠自身力量和改革创新实现发展，以自身的发展促进世界的和平与发展"④。当然，中国也认识到，在一个全球化的世界，中国不可能孤立于国际社会之外，中国的发展离不开世界。但中国对外交流与合作的基本方式不是以大欺小，而是按照平等互利的原则发展

---

① 《江泽民文选》第3卷，人民出版社2006年版，第473—474页。
② 《江泽民论有中国特色社会主义（专题摘编）》，中央文献出版社2002年版，第526页。
③ 《胡锦涛同梅德韦杰夫会谈》，载《人民日报》，2011年6月17日。
④ 中华人民共和国国务院新闻办公室：《中国的和平发展道路》，载《人民日报》，2005年12月23日。

双边关系，在公平竞争与合作中实现综合国力的提高。在对外构建有利于多极化的战略关系方面，中国强调通过伙伴外交实践争取更多支持世界多极化的力量，争取形成相对均衡稳定的战略态势。这种伙伴外交实践以公认的国际关系准则为基础，以不结盟、不对抗、不针对第三国为准则，以各国保持独立自主为鲜明特征，以各国通过相互合作，实现增信释疑、扩大共识、共同发展为目标。这种均衡稳定的战略态势以大国尊重小国，强国扶持弱国，富国帮助穷国，不寻求共同主宰世界，不单独追逐全球或地区霸权为特点，从而不陷入历史上已有争霸与护霸模式的大国战略关系的窠臼。

最后，把发展中国家、欧盟国家和俄罗斯作为外交重点。冷战结束后，美国极力构筑单极世界，维护霸权领导地位，宣扬"多极不稳定论"；欧盟国家整合程度明显提高，要求摆脱美国控制，在国际舞台上发挥更大作用的呼声日益高涨；俄罗斯虽然极力地融入西方社会，但并没有得到公正的待遇，仍然不断受到美国的打压；广大的发展中国家在不公正不合理国际政治经济秩序的作用下，始终不能得到应有的全部权力和利益。这决定着中国虽然愿与世界一切力量共同推动世界多极化的进程，但实际上开展世界多极化外交必须有重点。重点就是加强和重视与发展中国家、欧盟国家和俄罗斯的交流与沟通，增加双方在国际问题上的共识，协调双方在国际事务中的立场。只有这样，才能使中国的世界多极化外交稳步推进，富有成效。因此，中国经常在会见发展中国家、欧盟国家和俄罗斯领导人时讨论世界多极化，强调"广大发展中国家和不结盟运动是促进世界多极化、建立国际新秩序的重要力量"[1]，"中印作为发展中大国，在促进世界多极化和国际关系民主化等重大国际问题上拥有广泛的共同利益"[2]，"欧盟的发展有利于促进世界的多极化和推动国际政治经济新秩序的建立"[3]，"中俄两国……在推动世界多极化进程和建立公正合理的国际新秩序上负有共同的责任"[4]。在国际事务中，中国一贯主张优先考虑和保障发展中国家的要求和利益。中国的这些看法和建议

---

[1]《中俄关于世界多极化和建立国际新秩序的联合声明》，载《人民日报》，1997年4月24日。

[2] 胡锦涛：《携手拓展合作，共创美好未来》，载《人民日报》，2006年11月23日。

[3]《江泽民会见希拉克和普罗迪》，载《人民日报》，2000年10月24日。

[4]《江泽民主席致电祝贺普京就任俄罗斯总统》，载《人民日报》，2000年5月8日。

也得到对方的积极回应,纷纷表示愿与中国本着伙伴关系的精神,努力推动世界多极化的发展。

四、结语

冷战后二十年的国际风云变化和中国外交实践表明,中国对世界多极化的认识是正确的和深刻的,应对世界多极化的态度与举措是适宜的和得力的。继续密切关注世界多极化的走势,积极推动世界多极化的发展进程,必将既有助于推动中国的快速和平崛起,也有助于构建一个和谐的世界。

(载《长春师范学院学报》2012年第1期)

影响德才兼备用人标准落实的制度困境及其归因

于学强

摘 要：德才兼备用人标准能否得到贯彻和落实，最终取决于制度、制度的配套与制度执行力。只有从系统论的视角来完善制度体系以增强其有效性，才能最终规避制度异化或钻制度空档的行为。德才兼备用人标准的实现制度主要体现为干部的选用制度、考察制度、监督制度、交流制度、培育制度和退出制度六个方面。目前，以上每个方面都存在影响德才兼备用人标准落实的制度困境。改变制度条件对用人标准实现机制的制约，关键是从系统论的视角来完善各方面制度，解决好制度的执行力问题。

关键词：德才兼备；用人标准；实现机制；原因

作者简介：于学强（1973—）男，博士，山东茌平人，聊城大学廉政研究中心副教授，硕士生导师，山东大学政治学与公共管理学院博士后，主要从事中国共产党执政理论与实践研究。

德才兼备用人标准能否得到贯彻和落实，最终取决于制度、制度的配套与制度执行力。只有从系统论的视角来完善制度体系以增强其有效性，才能最终规避制度异化或钻制度空档的行为。德才兼备用人标准的实现制度主要体现为干部的选用制度、考察制度、监督制度、交流制度、培育制度和退出制度六个方面。目前，以上每个方面都存在影响德才兼备用人标准落实的制度困境。

一、选用制度模式化，民主功能待开发

注重通过建立健全制度来选用德才兼备的人，较传统以人选人有了实质性进步。但是，实践中推进制度选人也往往因强调制度化、程序化，产生将制度模式化的问题。主要体现在：其一资历模式化。干部选用时注重台阶、讲资历。比如，通常规定县委书记职位空缺由县长产生，市、县长空缺由常务副市长和常务副县长产生。所以，不出意外，干一届政府首长之后就会成为实质上的"一把手"——党委书记。其二身份模式化。干部选用时把学文的、学理的、学工的分开，把干部出身、工人出身分开，将民族干部和汉族干部分开，只重视其中的某一类，而轻视其他。其三年龄模式化。借干部年轻化之机，搞年龄"一刀切"，甚至视年轻化为青年化，简单认定不同级别的干部多少岁以上就不再提拔使用。其四学历模式化。把学历因素看得较重，根据学历高低、毕业学校的知名度等方面来选用，甚至为了选用"博士官"而违背《党政领导干部选拔任用工作条例》所规定的选用程序。很明显，模式化选人不仅违背干部任用原则，使不在组织圈定范围内的干部的积极性受到挫伤，也难以选用出真正的德才兼备之人。邓小平在反对求全责备的用人做法时，曾严厉批评过这种用人模式化现象："不要因为他们不是全才，不是党员，没有学历，没有资历，就把人家埋没了"。[①] 应当看到，实践中选用制度模式化是与民主功能有待进一步开发联系在一起的：首先，这种模式化可能与主要领导的政治偏好有关，特别是"一把手"的政治偏好。而某些个别领导之所以有此政治偏好，一个重要的原因是因为它有利于掩盖模式后面的个人因素，更像是制度选人而不是人选人。实际上，主要领导的政治偏好仍然是人治范畴，这与民主是格格不入的。其次，这种模式化与实践中盲目追求所谓的程序合法性有关。选用干部确实需要完整的程序，但是按照程序办事不能不考虑程序设计的普适性、针对性与科学性。比如，一些地方在公开选拔任用干部时，不考虑竞争程序设计是否科学，不重视干部的平时表现和

---

① 《邓小平文选》第 3 卷，人民出版社 1993 年版，第 109 页。

群众意见，只是按既定程序进行选用，从而导致一些平时对工作不放在心上、敷衍了事，专注于钻研选拔考试考什么和怎么考的人，轻轻松松就通过了竞争。这种情况既违背竞争择优的初衷，更难以达到选优目的，难以产生德才兼备的优秀干部。所以，不进一步开发选用干部过程中的民主功能，特别是不改变选用主体单一化问题，就无以改变选用制度模式化，也就无以选出德才兼备的干部。另外，在选用干部时还存在着一个普遍问题，就是缺乏根据干部本身的性质、类型、层次来进一步细化标准。德才兼备确实是各行各业都要求的，但是不同的民族、不同的行业、不同的层级对于德与才的具体要求并不完全相同，如果不针对干部的分类正确认识德与才，也就很难选拔符合岗位需要的有用之人。

二、考察制度死板化，千人一面难避免

干部经过考察关才能应用。干部的德才素养如何，能否考察出其德才素养，取决于考察制度的科学化水平。目前，我国的考察制度存在三个主要问题：其一，我国的干部考察队伍缺乏独立建制，还没有铺开实行干部考察工作资格证书制度，考察者一般都是组织委派的临时组建的团队，其个人意志受制于部门主要负责人，有些人员也缺乏考察的基本学识与技巧，存在想反映不能反映也反映不了的情况。其二，干部考察的主要内容是工作实绩，因为它是一个干部德、能、勤、廉的综合体现和集中反映，所以，考察中容易犯一些倾向性的错误：比如重才轻德、以才补德，或以偏概全，看重干部的年龄、文凭、工作经历等指标，认为干部工作有实绩，就应该重用。不仅如此，目前有些地方还没有将重实绩与传统上重GDP完全分开，没有关注实绩的形成与实绩的质量，没有区分实绩形成中的个人与集体、历史与现实的关系；实绩质量中成本与收益、成绩与代价的关系；在实绩考察过程中，只着眼工作考察，而没有深入考察其社交圈、朋友圈、生活圈，没有将考察范围延伸到八小时之外。这种就实绩而实绩的考察进程，往往会导致"数字出官，官出数字"。其三，干部的考察方法比较生硬，但有些地方考察方法仍停留在个别谈话、听取意见、群众测评等传统方式上，针对不同级别、岗位的干部，在考察过程中还是"一锅煮"、"一刀切"。在民主测评中，由于责任制度跟

进滞后，还会出现所谓简单地以票取人，使得一些所谓的"老好人"顺利过关。同时，重周期性、任用性、封闭性和定性考察，而轻视或没有形成经常性、管理性、开放性和定量考察，也使得考察视野受到限制。另外，考察过程中强调程序是制度化进程中的必然，目前我们干部考察大致沿用"述职——民主测评——座谈了解——形成考察材料——向派出单位党组织汇报"的模式，但有些地方也因程序的重视而忽视了考察内容问题。基于以上情况，再加上考察材料撰写中还没有普及相关部门联动制度、集体研究会审制度以及考察材料一定范围内的公示制度，考察报告受制于报告形式与撰写者的影响，往往会出现"一顶帽子大家戴，一件衣服大家穿"的千人一面的情况。

三、监督制度滞后化，监管控制较疏散

落实德才兼备的用人标准，必须加强监督制度建设。当前，在我们的干部选用过程中，不少地方存在重选拔轻监管的情况，导致有些选用出来的德才兼备之人由于缺少监督而沦落了。德才兼备用人标准在实践中的误区之一——缺乏监督，主要体现在如下几个方面：其一，监督意识薄弱。一是就监督主体而言，或者缺乏监督的责任感，奉行好人主义而不愿意监督；或者畏惧监督客体自身的权势而不敢监督；或者对监督的环境缺乏信心而不想监督，最终缺乏监督的主动性。二是就监督客体而言，对于他们既有基于权力大而出现的权力监管真空，也有因其权力大而不愿接受监督的心理预期，还有因不受监督能得到好处的利益诱惑的影响，从而缺乏被监督的自觉性。其二，监督手段落后。一是基于传统组织、纪检、司法、审计等监督机构管理体制上的问题，干部监督信息网络还不够完善，干部监督信息交流渠道不畅，难以实现信息资源共享。二是基于现代网络建设的发展，适用更大范围和更大视角的监督平台建设还比较滞后，信息网络在监督方面的功能还有待进一步开发。其三，监督重点不清楚。体现在两个方面，一是就人员而言，应将监督重点放在主要领导干部身上，保证主要领导干部德才素养是保证整个班子素养的重要条件；二是就监督时段而言，应将监督定位为预防而不是惩治，所以更应放在事前与事中而不是事后；三是就监督内容而言，监督干部是否具有德才素养，是否能确保不断提升德才素养，必须紧紧围绕权、钱与色展

开。其四，监督制度不完善。一是干部监督制度体系不够完善，"软约束有余、硬约束不足"，用人行为不够规范，有德才得不到重用和"带病提拔"同时并存。二是长效约束机制缺乏，重选拔而轻管理，使用干部过程中没有充分考虑人缺乏监督可能出现变质的可能性，尚未建立廉政保证金等具有自律功能的制度，退休前强搭便车的"59岁现象"与干部年轻化进程中的"39岁现象"同时并存。三是制度设计有缺陷，制度执行力不足。在制度设计上，有的制度规定比较原则；有的制度"有守则、无罚则"。在制度执行上，缺乏监督工作协调配合机制，有的讲感情不讲原则，讲私情不讲党性；有的有章不依，有禁不止，我行我素。

四、交流制度随机化，因事择人不突出

实施干部交流制度目的是充分发挥干部的德才素养，防止用非所人，人事不相宜的情况发生。在干部交流工作中容易出现的问题是不容忽视的，如果交流制度随机化，交流方法和方式不得力，甚至会取得适得其反的效果。在实践中，交流制度确实存在一些问题：其一是实践中的干部交流有违法违宪的情况。《中国共产党章程》明确规定党的各级领导机关由选举产生，并有一定的任期年限；我国《宪法》也明确规定，各级政府行政首长由选举产生，同样也有一定的任期年限。可是，一些地方的党政主要领导，不到法定任期，即被调动、交流或轮换，严重违背了选举制和法定任期制。另一方面，由于交流干部调动频繁，致使一些干部不愿作长远打算，使一些地方工作缺乏连续性，每换一位领导就换一种思路，前后工作无法衔接。据统计，一般地方一任换一个主要领导，有的地方一任甚至要换三四个主要领导。"走马灯"式地调换往往造成干部急功近利的短期行为，难以充分发挥其德才素养。其二是实践中的干部交流"空降"方式易出现弊端。不可否认，干部采用"空降"的方式，一方面有更大的权威性，另一方面也有利于打破地方主义的关系网络。但是，"空降"人员也有自身的不足，特别是有些干部来自于上级部门，对下级或基层的工作知之不多，缺乏实际工作的经验。再加上他们来自上方，下面的群众和干部对其监督也很难跟上，最终致使其德才状况如何结合实地发挥出来存在一定的困难。同时，"空降"人员的到来，也可能压制了

地方干部的正常成长，使一部分地方干部精神懈怠、不思进取。其三是实践中干部交流难以跟进配套措施易出现腐败和浪费。有些干部将交流视为镀金，不主动地与当地干部沟通和交流致使交流干部与地方干部工作难以协调和配合；有些干部特别是党政主要领导交流到新的岗位后，往往要进行干部的调整，也使得干部队伍不稳定，甚至出现"跑官"行为；有些干部交流了，但家庭不在交流之地，成为"走读生"，一方面可能造成车接车送的很大浪费，无形中提升了工作成本；另一方面身居外地，自然也缺少了家庭监督，其生活圈和八小时之外也可能出现新的问题。所以，干部交流制度中存在的这些问题，一方面导致人事难以相宜，另一方面难以确保德才素养的发挥。另外，从体制层面来看交流渠道不畅，从思想层面来看交流动力不足，从操作层面看交流措施不全等问题也影响到干部交流的成效。①

五、培育制度传统化，资源利用不充分

"在当今科学技术飞速发展的形势下，一个人在学校所学知识只占一生所需知识的10%—20%，剩下的必须在工作中继续获得，'回归教育'、'继续教育'是保证不落伍的必然。"如果'只出不进'，时间一长，就会使下属'江郎才尽'。"② 所以，要正确认识用人与育人的辩证关系："养"是"用"的前提，只有先培养出干部，才有干部可用；用是养的归宿和目的，如果只养不用，则培养的干部就不能发挥其应有作用。目前，我国干部培育方面还比较传统，不利于实现德才兼备人才用人标准的方面有：其一，培育理念问题。今天的干部培养已经不同于传统社会，现代社会日新月异，培育干部与其说是着眼于技能，不如说是理念，培养干部尤其是培养有创新理念的干部。并且，这种创新要在不断强化培养过程中打造出来，目前我国的干部学历普遍提升，但不能因之而淡化培育问题。我们提出学习型政党建设，引入所谓

---

① 参见周洪波：《完善干部交流优化班子结构》，载《中国组织人事报》，2012年2月6日。

② 张诚业、方建文、康鑫：《领导全书·领导基础卷》，中共中央党校出版社1997年版，第557页。

"第五项修炼"的理念，从某种意义上就是克服传统培育理念中的短期行为，从大教育、大培训的战略性和基础性角度和终身教育的角度来更新培育理念。其二，培育内容问题。干部培育是为了干部工作，而干好工作不仅仅是工作技能问题，还有职业道德问题，而且有德才能确保其才能的运用与发挥。正像我们选用干部讲究德才兼备，以德为先一样，干部的培育也要将道德教育放在重要位置，将加强党性修养、理想信念教育、爱党爱国爱民教育放在技能教育之上的层面来认识和看待。同时，培育内容还要结合干部门类与层级，结合干部的需要，本着缺什么、补什么的原则来开展，要从加强知识的系统化培训向掌握重点知识、新知识培训转变，把新时期新阶段干部必须具备相关知识、必须掌握的新技能和反映当代世界发展的新知识，充实到培训内容中。其三，培育主体问题。党校和行政学院、社会主义学院是干部培育的重要阵地，也确实在干部教育中发挥着重要的和不可替代的功能。但是，因为与党校和行政院校相比，高等院校和科研院所也有自身的优势，所以，我们党把高等院校也列入干部培养和培训的重要基地。然而，目前的干部教育体制还没有完全打破教育培训机构的部门所有、地方分割的情况，对于高校和科研院所在干部培育中的功能还没有完全开发出来。其四，培育方式问题。传统培育方式中存在着为培育而培育的思想，还没有形成干部培养与使用的对接机制、干部培养与选拔使用的良性互动机制，没有将短期培育与中长期培育，在职培训与免职脱产培训结合起来，没有将研究式、互动式和开放式的培育方式引入进来，从而增加了培养德才兼备的干部的难度，也产生了一些德才兼备的干部培养与使用脱节的情况。

六、退出制度堵塞化，队伍活力难呈现

德才兼备用人标准的实现与干部的退出机制密切相关。没有干部的正常退出机制，就没有正常的选用机制，也就无以进一步落实好德才兼备用人标准问题。苏联执政党模式在干部制度方面的弊端主要有二：一是搞干部职务终身制；二是搞干部层层挑选任命。回顾一下苏联安德罗波夫和契尔年科时期，这一点的重要性完全可以显示出来。由于缺乏正常的退出制度，使得短短三年时间就有两位最高领导老死在工作岗位上，呈现出"从来病夫主克宫"

的景象。这确实是一种悲剧。目前,在我国还存在着干部退而不休的情况,如从一线退到二线,从一个职位到另外一个职位,从显身到隐身再到显身等多种。在干部退出机制方面存在的问题可概括为如下四点:其一,干部的自然退出机制尚不完善。我国宪法、劳动法等相关法律对于退休制度方面都有规定,对于企事业单位和机关的一般工作人员而言,其退休年龄规定的比较低,一般上限为60岁,而高层则可适当提升年龄上限。这并不太合乎逻辑与情理,一方面,如果职位高要晚退休职位低也应当享有同样的权利与义务;另一方面,高职位与高年龄相匹配与人的智力、能力的发展规律并不完全符合。我国《党政领导干部选拔任用工作条例》规定,党政领导干部达到退休年龄界限的一般应当免去现职的规定是原则性的,缺少硬性标准和对应措施,这也致使越是高层领导,越难退出领导岗位,老干部的滞留,自然也影响到新的具备德才兼备素养的优秀干部的产生与使用。其二,干部的任期制规定没有完全贯彻好。任期制本是一种任而有期,到点退出机制。无论是选任、委任、考任还是聘任,在中国都不能职务常驻。比如,《党政领导干部选拔任用工作条例》规定党政机关部分专业性较强的领导职务实行聘任制,聘任期不超过五年,确实需要的可以续聘。这种规定的弹性原本是出于科学性考虑,但往往一些基于科学性的规定留下钻空子的空当,不少人留任只是基于"确实需要"的理由,实际上并非"确实需要"。所以,确定科学合理的界定任期,并坚决贯彻到期退出的制度是当务之急。其三,干部的淘汰机制还不太适应时代要求。《党政领导干部选拔任用工作条例》规定的"引咎辞职"、"责令辞职"、"降职"以及对不称职干部的"免职"等等,都属于淘汰的具体办法。这些办法需在总结实践经验基础上进一步完善和健全。现在有些地方不仅存在一些人用跑关系的办法求得提拔,也存在一些在职干部以跑关系办法防止淘汰,如何以科学合理的办法认定真正的不称职干部并做好其免职的工作,需要做大量细微的工作。其四,干部的年轻化步伐还受到影响,能上不能下并不鲜见。干部年轻化是建立在正常退出机制的基础上的,正常的退出机制除了包括自然退休、任期到点退出和因责而退的情况之外,还应包括主动辞退,包括自己感受到责任无以完成、身体健康条件等方面原因,尤其是后者。目前,我们国家干部的主动退出机制还没有形成,许多干部退出都是引咎辞职,被动性地被取消职位。我们的干部队伍要呈现更大的活力,无疑既要疏通因德才或年龄不达标者的退出渠道,也要开通德才兼备者进入的渠道。

综上所述,如果从制度的视角来分析实践中制约德才兼备用人标准落实的因素的话,一方面是基于如上诸种制度内部存在着制度缺失、制度矛盾、制度陈旧和制度执行力不足等方面的问题,另一方面是如上诸种制度在有机联系方面存在一些弊端,使各种制度之间没有形成一个很好的联动机制。所以,改变制度条件对用人标准实现机制的制约,关键是从系统论的视角来完善各方面制度,解决好制度的执行力问题。

(载《理论与改革》2012 年第 6 期)

刍议官德的认识困境

于学强

摘　要：对于官德的认识困境体现在两个方面：其一是对于官德内容侧重点的认识不同；其二是对于如何进行官德评判的认识不同。之所以出现对于官德的种种不同认识，其原因主要有如下三点：其一，对于官德的内涵缺乏分析性研究；其二，对于官德的适用缺乏针对性研究；其三，对于官德的标准缺乏评判性研究。正确认识官德，澄清官德认识方面的错误，关键要明确官德之于道德的特定内涵，尤其应着眼于官德的政治性、廉洁性与务实性三个基本特征。

关键词：官德，困境，策略

官德不仅关系到干部的健康成长，也关系到社会主义伟大事业。胡锦涛总书记在庆祝建党90周年讲话中，特别强调了官德建设问题，他指出："要坚持把干部的德放在首要位置，选拔任用那些政治坚定、有真才实学、实绩突出、群众公认的干部，形成以德修身、以德服众、以德领才、以德润才、德才兼备的用人导向。"① 把官德放在首要位置，必须正确认识官德，澄清官德的认识困境，科学分析其生成的原因，并针对性地采取措施以澄清错误认识。

---

① 胡锦涛：《在纪念中国共产党成立90周年大会上的讲话》，载《人民日报》，2011年7月2日。

一、官德的认识困境之具体体现

官德本身是个内涵丰富的概念,在传统文化中我们强调为政以德,也要求官员具有较高的官德,主要包括公忠爱国、仁慈待民、立身为正、清廉勤政、举贤任能。① 这些内容实际上与儒家所追求的修齐治平和内圣外王思想基本一致。今天,我们推进社会主义伟大事业,也必须选拔德才兼备的人才。2008年12月27日习近平曾在全国组织部长会议上强调,干部德的标准应当包括干部的政治品德、职业道德、家庭美德和社会公德。党的十七届四中全会以后,在干部选拔方面我们更为关注以德领才、以德润才,以德为先。但问题是,如何认识官德及对官德的要求?这不仅是个理论问题,还是个政治问题。在现实政治生活中,我们对官德的认识出现了一些问题,比如把"四化方针"变成"两唯",唯文凭、唯年轻是论;认为搞市场经济,干部思想政治素质好差"无关紧要";把那些吹牛拍马、投机钻营、弄虚作假的人看做是"开拓型"人才;受关系网、裙带网的干扰,把综合素质差的人提拔起来。所有这些错误认识,不仅影响了思想导向,也影响了官德评判的实践。

结合官德的内涵,目前对于官德的认识困境体现在两个方面:

其一是对于官德内容侧重点的认识不同。无论是普通民众还是党员干部,他们都要在社会中生活,首先都应当具备过社会生活所要求遵循的道德要求,如社会公德、职业道德、个人品德、家庭美德等;同时,作为党员干部不仅要过社会生活,还不能脱离开政治生活,从某种意义上讲政治生活更能体现其作为党员干部即官的实质。所以,官德的内容就至少包含了两个层面,一个是官员作为社会民众所应当遵循的社会道德规范,一个是官员作为政治角色所应当遵循的政治道德和党性要求。党的十七届四中全会提出的"从政治品质和道德品行等方面完善领导干部德的评价标准",说明我们党对于官德应当具备的这两个方面都十分重视。但是,对于官德内容的侧重点到底应是政治品质还是道德品行却存在不同认识。比如2008年以来,河北魏县提出了"德孝治县"的施政理念,县委决定,干部升迁之前,在组织考察环节中,凡

---

① 李钟麟:《柳宗元官德研究》,广西人民出版社2006年版,第6—18页。

是德孝方面有问题的干部实行"一票否决"。魏县的做法,在网络上引起热议,喝彩不少,谩骂很多。这种既有鼓掌之声,又有唾骂之声的结果表明,人们对于官德内容以何为主并没有达成一致的认识。2011年11月中组部印发的《关于加强对干部德的考核意见》明确指出,要以对党忠诚、服务人民、廉洁自律为重点,加强对干部政治品质和道德品行两方面的考核。考核政治品质,主要考核干部在政治方向、政治立场、政治态度、政治纪律、党性原则等方面的表现。考核道德品行,主要考核干部的社会公德、职业道德、个人品德、家庭美德。在全面考核的基础上,根据不同层级和岗位分级分类考核干部的德。这些要求无疑细化了官德两方面的主要内容,并特别强调了党性、政治性要求,尤其是对于中高级干部而言,但对二者相比之下的轻重关系并没有作明确交代,也为不同层级和岗位提供了足够的解释空间。从学界来看,有些学者指出,官是一种职业角色,它是以"国家意志的表达"或"国家意志的执行"为其基本职责,其履行角色责任的基本手段是职权或权力。为此,官员应当具有的基本德性可以概括为公正、仁爱、为民、廉政、勤政等,它们是官员对公共行政公共性的信仰在行政管理活动中的具体体现。①

其二是对于如何进行官德评判的认识不同。对于这方面认识的不同涉及到两个方面,一是评判的主体是谁,二是评判的标准是什么。有些人认为,官德之所以为官德而不是民德,就在于它不是普通人的道德要求,它与普通民众的道德要求是特殊与一般的关系,所以对于官德而言,除了具有普通人的道德要求之外,更应从政治品质这种与其职业角色相关的因素来进行评判;有些人认为,官德虽然与一般民众的道德要求不同,但首先应具备一般民众的道德之后才可以谈官德问题,如果官员经受不起普通民众道德的评判,也就没有再对其进行所谓官德评判的必要了。有些人认为,政治场所是一种特殊的社会场所,有其特殊性,一个为官者在政治场所中是否具有官德,应由官场中的人士作为评判主体,看其是否顺从、听话甚至唯上;有些人认为,一个为官者也要在社会中生活,政治场所本身也是社会场所的一个子领域,

---

① 卢智增:《加强官德建设的伦理省思》,载《中国井冈山学院学报》,2008年第2期。

官员应当接受政治场所中的评判者的评判，但也要接受民众的评判，而且从社会主义国家官员的自身定位即人民公仆这一点来讲，评判主体最终还应是民众。但是民众要完成有效监控还必须组织化，形成公权组织或部门。"领导干部作为公共人物在享受公共人物所带来的收益、便利、荣誉感和成就感的同时，相比于普通人让渡个人隐私无可厚非。但问题是个人隐私的底线在哪里，同时这些让渡出来的权力交给哪个合适的公权部门去有效地监督执行？这是现实困境中的一大问题。"① 也有学者对官德评判提出打通政治品质与道德品行的做法以解决当前"公德和私德错位"问题的设想，就是实行"公德私德化"，也就是说公德内敛于己即为私德，即社会成员能够自觉遵守公德，并加以内化，那么公德即转为私德。② 他们认为这样，就会消弭因官员角色道德所产生的评判差异了。中组部印发的《关于加强对干部德的考核意见》强调对干部德的考核要注重群众公论，突出了我国官德评判的特殊之处。因为无论是从我们党的性质上看，还是从逻辑上推理，由于我们党是全心全意为人民服务的党，各层级的干部都是人民的勤务员，是人民公仆，他们是否尽到了为人民服务之责，是否合格，是否具有应有的官德，自然不是他们自己说了算，而只能是对谁负责由谁说了算，也即由人民群众说了算。问题的关键是现有考核体制和实践操作中，对上负责是实的，对群众负责则是虚的，且缺乏制约力。这种实践的力量与逻辑方面是矛盾的，这也使得官德评判的认识方面陷入困境。

二、官德的认识困境之现实归因

之所以出现对于官德的种种不同认识，之所以对如何评判官德存在一些分歧，其原因主要有如下三点：

其一，对于官德的内涵缺乏分析性研究。诚如前面所言，官德中包含了

---

① 肖兆权：《试析干部政德考核现存问题与对策》，载《中国组织人事报》，2012年2月6日。

② 李学明：《公德私德化：解决"公德"与"私德"问题的切入点》，载《求实》，2009年第8期。

公德与私德的内容，但公德与私德的内涵不同。日本思想家福泽谕吉认为"凡属于内心活动的，如笃实、纯洁、谦逊、严肃等叫做私德"；而"与外界接触而表现于社交行为的，如廉耻、公平、正直、勇敢等叫做公德"①。中国思想家梁启超认为"人人独善其身者谓之私德，人人相善其群者谓之公德"；之后又说"一私人与他私人交涉之道义，仍属于私德之范围也"。公德是"一团体中人公共之德性也"。② 这里，他把私德定义为个人的道德修养及个人与个人尤其是家庭成员之间交往时遵循的道德原则和规范，公德定义为个人在社会交往中所遵循的道德原则和规范。目前学术界对私德的界定是人们在不直接涉及对社会整体义务和责任的私人生活中应遵循的道德规范，公德是指人们在涉及对社会整体具有相应的义务和责任的行为活动中应遵循的道德准则。"公德具有底线性，是人们以社会契约为轴心参与社会活动的起码要求和最低标准。"③ 按照这一界定，对于官德方面而言，公德的核心在于其政治品质，因为这一内涵主要涉及到公共利益和党性原则问题。但是，从中国历史上看，我国则是一个重私德的国家。梁启超指出，"中国，……偏于私德，而公德殆阙如。"④ 梁漱溟也认为公德"恰为中国人所缺乏，往昔不大觉得，自与西洋人遭遇，乃深切感觉到"；究其原因，则在于"中国人家族生活偏胜……周孔教化便为中国人开了家族生活之路"。⑤ 费孝通也曾指出：在中国的城乡生活中，"最大的毛病是'私'……扫清自己门前雪的还算是了不起的有公德的人，普通人家把垃圾在门口的街道上一倒，就完事了"⑥，正是基于历史原因，我们今天虽然也强调从多角度把握官德：如政治道德标准，核心是忠于人民、忠于祖国、忠于党的事业；职业道德标准，核心是公道正派；工作道德标准，核心是坚持实事求是的思想路线；生活道德标准，核心是洁身自好；等等。但是，对于生活道德的重视，往往高于对于政治道德、职业

---

① [日]福泽谕吉：《文明论概略》，商务印书馆1982年版，第75页。
② 《梁启超全集》第2卷，北京大学出版社1999年版，第660、661、714页。
③ 肖兆权：《试析干部政德考核现存问题与对策》，载《中国组织人事报》，2012年2月6日。
④ 王德峰：《国性与民德——梁启超文选》，远东出版社1995年版，第47—48页。
⑤ 鲍霁：《费孝通学术精华录》，北京师范学院出版社1988年版，第251—260页。
⑥ 鲍霁：《费孝通学术精华录》，北京师范学院出版社1988年版，第357—360页。

道德和工作道德的重视。实际上，公德特别是政治品质是官员的立身之本，为民、务实、清廉既是官德的具体实践反映，又是共产党人和人民群众利益高度一致的关键所在。

其二，对于官德的适用缺乏针对性研究。如果从官德中内含公德与私德的视角看，官德更加注重的是公德。因为公德是利他的德性，私德是利己的德性，当然，反过来并不一定成立。① 如果从公德中内含政治品质与道德品行来看，官员道德的核心应是政治品质。西方社会在这方面能够给我们提供一些借鉴，西方文化强调私生活和公共生活的界限，重视私德和公德的差异，张扬公德，对一般社会成员的私德较少计较，一般人才选用重视德性也主要是强调公德。比如当年美国总统克林顿在白宫和实习生莱温斯基闹出绯闻，严重影响了他的道德形象。不过，美国毕竟有区分公德和私德的传统，所以克林顿的道歉最终获得美国国民的谅解，总体而言，美国公民对克林顿的评价并不低。但是严格意义上讲，官德本身除了内涵丰富有公德与私德之分、政治品质与道德品行之别外，官德本身还是一个概括性、一般性的概念，而官本身是复杂的，他们既有行业类别的差距，也有职位高低的不同。不仅如此，单纯讲官员的政治品质这一作为官德中公德的核心内容本身也有不同的子指标，也就是说，对于不同的官员而言，要求其具有政治品质的实际要求和衡量指标是不同的。所以，如果不针对官员本身的复杂性和官德本身的复杂性对于官德进行类别和层级的划分，官德就会缺乏针对性与适用性。由此，人们从一般意义上批评官德是不合理的，只有针对某一个层面或具体某个官员来作针对性评判，才有现实意义。长期以来，无论是理论界还是实践领域，我们似乎都在试图建立一种对所有官员都适用的官德评判指标体系，这实际上很难成功。所以，有学者提出，官德要有适用性和针对性，应当做到：基于工作职责的区别，党政机关、企事业单位的官德的相关指标在排序上应有所区别；职务层次的区别，不同层次的官德的测评指标在排序上也应有所区别；细化二级指标，分别建立正向和反向两个既有区别又有联系的综合性指

---

① 张建英、罗承选、胡耀忠：《公德与私德概念的辨析与厘定》，载《伦理学研究》，2010年第1期。

标体系。① 也有学者指出，"'四德'对于不同层级的党政领导干部而言，其权重也不完全一样。如社会公德权重对不同层级领导干部相差不多，主要包括公德修养和社会形象；政治品德对高级领导干部更为重要，要按政治家的标准来要求，主要包括政治信仰、政治态度、政治立场和政治纪律，突出考核与党中央保持一致和贯彻落实科学发展观等方面的情况；职业道德对基层领导干部更为重要，主要包括职业操守和敬业精神，突出考核宗旨意识、办事公道和工作作风等方面的情况。"②

其三，对于官德的标准缺乏评判性研究。当前对于官德的评判性研究还较为薄弱，尤其是对于官德评价如何操作、实现官德评价指标的体系化问题，还缺乏深入的研究。比如，虽然我国伦理学界已经将社会主义道德在具体的道德要求上划为三个层次：第一个层次，是无私奉献、一心为公，即全心全意为人民服务的层次，也就是"大公无私"的层次；第二个层次，是先公后私，先人后己的层次；第三个层次，是顾全大局、遵纪守法、热爱国家、诚实劳动的层次。③ 与道德相关联，有学者也对官德划分了层次：第一个层次是遵守公民道德，第二个层次是恪守职业道德，第三个层次是遵守行政伦理要求，第四个层次是追求共产主义道德。强调官德的层次性，要求领导干部要用最高层次的共产主义道德规范约束自己，以便全心全意为人民服务。④ 但是具体到官德方面，其操作性和评判性研究还比较匮乏。比如，《中华人民共和国公务员法》对官德考量的规定同样比较模糊。在第十一条公务员应具备的条件中虽然规定了"具有良好的品行"，但没有进一步的阐释。第十二条公务员应当履行的义务中，与品行相关的要求包含了"全心全意为人民服务，接受人民监督；维护国家的安全、荣誉和利益；忠于职守，勤勉尽责，服从和执行上级依法作出的决定和命令；保守国家秘密和工作秘密；遵守纪律，恪

---

① 刘金峰、郑永进：《提高干部德的考评工作科学化水平的对策思考》，载《中共南京市委党校学报》，2011 年第 1 期。

② 肖兆权：《试析干部政德考核现存问题与对策》，载《中国组织人事报》，2012 年 2 月 6 日。

③ 龚群林：《变革中的道德——当前我国伦理道德发展的变化、问题及对策研究》，湖南教育出版社 2000 年版，第 32 页。

④ 庞洪铸：《官德层次论》，载《道德与文明》，2010 年第 4 期。

守职业道德，模范遵守社会公德；清正廉洁，公道正派"①。相对于"良好的品行"而言，虽然这些规定在一定程度上实现了体系化，但是依然难以操作与考量。有学者提出当下对官德评价指标体系的研究存在的问题主要有如下几方面：首先，指标设计粗糙且均为质化指标，一方面设计的各指标间的独立性不强，部分指标对领导干部的适用性较弱，另一方面所有指标均为质化指标，这使得评价结果的客观性和准确性难以得到保证。其次，标准参照系的设计不尽合理，各评价等级缺乏准确的行为描述，使得评价者在实际操作中无法找到参照标准，难以对被评价者的道德素养作出客观的定位。再次，评价方法的鉴别度较低，质化指标的评价结果只能通过主观判断获得，这种方法在标准参照系不健全的情况下，无法对被评价者的道德素养进行有效鉴别，个体差异无从反映。②

三、官德认识困境之解决方略

正确认识官德，澄清官德认识方面的错误，关键要明确官德之于道德的特定内涵，正确界定官德的基本要求和目标指向，贯彻落实品德为本、责任为重、务实为要、民意为上、廉洁为贵的要求，尤其应着眼于官德的政治性、廉洁性与务实性三个基本特征。

其一，正确规约官德的特定内涵——政治性。官德修养决非个人的私事、小事，它与党和政府的道德形象密切相关，在一定程度上代表了党和政府的道德，代表社会较高层次的道德要求，对民德具有示范和引领作用。正如孔子所言："上好礼，则民莫敢不敬；上好义，则民莫敢不服；上好信，则民莫敢不用情。"③ 虽然，今天的公职人员与孔子时代的"上"在本质上有所不同，但其作为"官"的角色有着一致性。因此，官德带有明显的政治性色彩，这种不同于一般道德的特殊之处，在古代已经得到关注。明确这一点有利于将官员的政治品质与道德品行加以区分，突出官德评判中对官员政治品质的

---

① 刘沂：《公共部门人力资源管理》，北京大学出版社 2009 年版，第 224 页。
② 李建华：《官德评判体系构建刍议》，载《学习论坛》，2011 年第 3 期。
③ 李天辰：《论语汉英对照读本》，山东大学出版社 1991 年版，第 194 页。

关注。结合社会主义性质、党的性质和国家的性质,当前我国官德的特定内涵就是政治性,体现为官德必须立足于为党、为民,中组部印发的《关于加强对干部德的考核意见》明确强调,要以对党忠诚、服务人民、廉洁自律为重点,加强对干部政治品质和道德品行的考核,原因就在于此。首先,作为共产党执政下的官员,无论是否为共产党员,其官德首先应体现为立足于维护党的执政地位和忠于党的事业。忠于党一定要在关键时刻、重要事件中以一个共产党员的身份严格要求自己,特别是当自身利益与党的利益发生冲突的时候,以个人利益服从党的利益,以党性规约私利,以凸显其官德的政治性。其次,作为人民的公仆,官员要忠于人民的利益,服务于人民,在处理自身与民众关系时,应做到权为民用、情为民系、利为民谋。要正确运用民众授予的公共权力,不能公权利用;要珍视与民众的感情,做到心无百姓莫为官;要将民众的利益放在自身利益之上,不与民争利。另外,还要注意干部队伍的团结,力避好人主义,坚决不用群众观念淡漠、对人民群众没有感情的人。

其二,正确界定官德的基本要求——廉洁性。官员之所谓官员,就是因为他们手中掌握着权力。"权力导致腐败,绝对权力导致绝对腐败。"① 美国著名政治学家乔·萨托利认为,"事实上不受足够的制衡性权力反对的权力,是绝对权力"。② 为了避免滥用权力和权力腐败,就需要防止绝对权力。古往今来,治理者靠两个方面监控权力:一是法律,二是道德。加强官德建设的基本要求是廉洁用权,保证权力指向的为民性。这一点非常具有现实意义。因为根据透明国际对国家清廉指数的排名,近年来我国的清廉指数一直在70—80位之间徘徊。并且随着市场经济的深入发展,有些官员确实淡忘了党的宗旨,对人民利益漠不关心,甚至把人民交给的权力当成谋取私利的工具;有些官员不顾大局,为了一己私利或小团体的利益不惜牺牲党和人民的利益;有些官员把"捞权"、"捞钱"作为奋斗目标,进行权钱交易,跑官、买官、

---

① [英]阿克顿:《自由与权力》,侯健、范亚峰译,商务印书馆2001年版,第342页。
② [美]乔·萨托利:《民主新论》冯克利、阎克文译,东方出版社1993年版,第196页。

卖官、保官等。追究这些人犯错的原因，除了法制建设没有跟上市场经济发展步伐之外，还在于官德建设方面疏忽了对官员的教育，特别是疏忽了对官员权力观的教育，致使他们没有正视权力的公共性，没有做到廉洁用权。中组部印发的《关于加强对干部德的考核意见》曾指出干部选用中的"五个坚持不用"，其中之一就是坚持不用品质不好、为政不廉的人，足以说明官德中廉洁所占的分量。2011年11月出台的《公务员职业道德培训大纲》，将职业道德作为公务员选拔任用的重要标准，培训的基础知识包括中国古代如何加强"官德"修养等十方面内容和公正廉洁等四个专题，也说明了我们越来越关注廉洁性在官德建设中的重要性。

其三，正确对待官德的原则定位——务实性。官德原则定位的务实性，主要是结合官员的工作关系而言的，就是要做事、做实事、做成事、做好事、多做事。官员手中有权，官员做事的过程实际上就是正确运用手中权力的过程。而权力具有双重性的特点，用好权力可以成事，用不好则可以坏事。能否成事，关键是权力运用过程中是否遵循务实原则。20世纪50年代我国之所以出现了浮夸风，之所以出现反右斗争扩大化，之所以能轰轰烈烈地搞起大跃进和人民公社运动，进而引发了"文化大革命"，一个重要的原因就是违背了务实性原则。目前，有些地方官员好大喜功、哗众取宠、沽名钓誉，热衷于劳民伤财的"政绩工程"、"形象工程"和"面子工程"，为了追求特定时期的个人利益，特别是个人的政治利益而不惜为GDP注水，同样也违背了官德的务实性。老百姓的眼睛是雪亮的，他们的生活和切身体会会告诉他们一个事实，即当地官员是否合格，而这种评判的一个重要依据就是官员是否为GDP注水。中组部印发的《关于加强对干部德的考核意见》强调注重选拔自觉贯彻落实科学发展观、善于推动科学发展的干部，注重选拔坚持原则、敢于负责的干部，注重选拔求真务实、真抓实干的干部，体现了对官德务实性的考量。务实的官德主要体现在官员在处理自己的工作关系时，要以执政为民为归宿，做到为政、勤政、廉政、优政，尤其是要敢于坚持原则，坚决规避做表面文章和各种各样的形式主义。为此，要避免不作为现象，真心投入到公务活动中去；要勤奋工作，不可慵懒或玩忽职守；要清正廉洁、艰苦朴素，不可假公济私、挥霍浪费；要向先进看齐，勇于创先争优。

总之，规避官员行为的产生，首先应解决思想认识问题，特别是正确认识和分析何谓官德，官德与民德的区别，官德中私德与公德的关系。若要澄清在官德方面的认识，必须要着眼于官德的政治性，不能纠缠于官员个体生活碎事和家庭琐事；着眼于官德的廉洁性，将是否运用公共权力，作为官德评判进程中必须考量的重要因素；着眼于官德的务实性，将是否有效运用公共权力，是否做出成效作为官德评判的重要视点。

（载《探索》2012 年第 1 期）

浅议规避干部选拔工作中的腐败

于学强

摘　要：结合干部选拔工作实际，规避干部选拔工作中的腐败问题需要从以下六个方面着手：革新传统思维是规避干部选拔工作中腐败的前提；制定科学标准是规避干部选拔工作中腐败的依据；创新选拔方法是规避干部选拔工作中腐败的关键；加强监督考核是规避干部选拔工作中腐败的保障；强化权力制约是规避干部选拔工作中腐败的核心；发挥教育优势是规避干部选拔工作中腐败的基础。

关键词：干部；选拔工作；腐败

胡锦涛总书记在建党90周年大会上指出："中国特色社会主义道路能不能越走越宽广，中华民族能不能实现伟大复兴，要看能不能不断培养造就大批优秀人才，更要看能不能让各方面优秀人才脱颖而出、施展才华。""坚决惩治和有效预防腐败，关系人心向背和党的生死存亡，是党必须始终抓好的重大政治任务。"结合总书记的两条重要论述，在地方党委政府的换届选举之年选拔出政绩突出、民众公认且德才兼备的干部，必须正视干部选拔和规避选拔中可能出现的腐败问题，"坚持五湖四海、任人唯贤，坚持德才兼备、以德为先用人标准，把各方面优秀人才集聚到党和国家事业中来"。[①] 结合干部选拔工作实际，规避干部选拔工作中的腐败问题需要从以下六个方面着手。

---

① 胡锦涛：《在庆祝中国共产党成立90周年大会上的讲话》，载《人民日报》，2011年7月2日。

一、革新传统思维是规避干部选拔工作中腐败的前提

干部选拔工作有广义与狭义之说,广义的选拔不仅包括选拔还包括选举。但是,选拔与选举有着不同的规定性和适用性。从规定性上看,选拔还是自上而下的方式,没有从根本上改变在少数人中选人的做法,虽然在干部选拔工作中也强调不断推进民主化进程,但这种民主化从某种意义上只是在决定权既定的条件下扩大参与或走群众路线的过程;选举则是自下而上的方式,它所要求的不仅仅是更多的民众参与,而且更强调的是民众参与对决策的影响与制约。从适用性上看,选拔适用于技术类官僚,适用于职能部门工作的人员,这些官僚所承担的任务主要是执行;选举适用于政治类官僚,适用于委员会的形成及党政一把手的产生,他们的任务主要是决策。从发展的意义上看,选举更符合民主化的方向,因为它是建立在一切权力属于人民的基础之上的;选拔只是一种现实的选择,它是建立在社会复杂性与民众自身素养间不平衡的基础之上的,但无论如何从选拔政治走向选举政治是历史的必然。从现实意义上看,选拔政治不仅有着历史的基础,还存在自身的优势。如果将选举作为理想,选拔就是现实。理想不能脱离开现实,而必须建立在现实的基础上,而不能过于超脱。如萨托利所言:"把理想强化到极致,这只会产生假人民之名而行使的绝对权力"。①

实际上,在干部产生方式方面的错误认识就是极端化:或者认为选举是方向,所有类型的干部都应当选举产生,将不适用于选举产生的干部也套用选举模式,似乎这样才是真正符合民主化;或者认为现实的都是合理的,坚守选拔方式而无视其适用性范围,更漠视民主发展的趋势与潮流。基于这两种认识所产生的极端做法,都可能自觉不自觉地导致干部选拔工作中的腐败。将适用于选举产生的干部应用选拔的方式,是不适当地套用"伯乐相马"模式,这种套用本身很大程度上就说明"伯乐"素养存在问题,"伯乐"本身都有问题又如何能相出良马呢?同样,将适用于选拔产生的干部应用选举的

---

① [美]乔万尼·萨托利:《民主新论》,冯克利、阎克文译,世纪出版集团、上海人民出版社2009年版,第85页。

方式，是混同走群众路线与保障人民权利两个问题。人民权利需要保障，代议制或代表制是保障人民权利的最好的方式，选拔类干部应是在代表制基础上产生的。如果应用选举方式不仅造成低效率，还可能因选举的程序、规模等因素造成高成本。

所以，规避干部选拔工作中的腐败问题必须首先根据干部的类别分清什么样的干部适用选举产生，什么样的干部适用选拔产生，理顺干部选举与干部选拔的关系，将选举与选拔有效嫁接起来。同时，如前所述，即便是选拔类的干部仍存在民主化的问题。推进干部选拔工作的民主化，应不断扩大公开选拔制度、竞争上岗制度的适用范围。正确处理选拔中民主与集中的关系，民主与效率的关系，改变牺牲民主来追求集中、效率的做法，推进选用过程中领导集体与一般民众的参与，拓宽渠道来充分且真实地表达民意。正确处理吸纳中外政治文明成果与推进干部选用的关系，借鉴古代与西方选用人才的原则与技术来推进选用工作的实际进展。

二、制定科学标准是规避干部选拔工作中腐败的依据

从政党政治的视角看，干部选拔工作是输送政治精英的工作，用中国传统的话语体系说，政治精英就是德才兼备的干部。我们党早在六届六中全会上就提出任人唯贤的路线和德才兼备的干部标准。由于德才兼备标准只是一种指导性原则，没有固定的操作方式、明确的规范和制度创新，这一原则就无以落实。应当合理界定德才兼备用人标准的内涵，以开放的视野结合中外用人实践，推进中国共产党用人标准的科学化。实际上，我们党也确实在根据社会发展不同时代的任务和要求，不断完善和发展干部标准，推进德才兼备用人标准实现机制。但是，用人标准科学化的努力并不意味着用人标准的科学化，由于德才兼备标准本身存在弹性，时代不同、用人领域和层次不同，用人标准也难求一致。

或许正是由此，目前在干部选拔标准方面存在一些误区，而这种误区从某种程度上是基于干部选拔标准——德才兼备产生的：德才兼备用人标准的理论研究与政策推进是互相关联的，政策引领理论的发展，理论推进政策的完善。但是，长期以来我国在德才兼备理论研究与政策推进方面存在着明显

的不足，主要体现在以下三个方面：第一，关注用人标准的原则性规定，而忽视用人标准的操作性规定；第二，关注用人标准的政治性规定，而忽视用人标准的时代性规定；第三，关注用人标准的内容性规定，而忽视用人标准的评判性规定。德才兼备用人标准在实践中存在以下三方面误区：第一，认定视角的局限，以人选人替代制度选人；第二，认证指标的异化，重视身边人、年轻人或高学历的人。第三，操作手段的落后，干部考察与考核工作没有与时俱进。①

规避基于干部标准产生的腐败自然是以建立科学的标准为依据的。德才兼备的干部标准涉及三个方面的问题：首先是德，应当运用现代技术和国际经验构建"德"的标准体系，细化对"德"的考量，处理好"德"的内部关系，围绕执政为民构建"德"的指标体系；其次是才，应当根据不同门类和层级确定何谓有才，正确处理好"才"的内部关系，围绕能力构建"才"的指标体系；再次是"德"与"才"间的关系，坚持以德为先的用人理念，强调以德领才、以德润才，完善德才考评机制，应当围绕扩大民主与加强制度建设来推进德才兼备标准的实现机制建设，发挥民众在德才兼备标准体系构建与落实中的作用，细化用人制度安排，加大制度执行力。

三、创新选拔方法是规避干部选拔工作中腐败的关键

干部选拔工作中出现腐败，一个最为直观的原因就是选拔方法存在问题。比如传统委任制度下的选拔，主要是靠长官意志。不仅如此，由于长官高高在上，没有人能监控和制约，出现委任方面的腐败也难以受到追究。随着民主化的推进，单纯靠某一位长官来决定干部的做法理应退出政治舞台。但是，长期行为的惯性和思想影响的持久性，往往对今天的干部选拔工作仍有影响力。正如马克思所言："一切已死的先辈们的传统，像梦魇一样纠缠着活人的头脑。"② 目前在干部选拔工作中出现的种种腐败，最为突出的体现仍是选拔

---

① 于学强：《德才兼备用人标准的误区及其实现机制的创新》，载《理论与改革》2010年第5期。

② 《马克思恩格斯选集》第1卷，人民出版社1995年版，第585页。

中个别人的意志超越了集体的意志和民众的意志。产生这一现象的原因是多方面的，笔者认为规避这一现象至少应当从原则和制度、形式和内容两个方面着手：

从干部选拔原则和制度上着手，主要因为我们对于干部选拔原则的异化。长期以来，我们主张干部选拔方面遵循党管干部的原则、民主集中制原则和群众路线，问题的关键不在于应不应当遵循，而是如何遵从。在这方面常出现的问题有三：一是将党管干部原则与党管干部具体事务混同，将党管干部路线与干部政策与党管具体事宜混同，不仅使党陷入繁杂的具体事务之中，而且还会因具体事务处理不当影响党自身的合法性，是得不偿失的。二是将民主集中制原则等同于少数人说了算，特别是书记一人说了算，在强大的集中面前民主化为泡影。三是只将群众路线当做一面旗帜，没有与推进群众路线相对应的群众知情权、参与权、选择权与监督权配套措施和配套制度的跟进。

从选拔形式和内容方面看，一方面要扩大选举适用范围，缩小委任制度的生存空间；另一方面要"以更宽的视野、更高的境界、更大的气魄，广开进贤之路"①，不断推进民主化来规避和杜绝腐败问题。根据各地探索经验，在选拔形式与内容方面规避腐败应特别关注以下三项事宜：一是不断推进公开选拔制度的发展，要科学界定公开选拔制度的使用边界，公选制打破了公务员系统内部论资排辈的晋升模式，让更多的外部力量有机会进入原本封闭的系统；要实现公开选拔全程信息公开，扩大公开选拔中的群众参与度；要在考试内容与测评方法上注入更多民主因素，既要注重加强公开选拔专家库建设，又要扩大民众在测评中的参与度与权重。二是不断推进竞争上岗制度的发展，要通过完善程序，使程序既要健全还要顺畅，各项顺序不可颠倒；通过完善考试面试制度，增加客观针对性。三是要不断推进票决制度的发展，要完善选票的构成，探索实施署名选票与匿名选票相结合的方式，既保障投票人的权利，也要根据权责对等的原则约束其投票行为，避免出现有权无责的情况。

---

① 胡锦涛：《在庆祝中国共产党成立 90 周年大会上的讲话》，载《人民日报》，2011年 7 月 2 日。

四、加强监督考核是规避干部选拔工作中腐败的保障

"一切有权力的人都容易滥用权力,这是万古不易的一条经验。"① "行使权力就必须为人民服务、对人民负责并自觉接受人民监督,决不能把权力变成牟取个人或少数人私利的工具。要防止干部选拔工作中的腐败,必须加强对干部选拔过程的监督。"② 笔者认为,加强干部选拔过程的监督,关键是完善选拔进程中的考核工作,为此至少应从如下三个方面着手。

第一,扩大考核主体。应遵循知情原则、代表性原则、数量性原则、监督原则,不断扩展考核工作的有效参与人员。应合理量化不同参与主体的权重要求,突出干部服务区域中民众的权重。应按照充分发挥各自优势的原则对多元考评主体的职责进行合理的分解,组织人事部门主要承担制订考评的标准与程序的权责,专门考核评估机构和社会中介组织主要承担考评信息的取证工作,考评客体的直接相关部门或垂直管理部门结合信息与职能对相关部门的信息进行实事求是的核定等,使体制内考评转化为体制内外结合的考评。应推进考核主体多元化的相关制度建设,针对现实应建立的相关制度有:考评人员的资格认证制度、考评人员的培训制度、考评人员的日常工作制度、考评人员的责任追究制度、考评工作的跟踪复核制度等。

第二,明确考核内容。考核内容包括:其一,是否促进了生产力的发展,改善了当地人民的实际生活。在发展经济的同时,要充分考虑资源与环境的承受力,建立和完善绿色 GDP 核算体系。其二,是否促进了精神文明的进步切实改善人民的精神面貌,为物质文明的发展和进步注入精神动力和智力支持。在发展精神文明进程中,考虑社会发展与人的进步的统一,建立起完善的道德品评体系。其三,是否推进了政治文明建设,为经济发展和精神文明的提高提供一种好的政治环境与法律和政策保障,在推进政治文明进程中规避空头政治与功利主义。其四,是否促进了物质文明、精神文明、政治文明

---

① [法]孟德斯鸠:《论法的精神》(上册),商务印书馆1982年版,第154页。
② 胡锦涛:《在庆祝中国共产党成立90周年大会上的讲话》,载《人民日报》,2011年7月2日。

与生态文明的整体推进，促进了经济、政治、文化、社会、环境状况协调发展，是否维护了发展的质量、发展的科学性、协调性、相关性与持续性。

第三，改进考核方法。改进考核方法要关注以下三点：其一，要把政绩评判活动用程序制度确定下来，合理地规定政绩汇报、政绩讨论、政绩评估、评估公示、确定政绩大小优劣、政绩评判责任的确定等一系列过程。其二，要把对政绩的定期评判和不定期评判、年度评判与任期评判、专项评判与综合评判、重点评判与辅助评判、静态评判与动态评判结合起来，把政绩结果与政绩实现过程结合起来，积极探索年度评判与领导者届中、届末评判结合的方式和方法，试行年度评判适当从简，届中、届末适度增加评判内容的方法，将定期评判与不定期评判有效结合起来。其三，要建立一系列对政绩评判者的保障制度，尤其是对群众代表参与政绩评判的保障制度，真正让他们敢讲话、讲真话，甚至一定程度上享受到讲话免责权的待遇。

五、强化权力制约是规避干部选拔工作中腐败的核心

综观干部选拔工作中出现的种种腐败现象，最为直观的原因是权力没有得到有效制约，特别是"一把手"的权力没有得到有效制约。为什么"一把手"的权力没有得到有效制约呢？原因很简单，其一是"一把手"之所谓"一把手"，顾名思义就在于其权力是至高的，不存在与之平行的其他权力；其二是"一把手"权力既然是至高的，且没有任何权力能与之并行更无以超越，这就意味着没有任何权力能够约束它的运用。所以，有学者提出，规约权力不仅应贯彻监督原因和制约精神，甚至连"一把手"这种称谓都需要改变。因为，"'一把手'绝不仅仅是一个简单的称谓问题，它反映了书记个人在党委内具有特殊的身份和地位，甚至拥有不受限制的特权。"①

"一把手"确实强化了个人集权导致家长制和等级制的复活，妨碍民主的发展，需要慎用。但是，"一把手"又确实是当前中国社会中存在的普遍现象。所以，从当前政治发展的有序性来看，不在于即刻取消"一把手"，而在

---

① 王贵秀：《"一把手"之称与发展党内民主相悖》，载《北京日报》，2007年4月30日。

于如何约束"一把手"。对于干部选拔方面而言，同样如此。如果在干部选拔中过度重视"一把手"，对其权力不进行分解和制约，选拔的过程就会异化为"一把手"意志的形成和落实过程。所以，正确对待"一把手"可行的办法有两种：

一是合理分解"一把手"的权限，虽然保留"一把手"的称谓，但不能使"一把手"全权掌控人、财、物所有权力，不能纵容"一把手"即"一支笔"的现实泛滥。根据目前情况和学者建议，分解"一把手"的权力关键是改变传统的权力配置，一方面应将常委会和正职负责人行使的决策权让渡给党代会和全委会行使，另一方面应逐步建立起在党代会领导下的决策权、执行权和监督权相互制衡的权力格局，党代会履行决策权，全委会履行执行权，党代会和纪委履行不同层次上的监督权。同时，还应积极推进选举制度，改变干部特别是"一把手"对上负责不对下负责的怪相。当然，分解"一把手"的权力应根据实际需要，目的在于分权和改变权力过于集中的现实。

二是加强对"一把手"在干部选拔过程中权力的监督和制约，使其权力变成有限权力。一方面要加强上级对下级的监督，因为从经验方面看这种监督是最具成效的，为此，应通过加大巡视力度，加大巡视频率，扩大巡视力量，加大巡视成果的运用；另一方面要加大对"一把手"的责任追究，因为真正的责任制是预防随意性的重要举措，为此，应专门出台一个针对"一把手"的责任追究制度，要使这个制度细化且具备可操作性。同时，监督和控制"一把手"关键是推进监督"一把手"的体系，因为正如"间接民主很大程度上则是一种对权力的限制和监督体系"[①]一样，控制"一把手"也需要建立和健全这种监督体系。为此，要加强专门机关监督的力度，将纪检监察工作机制由双重领导变为垂直领导；要加强对"一把手"任期内和晋升、调任、转任、退休、辞职等离任前的经济责任审计；要推进同级监督，保障班子成员有效监督"一把手"；要推进信息公开，加大媒体与群众监督，加大群众举报与舆论监督的奖励力度与保护的力度。

---

① ［美］乔万尼·萨托利：《民主新论》，冯克利、阎克文译，世纪出版集团、上海人民出版社2009年版，第307页。

六、发挥教育优势是规避干部选拔工作中腐败的基础

规避干部选拔工作中的腐败除了加强制度建设，特别是加大监督和制约制度，尤其是对"一把手"的监督制约制度以外，还必须重视反腐倡廉教育和发挥我们党思想政治工作的优势，通过加强理想信念教育、党性教育、党的宗旨教育等方面提升干部的内在素养，树立他们的马克思主义的世界观、人生观和价值观，增强他们的党性观念、宗旨意识和明辨是非、识别美丑的能力，强化他们规避腐败产生的心理机制。从内外因关系的角度看，加强教育不仅是规避干部选拔工作中产生腐败的基础工程，也是孕育干部廉洁素养和使廉洁成为一种生活方式的重要举措。

发挥教育优势要贯彻如下几项基本原则：其一要坚持以人为本原则。在干部选拔工作中预防腐败不是为了惩处人而是为了挽救人，要充分考虑到我们党培养造就干部的不易，在做教育工作过程中准确把握党员干部思想脉搏，增强工作的预见性，紧紧围绕党员干部关注的重要问题及思想上的苗头性、倾向性问题，坚持教育人、引导人、鞭策人与尊重人、理解人、关心人的统一，做到以情感人，以理服人。其二要坚持因人施教原则。规避干部选拔工作中的腐败，必须针对选拔对象以及他们在思想认识和工作实践上存在的不同层次做好因材施教，才能发挥教育的功效。针对选拔重要的领导干部，要重点开展权力观、地位观、利益观教育，促使他们正确对待和行使手中权力；针对选拔一般的干部，要重点开展党章教育、党纪政纪条规和国家法律法规教育，增强纪律意识和法制观念。其三要坚持警示教育和示范教育相结合的原则。发挥教育优势，必须坚持思想教育和行为规范的养成相结合，自律与他律相结合的方法，发挥正面典型与负面典型的教育功能，充分运用传统教育手段和现代信息手段，在工作中将反腐倡廉教育、群众评议、改进干部选拔工作和解决其中的实际问题结合起来。

发挥教育的优势还必须注重教育的方法和策略，尤其要正确处理好以下三种关系：一是要正确处理好正本与清源的关系。在干部选拔工作中的正本就是用正确的用人理念来引导人，用好的作风与好的制度特别是民主的方法和制度来选拔优秀人才。在干部选拔工作中的清源就是规避不好的做法，通

过教育来纠正教育对象在思想领域存在的错误认识。做好正本清源工作要坚决纠正和克服重使用、轻教育的倾向，充分发挥教育在惩防体系中的基础性作用，筑牢广大党员干部的思想道德防线，通过加强教育引导广大党员干部在干部选拔工作中常修为政之德，通过改造干部的主观世界来推动客观世界的改造。二是要正确认识和处理好长期与短期的关系。教育是预防干部选拔工作中腐败的基础工程和治本工程，但教育的成效只有通过长期坚持才能显现出来。同时，发挥教育的优势不仅要正确运用教育规律，还要抓好教育的轻重缓急和规划好教育的阶段性进展，既要针对某个阶段的突出问题进行集中的教育整顿，也要做好常抓不懈的基础工作。三是要正确处理好点与面的关系。所谓点就是个案，主要针对干部选拔工作中具有代表性、典型性和突出性特点的案件；所谓的面则是着眼于系统性，着眼于个案在干部工作领域的影响。正确处理好点与面的关系，就是要善于运用解剖麻雀的方法，既能够做到举一反三和又能做到处理案件与警示再犯的统一。

另外，通过教育规避干部选拔工作中的腐败，还必须特别关注廉政文化建设：通过加强廉政文化法制建设，为加强廉政文化建设提供可靠的制度保证；通过加强廉政文化阵地建设，为加强廉政文化建设建立开阔的活动平台；通过加强廉政文化宣传力度，为加强廉政文化建设赢得广泛的社会认可。只有加强廉政文化建设，才能从最终意义上为干部选拔工作中预防腐败提供精神动力、智力支持和思想保证。

（载《理论探讨》2012年第2期）

党政干部"弱势感"解读

刘子平

摘 要：当前在党政干部队伍中出现的"弱势感"问题是值得我们关注和重视的一个现实问题。党政干部"弱势感"问题产生的原因是多方面的，既有历史的，也有干部制度的，更有党政干部自身的原因。这一问题的产生的负面影响是消极而严重的，我们必须从加强干部队伍建设的层面加以重视和解决。加强思想教育，构建科学的干部考评与选拔制度以及党政干部自身素质的提高是解决这一问题的主要路径。

关键词：党政干部；弱势感；现实思考

经过30多年的改革开放，中国得到快速发展，人们的经济条件越来越好，生活水平有了普遍提高，但物质的丰富并没能带来心灵的富足，反而有越来越多的人觉得自己成了"弱势群体"，比如公司白领、记者、大学教授等，甚至不少官员也称自己是"弱势群体"。向来以强者形象示人的党政干部，竟然也有"弱势感"，自认为是弱者，的确很耐人寻味。这一现象的存在及其背后的原因值得深入研究。

一、党政干部"弱势感"的范畴与特点

2002年3月，朱镕基同志在九届全国人大五次会议上所作的《政府工作报告》中正式使用了"弱势群体"一词。随后，"弱势群体"成为一个非常

流行的概念，引起了国内外的广泛关注。但目前，国内外学术界对"弱势群体"这一概念还没有一个统一的认识。按照国际社会学界、社会政策、社会工作界所达成的基本共识，"弱势群体"是指那些由于某些障碍及缺乏经济、政治和社会机会而在社会上处于不利地位的人群①。该群体主要是由丧失劳动能力或无劳动能力的人群组成，包括儿童、老年人、残疾人、精神病患者、失业者、贫困者、下岗职工、灾难中的求助者、非正规就业者以及在劳动关系中处于弱势地位的人。

根据上面的分析，当农民工和下岗工人说自己是"弱势群体"的时候，我们可以认同他们的说法，对此没有人会产生质疑。但是，当精英白领、党政干部也说自己是"弱势群体"的时候，就让人感觉匪夷所思了。有分析称，党政干部"哭穷"，难免让人觉得矫情，是"得了便宜还卖乖"，但事实上，并不能由此否定这部分人在某种特定情势下所产生的无力感。毋庸讳言，党政干部队伍中同样存在着为数不少的"弱势群体"。在笔者看来，党政干部中的"弱势群体"，从某种意义上说，也可称为官场边缘人，是指在同一地域、同一层次的范围内处于工作"边缘化"、人员"地域化"、思想"程式化"状态的党政干部。

在社会转型期，"弱势"既是一种客观存在，也是一种转型人格，是现代生活转型和多元文化冲突的产物。对党政干部来说，"弱势感"与其说是一种生存状况，倒不如说是一种人格感受。现实生活中党政干部的"弱势感"，总结起来有三个特点。

其一，不满现状，心态消极。官场中的边缘人对自己的工作职责有自我的认知和理解，内心深处有依照自我理解行事的强烈倾向，但按照现实中官场的机制与规则，自己又不得不按照领导或上级的安排来工作。这就使官场边缘人认为，现实官场体制与机制不利于自我的健康发展和个人价值的充分体现，因此，对官场现状不满，但又没有足够的勇气和力量脱离官场生态，最终导致心态消极，工作"边缘化"。

其二，政治影响力低，可调动资源有限。由于工作的"边缘化"和分布的"地域化"，这些在官场边缘的党政干部往往没有比较突出的成绩，在平凡

---

① 王思斌：《社会转型中的弱势群体》，载《中国党政干部论坛》，2002年第3期。

的岗位上日复一日，政治影响力比较低，说话往往没有分量。需要注意的是，官场边缘人相对于中心人，权力阶位有时并不低，如同样是正处级干部，有的经济地位高、政治影响力大，而有的经济地位低、社会声望低、可调动资源十分有限。当这些官场边缘人苦苦追求而不得的时候，就容易产生持久的抱怨、苦闷和失望等情绪。

其三，工作积极性低，缺少官场归属感。 处于官场边缘的党政干部由于长时间无法进入主要领导干部的视线，岗位职务长时期得不到交流调整，往往抱着"无过即是功"的想法，人云亦云，缺少创新思维，工作积极性低，工作思路"程序化"。另外，党政干部对官场有自己的看法，官场的运行也使党政干部产生某种认识，这是一个双向互动的过程。于是，党政干部或者由于种种原因放弃官场而主动被边缘化，成为"看客"，或者在官场生态中被动地成为边缘人。这就导致党政干部中的"弱势群体"缺少目标和方向，对官场失去归属感。

二、党政干部"弱势感"问题成因解析

党政干部"弱势感"问题产生的原因是多方面的，既有历史的原因，也有体制与机制的原因，更有党政干部自身的原因。

（一）传统的官本位与权力本位的封建遗毒是导致党政干部"弱势感"问题的历史性原因

历史上，中国是一个受封建专制统治较长的国家，两千多年的封建社会形成了以皇权为基础的封建集权制度与官僚等级制度，体现在实际的政治生活中，就是君权至上、官员权力本位。"官"成为最炙手可热的职业，做官成为百业之首，"以官为贵、以权为尊"成为社会唯一的价值尺度。官本位与权力本位成为一种社会意识和价值取向，做官与升官成为个人人生的最高价值和终极目标，而且官位的高低也成为评判人生价值大小的唯一标准[①]。在这种

---

① 张金明：《论"官本位"思想对我国现代知识群体的影响》，载《前沿》，2011年第12期。

背景下，官本位和权力本位必然内化为每一个中国人的政治心理，成为一种独特的政治文化。

新中国成立后，随着社会主义制度的建立，封建特权被废除，但长达数千年的官本位、权力本位思想由于历史的惯性，并没有随着社会的变革而消失，官本位与权力本位在现实政治生活中仍然有很大的市场。随着社会主义市场经济体制的逐步确立，原有的与计划经济体制相符合的上层建筑也随之调整，这种调整不是一时的，将会随着经济发展的延续不断进行。中国进行的政治体制改革就是对经济体制的适应，国务院进行的几次机构改革与调整就很好地证明了这一点。一些与经济社会发展不相适应的机构或者被撤销，或者从过去的一线逐渐退居二线，与此相对应的就是这些部门的领导干部也逐渐离开了领导岗位，淡出了人们的视野。随着机构调整的不断进行，此种状态还将继续延续。官本位、权力本位的意识与某些党政干部现实处境的反差，造成了他们的心理落差，从而使其产生"弱势感"。

（二）干部考评与选拔任用机制的科学化建设滞后是导致领导干部"弱势感"问题的制度性原因

经过多年的理论与实践探索，我们党虽然形成了一套相对有效的干部考评与选拔任用制度，但它仍有很多问题与不足，实现干部考评与选拔任用机制的科学化还有相当长的一段路要走。干部考评与选拔任用机制的科学化建设滞后导致干部考评标准不够完善，过分突出经济发展指标，忽视社会、文化和民生等指标。这一问题的产生与现实中有相当一部分的地方领导特别是党政一把手"唯GDP论"的政绩观有着直接的关系。很多地方主要领导把经济的增长与发展速度作为考察和衡量党政干部能力的主要指标。他们认为，能够实现经济与财政税收快速增长的干部就是好干部、优秀干部，在干部的选拔任用中就理应得到重用，而对其在社会、文化以及民生等方面的工作则不太关注。"唯GDP论"实质上是"唯生产力论"的变种。地方领导在这一理论的驱动下，眼光往往盯在财政、招商、税务等部门，本地区的GDP总量就成了自己晋升的阶梯和筹码，对本地区下级政府或部门GDP的考察也成为其选拔任用干部的主要依据。在这一背景下，其他权重相对较小的机构和部门就很容易被忽视，相关的党政干部也很容易被忽视，从而被推到了官场的边缘地带，这些党政干部的"弱势感"问题就相应产生。

另外，党政干部人事结构呈金字塔状，越往上越窄，职级越高，编制人数越少。这也就意味着当一个党政干部级别越来越高时，他在职务上晋升的空间也就越来越小。再加之不少地方和部门对"干部年轻化"的片面理解，在干部选拔任用中存在着严格控制年龄标准的问题，致使任职年龄层层递减。这种在任职年龄方面的"一刀切"严重影响了一批年龄稍大但能力较强的干部的工作积极性，造成干部升迁中的"天花板"现象[①]。一些地方在干部选拔与任用中仍然存在着论资排辈现象，甚至潜规则盛行，致使一些埋头苦干、兢兢业业的党政干部很难有机会被提拔。对更高领导职位的向往与现实仕途的惨淡的反差使一些党政干部想跳槽离开，但又舍不得来之不易的官位，从而陷入"食之无味、弃之可惜"的两难境地，最终导致"弱势感"问题的产生。

（三）自身素质的不足是导致党政干部"弱势感"问题的主体性原因

党政干部是我国改革开放和社会主义现代化建设的核心力量，加强政治业务学习、提升思想与道德修养是党政干部应对各种问题与考验的关键。这就需要党政干部不但要有驾驭全局、正确决策、处理协调好各种错综复杂关系的业务素质，更要有良好的思想道德修养，真正做到勤政、廉政。然而，在市场经济的负面效应影响下，一些党政干部的人生观和价值观发生了改变，他们把追求官位升迁、谋求个人利益作为自己的价值目标，把全心全意为人民服务的宗旨抛到了脑后，放松了思想道德修养的提升，导致道德素质下降、官德滑坡。这些党政干部的素质与能力很难跟上时代发展的要求，致使他们在工作中碌碌无为，得过且过。这种状态下的干部很难在激烈的干部选拔任用竞争中脱颖而出，更难以得到提拔重用，从而导致"弱势感"问题的出现。

另外，党政干部自身素质的不足也使他们难以适应社会监督呈现立体化

[①] 于学强：《干部的"天花板"困境解析》，载《领导科学》，2010年第3期。

发展的趋势。随着社会主义法治国家建设与民主监督的推进,"让权力在阳光下运行,把权力关进笼子"逐渐成为一种社会共识。党政干部受到的监督越来越多,既有来自党政纪检部门的,又有来自社会公众、新闻媒体的。特别是随着互联网的迅速发展与普及,信息的传播更加迅速,这就对干部的个人素质和行为提出了更高的要求,否则很可能会因为做错一件事或说错一句话而被曝光、"被出名"或被问责,甚至造成更大的社会消极影响。在立体化的社会监督与严厉的问责制度面前,党政干部不得不在言行举止方面谨小慎微、小心翼翼,从而使一些人有了"弱势感"。

三、党政干部"弱势感"问题的消解之策

党政干部"弱势感"问题的存在,无论对党的执政能力和干部队伍建设,还是对党政干部自身能力建设,都是极为不利的,具有社会负面效应。如果得不到及时解决,不仅会影响党政干部良好形象的塑造,而且会影响良好社会风气的形成,进而影响经济社会的发展。因此,妥善解决党政干部的"弱势感"问题具有非常重要的现实意义。笔者认为,解决这一问题,有三个依赖路径。

(一)加强干部的思想教育,提高干部教育的针对性和有效性

中国共产党历来重视对干部的思想教育。在民主革命时期和社会主义建设时期,我们党的干部思想教育工作卓有成效并积累了丰富的经验。改革开放30多年来,我们党的干部教育与我国的经济社会发展基本是相符的,但也应看到党的干部教育与改革和发展的新形势相比,还存在如干部教育缺乏针对性和吸引力,对新情况新问题关注不够、解决方法不够有力等一些问题。现实生活中出现的党政干部"弱势感"问题就是明证。因此,我们必须加强党政干部的思想教育,提高干部教育的针对性和有效性。这是解决党政干部"弱势感"问题的前提。其路径主要有:一是加强理论学习教育,使党政干部形成正确的世界观、人生观,坚持正确的价值取向,清除传统的官本位与权力本位的不良影响,从而真正做到不迷失方向、不盲目攀比、不随波逐流,立党为公、执政为民。二是联系现实问题,提高干部教育的针对性。干部思

想教育的最终目的是解决干部中存在的问题，这就要求我们深入实际进行调查研究，通过各种渠道了解和发现干部队伍中存在的各种问题，如理想信念问题、心理弱势问题等，进而有针对性地开展教育活动。三是创新干部教育方式，激发干部的积极性，提高干部教育的实效性。干部教育的形式是多种多样的，创新干部教育形式是激发干部积极性的有效途径。干部教育形式要适应新形势的要求，与时俱进，既要发扬传统的干部思想教育的有效形式，也要充分利用电视、网络的优势创新教育载体，提高干部思想教育的实效性。

（二）建立健全干部考评与选拔任用的科学化机制

针对目前干部考评与选拔任用机制存在的问题与不足，我们必须以改革创新的精神建立健全干部考评与选拔任用的科学化机制，从而真正解决党政干部"弱势感"问题。建立健全干部考评与选拔任用的科学化机制主要应从以下几个方面着手：一是改革干部考评机制，建立经济社会综合评价体系。改变原有的把经济发展速度作为干部考评主要指标的做法，建立起干部考评的经济社会综合评价体系，破除以往干部考评任用中的潜规则，实现干部考评的科学化，从而真正做到对干部进行客观合理评价。二是建立官德考核的科学化机制，实现干部德才的双向考察。我们党对干部"才"的考核已有了相对成熟的考评机制，但对干部"德"的考核还缺乏科学化的机制。这主要是由于干部官德自身具有的内隐性、可变性、复杂性等特点和官德考核缺乏统一细化的标准。因此，必须建立立体式、多视角、多方法、统一又细化的干部官德考评的科学化机制，实现干部德才的双向考察，使德才兼备的干部真正得到重用。三是创新干部选拔方式，实现选人用人的科学化。通过深化干部人事制度改革，建立"能者上、平者让、庸者下"的干部交流机制，注重干部岗位与能力的关联性。要创新干部选拔方式，特别是加大竞争性选拔干部的力度，实现选人用人的科学化。同时，针对党政干部中的"弱势感"问题，在干部选拔中要多关注这一群体，保证其获得均等的机会公平参与竞争，真正做到"对那些长期在条件艰苦、工作困难的地方工作的干部要格外关注，对那些不图虚名、踏实干事的干部要多加留意，对那些埋头苦干、注重为长远发展打基础的干部不能亏待"①。

（三）党政干部要根据时代发展要求，自觉加强业务学习与道德修养，提高自身的核心竞争力

作为党和国家路线方针政策的贯彻者与执行者，各级党政干部必须认清新形势、新任务，自觉加强业务学习与道德修养，全面提高自己的综合素质与核心竞争力，这是解决党政干部"弱势感"问题的根本和关键。笔者认为，党政干部提高自身素质与核心竞争力可从三个方面入手：一是要认清时代发展的趋势，进行自我调节。市场经济环境下的党政干部要摈弃计划经济体制下的旧工作思维，紧扣时代发展的脉搏，根据时代发展的变化与要求及时进行自我调节。二是要加强业务学习与道德修养，提高自身的核心竞争力。党政干部要想在激烈的官场竞争中脱颖而出，实现自我价值，加强业务学习与道德修养、提高自身的核心竞争力是一个必然的选择。在加强政治理论学习的同时，要加强对经济、法律和管理等知识的涉猎，防止在岗位调整时出现业务知识盲区。在平时还要加强官德修养，做一个思想务实、生活朴实、作风扎实的人，诚实守信、言行一致、表里如一的人，勤勤恳恳工作、努力进取创造、任劳任怨奉献的人。三是要学会沟通与协调的技巧，提高沟通协调能力。党政干部要善于和不同类型的人交往与沟通，既要能与下级和普通百姓沟通，也要能与上级领导沟通，实现与群众、领导的有效沟通与协调。同群众的有效沟通可以使群众较好地了解自己，从而为干部考评与选拔打下良好的基础；同领导的有效沟通可以使领导更好地了解自己的工作情况与思想状况，从而使自己进入领导用人的视野之中。

（载《领导科学》2012 年第 6 期）

---

① 聂世军：《党的用人理念和方式创新对干部素质修养的新要求》，载《中国浦东干部学院学报》，2010 年第 5 期。

网络反腐：兴起缘由、价值解读与风险防范

邹庆国

摘　要：中国共产党第十七届中央纪律检查委员会第七次全体会议公报指出，要健全网上舆论引导机制，发挥互联网等新兴媒体在促进反腐倡廉建设中的积极作用。网络反腐是新兴媒体兴起背景下开展反腐败斗争所需要深入探讨的一个重大理论和实践命题。网络反腐起因于传统反腐方式的局限。网络反腐的核心价值在于提升了社会监督的整体效能，为反腐倡廉注入了科学化元素。网络反腐本身还具有不可逾越的局限，面临着道德和法律的双重困境，其功能作用也是有限的，不可能形成一种独立的反腐模式。网络反腐的发展方向是融入到中国特色反腐倡廉体系之中，而不是游离其外。只有以科学理性的态度来引导和规范网络反腐，才能使其走得更远。

关键词：网络反腐　核心价值　风险防范　反腐倡廉体系

作者简介：邹庆国，男，山东茌平人，聊城大学政治与公共管理学院副教授，博士，硕士生导师。主要研究领域为执政党建设基本问题、地方党委领导制度科学化、基层党组织功能变迁等。

中国共产党第十七届中央纪律检查委员会第七次全体会议公报强调，要健全网上舆论引导机制，发挥互联网等新兴媒体在促进反腐倡廉建设中的积极作用。互联网的兴起和广泛运用，对我国的政治、经济、文化和社会建设产生了深刻影响。在这其中，网络反腐，无疑是值得格外关注和深入探讨的

一个重大课题。网络反腐正作为一种全新的力量，在丰富反腐方式的同时，也带来诸多挑战和风险。正因为此，至今人们对网络反腐的作用仍是褒贬不一。在构建中国特色反腐倡廉体系的总体框架内，客观认识网络反腐的基本价值和潜在风险，具有重大的理论和实践意义。

一、网络反腐起因于传统反腐方式的局限

我们党执政以来，一直把开展反腐败斗争作为一项重大政治任务来对待。在方式方法上，经历了主要依靠思想教育和群众运动反腐、制度创新反腐、集教育监督惩治功能于一体的体系反腐方式的发展演变。这一演变历程，反映出不同的历史阶段，针对腐败现象的不同特征和表现形式而引发的反腐方式与策略的变迁；同时，也体现出对传统反腐方式的丰富、完善与创新，是一个永无止境的过程。网络反腐渠道的开辟，正是这一过程之中的一个新突破。

据笔者考证，网络反腐最早进入公众视野，应当是在 2003 年，被称为"中国舆论监督第一人"的安徽人李新德创立了"中国舆论监督网"，并在 2004 年首发"下跪副市长丑行录"一文而闻名，从而引起国内外媒体的关注。[①] 紧随其后诞生了"中国民生申诉网"、"中国百姓喉舌网"等社会力量建立的反腐网站。2003 年 10 月 1 日，最高人民检察院开始建立网络举报平台。2005 年 12 月 28 日，中央纪委、监察部首次公布了中央纪委信访室、监察部举报中心网址（www.12388.gov.cn）。2005 年以来，中央纪委、监察部及部分省（区、市）纪检监察机关相继开通了举报网站。2009 年中央纪委、监察部统一开通了全国纪检监察举报网站。由此可以看出，网络反腐，从一开始就呈现出公共权力与社会力量互动的局面。在这种互动过程中，网络反腐历经最初的民意沉淀后，逐渐由个人行为转向集体行动，渐由"腐败问题评析"演变为指向性极强的"腐败现象透视"及"腐败行为举报"，受力面越来越广，影响越来越大，且有愈加盛行的态势。社会力量反腐与体制内力量反腐方式的紧密结合，已成为一个不争的事实，是新的历史条件下在反腐

---

① 言棹：《李新德民间反腐"第一人"》，载《廉政瞭望》，2005 年第 8 期。

倡廉建设领域贯彻群众路线的生动体现。

值得关注和反思的是网络反腐盛行背后的深刻动因。近年来，随着"网络曝光"将多位贪官拉下马，网络反腐已经越来越为社会公众所熟悉。公众最愿意用什么渠道参与反腐？据2009年10月《中国青年报》社会调查中心通过民意中国网和腾讯网在线调查（1983人参加）的数据显示：排在首位的是"网络曝光"，75.5%的人选择此项。接下来依次是："举报"（58.2%）、"媒体曝光"（53.8%）、"信息公开"（48.0%）、"信访"（30.6%）、"审计"（30.1%）。"网络曝光"远远超过其他几种传统渠道。我们暂且忽略被调查人群的代表性，但这一数据至少说明两点，一是网络反腐普通人容易参与；二是网络反腐效果较好。这是由于"网络曝光"，更便于把细小的社会问题归类、解析、放大，快速凝聚成人们的共识，产生强大的舆论力量。无论对于腐败分子还是反腐机构都会形成一种强大的压力，利于问题的及时有效解决。这些优势恰恰映射出传统举报方式存在的不易操作、难见效果等局限。比如，给有关部门写举报信，常常石沉大海，不了了之；举报者还很容易暴露身份，遭到打击报复等。在网络上曝光腐败分子，相比较而言，风险和成本小很多。

在笔者看来，网络反腐盛行的根本原因，并不是网络的技术因素，而在于技术之外的制度缺陷。网络反腐兴起的一个不可忽视的重要背景是：我国在结束了依靠群众运动开展反腐败的方式之后，在相当长的一段时期内并未能建立起一种制度化、规范化的社会力量对腐败现象的监督揭发机制，从某种意义上讲，本身也是社会监督制度化困境倒逼下的"产物"。这些制度性缺陷包括我国群众参与监督、参与反腐败的保障制度上的缺失，反腐败机构独立性和执行力不足，传统媒体的监管制度以及诚信管理制度不完善等。正因为此，才使网络反腐变得有生命力，成为人们更信赖、更愿求助的渠道。

网络反腐的运用，毕竟还处于起始阶段，需要进一步探讨和研究。毋庸置疑，网络反腐的作用确实越来越大。互联网已经成为反腐倡廉建设进程中新兴媒体监督的重要平台，这已得到党内的肯定。党的十七届四中全会决定郑重提出了健全反腐倡廉网络举报和受理机制、网络信息收集和处置机制的新要求。贺国强在考察中央纪委监察部网络信息工作时也强调，要高度重视网络举报在反腐倡廉建设中的积极作用，充分发挥全国纪检监察统一举报网站的重要作用，切实加强管理，完善网络举报法规制度建设，健全网络举报受理机制，完善线索运用和反馈制度，真正为群众提供一条便捷、畅通的监督渠道，进一步调动和保护广大群众参与反腐倡廉的积极性。①

二、网络反腐的核心价值在于提高社会监督的整体效能

对权力的有效监督与制约，是反对腐败行为的根本途径之一。在我国，传统的监督形式主要包括五类：党内监督、人大监督、政协监督、群众监督和媒体监督。如果进一步作出界定的话，那么，后两种监督形式也可归结为社会监督。从反腐败的国际经验来说，国际上廉洁度较高的国家或地区，官员都是由民众、舆论与媒体进行集体监督。从这个意义上说，社会监督以什么样的方式，在多大范围和程度上参与到反腐败过程之中，关系到反腐倡廉事业的成败。而网络反腐，正是在这些方面，提升了社会监督的整体效能。

1. **扩大社会监督的范围**。政治学原理告诉我们，公民的政治参与程度，是衡量一个国家政治与民主发展水平的重要标志。只有保护好公众的政治参与意识，才能让公众从内心真正认同政府治理的合法性，政治体系才可能实现高效运转。社会监督则是公民政治参与的重要形式。就目前来看，以网络为途径的监督形式，无论在广度还是深度上，都极大地拓展了社会监督主体的范围。中国自从1994年接入国际互联网以来，呈现出网民规模大、发展速度快、方式多样化等特点。据人民网舆情频道报道，截至2011年6月，中国网民规模达到4.85亿人，网民每人每天平均上网时间2.7小时，表明互联网已经成为覆盖率仅次于电视的大众传媒。② 数字表明，网络媒体逐渐从边缘走向主流，网络监督已经成为社会主义民主监督的一种新形式。

网络进一步增强了社会公众的话语权，拓展了社会监督的时空界限。传统媒体上出现的"舆论"，话语主体多是一些知名人士或媒体自身。尽管从理论上来讲，媒体应该代表公众，成为公众的代言人，但在实际运作中受各种

---

① 贺国强：《切实加强反腐倡廉网络舆情信息工作，努力拓展人民群众参与反腐倡廉工作渠道》，载《人民日报》，2009年11月19日第1版。

② 《2011年中国互联网舆情分析报告》，载 http://yuqing.people.com.cn/GB/16698341.html

主客观因素的制约，媒体的言论有时并不能如实、准确地反映群众的意见和呼声。通过网络，来自社会底层的信息、观点、声音找到了一个"出口"，普通公众借助网络拥有了表达权，避免了一些传统媒体作为中介代言人的独断专行，甚至扭曲民意的不良现象。网络强大的聚合性、天然的互动性、广泛的代表性、信息容量的庞大性、传播的快速性、意愿表达的真实性等特点，使网络监督无时不在、无处不在，既可以为纪检监察机关及司法部门提供大量而直接的监督线索，也可以以其特有的力量推动职能部门积极作为，实现以权利制约权力。

2. **提供社会监督的技术支持**。传统的监督手段主要有批评、检举、揭发、控告、上访等。尽管这些监督手段有相对健全的法律保障而且受理机制完善，但涉及群众少，少数政府监察机关、纪检机关信息披露不够及时，透明度不高，导致群众知情权无法得到充分保障，造成案件积压，打击报复检举者等不良现象，其效果很多人并不认可。

网络为公众行使知情、表达、参与、监督四大民主权利提供了新的技术条件。与传统的社会监督方式相比，网络反腐作为一种新兴的监督形式，更直接、更尖锐、更隐蔽、更能保护监督者的合法权益。具体来说，网络作为反腐的一种工具或手段，在技术上有以下几个方面的特点：

一是信息传播及时便捷、受众率高的特点。网络能够"全天候"传播信息并实时发布信息，把对时间的占有权完全交给了社会公众。网民上网不受时间、空间的限制，与现实相比，更能随时随地地发表自己的见解，尤其是网名可以是真名也可以是化名，反映问题没有过多顾忌，最直接而坦率。由于受众率极高，一旦一些事件人物进入网络的报道便会引起公众长时期的关注与讨论，会引起相关部门的重视，有利于案件的调查审理。网络技术系统给予网民多种渠道搜集证据和信息，让全社会以最快的速度得知反腐事件的进度。

二是抗干扰性强的特点。传统的监督手段往往需要检举人与被检举人面对面对质，面对面地提意见或质疑有时会碍于情面、尴尬难堪而有所保留。更有少数干部发现对自己不利的消息后，会利用自己所掌握的权力封杀信息，甚至对监督者进行打击报复，而网络监督则在很大程度上弥补了这种不足。网络以其匿名性大大减轻了民众监督的心理负担；同时，网上表达意见也有效避免了面对面的传统监督方式带来的尴尬和不快。

三是低成本、高效率特点。现实中各种举报渠道有不少，但网络举报无需上门，无需另外的费用，即写即发，大大地节省了成本，简化了程序。再者，有关部门从网络中寻找线索，了解情况，更宜找准突破口。特别是网络举报还有一种难以替代的特殊优势，一人举报，其他知情者可以补充，使举报材料更翔实。

四是立体直观、生动形象的特点。网络集声音、图像、动作、文字为一体，展示的内容更加丰富多彩，网民可以多渠道地搜集证据和信息，让全社会以最快的速度在最短的时间内关注到相关腐败事件的进度；也可以通过多种形式逼真地展示腐败分子的不法行径。

总之，依靠网络技术手段，公民能够对公共领域中的所有人物、关键领域和重点部位进行无处不在、无时不有的监督，实现了监督关口的前移；同时，运用互联网技术手段，也为腐败的前期预防、调查取证等提供了高效便捷的技术条件。

3. **优化社会监督环境**。网络承载了社会对公共权力的关注，其不仅是群众获取社会信息的主要窗口，还是体察社情民意、衡量社会发展趋向的风向标，社会上有多少种现象，网络中就能产生多少种言论。正如媒体所言：这是一个"人人都有麦克风的时代"。网络舆论具有广泛的代表性。正因为互联网具有广泛的群众基础，可以说网络舆论在很大程度上代表了民意。网络监督的力量大大压缩了"暗箱操作"的空间，过去出了问题有人还可以封锁消息，而在网络时代就很难掩盖，人们通过网络，几分钟内就可以将信息发送到网络上，立刻就会产生爆炸性效果。网络监督让社会公众多了一个自由表达的空间，跟其他表达意见的方式相比，网络监督所受限制最少，"门槛"最低。在这种"全民反腐"的氛围中，从外部环境中给腐败产生了极大的威慑力和强大的舆论压力。

互联网带来权力的分散与转移，拓展了民主参与的政治空间。信息化所具有的扁平化延伸和资源即时共享特点，使"参与式民主"、"协商民主"和代议制民主等现代民主的实践形态更富有成效。网络社会中，政府的作用更多的被规范在掌舵、调控和制定规则方面，政府权威也相应地要凭借能力和魅力树立起来，而不以传统的社会等级或官位作基础。在这种"扁平化"政治生态环境中，权力的监督与约束得到强化，依托于权力而滋生出的各种腐败现象也相应地得到遏制。

互联网打破了政府与公民之间在时空上的沟通障碍,加强了政府与公民的联系,表现出一种全方位、立体式的沟通方式。各级政府借助于信息化手段,设立透视政府、政府热线、公民论坛等窗口,及时、广泛、全面地认真听取来自各个阶层的意见和建议,促进了政府决策的科学化和公开化;公民通过容量大且实时的信息、查询方式便捷且廉价的互联网,扩大和行使了知情权,拓展了对施政行为的监督渠道。

三、网络反腐的局限性和潜在风险

网络的快捷性、虚拟性正极大地改变着普通公民反腐"话语权"的行使。但是也应看到,在实践中,其大众化和匿名性的特点,在监督权力行使主体、揭批腐败现象的同时,容易造成不良信息的迅速传播,甚至侵害公民的权利,挑战道德和法律的底线,存在着很大的不确定性和未知风险。

1. **网民自身的局限性**。网络为社会公众监督公共权力的运作提供了相对自由和宽松的空间,但是就目前我国网络反腐情况来看,作为监督主体的网民也有其不容回避的局限性。

第一,网民自身素质的差异。网民在现实生活中处于不同地域、不同阶层、不同职业群体之中,其阐述的观点难免受到视野、情绪、利益、情感等因素的影响,加之跟帖者往往缺乏全面充分的信息,由其营造的网络舆情也容易失真;再者,网民的个体素质原本就参差不齐,对同一事物的判断和分析会受到个人认识水平的限制,这些问题的存在,导致网民未必都能站在客观公正的立场来对相关事件作出理性的判断。

第二,网民意愿表达的非理性风险。由于信息不对称,网民对一件事情的来龙去脉和真实情况未必很清楚,很可能因得到的信息不真实、不全面而作出片面的判断,存在着非理性倾向。正如有关专家指出的,在网络这个虚拟世界中,人们更容易淋漓尽致地进行社会正义需求的宣泄。然而,这也容易成为一把双刃剑,走向极端就会演变成一种精神层面的群体暴力行为,出现以讹传讹、网络"私刑化"等问题,酿成"网络群体性事件",给社会和谐造成伤害。

第三，网络信息传播的真实性问题。网络传播也往往会带来信息的不对称。在现实中，网络信息失真，还可能为某些居心叵测的人打击、陷害、报复别人提供便利。这也有待于有关机构采取制度化的信息甄别机制，使反腐信息控制在基本属实的范围之内。

2. 网络反腐的道德法律风险。网络反腐的负面作用对伦理道德和法律秩序的冲击和挑战同样不可轻视。

第一，网络反腐存在着侵害他人隐私权、名誉权等法定权利的风险。对于普通网民而言，在监督举报的手段方式上，很难分清名誉权、隐私权的边界。网民通过揭露一些官员的财产、婚姻、消费等行为，使得反腐败工作渗入到社会生活的各个方面，确实保障了反腐工作的顺利进行，但与此同时也触犯了宪法的相关规定。体现在法律诉求上，就存在一个如何准确判断隐私权、名誉权范围的难题，以协调好公民言论自由权与民事权利的冲突。事实是，网络反腐稍有不慎，就会造成诬告和诽谤侵权。可以说在网络监督的过程中也会鱼龙混杂、泥沙俱下。在知情权与隐私权、政务公开与党政机密、社会监督与造谣诽谤、言论自由与人身攻击等诸方面，网民无法可依，网络信息的可靠性肯定会打折扣，给网络监督和"网络反腐"带来隐患，甚至诬告被举报人。

更有甚者，个人隐私还可能会遭遇网络暴力。据百度百科的解释，网络暴力是指网民在网络上的暴力行为，是社会暴力在网络上的延伸。表现形式主要为：网民对未经证实或已经证实的网络事件，在网上发表具有攻击性、煽动性和侮辱性的失实言论，造成当事人名誉损害；在网上公开当事人现实生活中的个人隐私，侵犯其隐私权；对当事人及其亲友的正常生活进行行动和言论侵扰，致使其人身权利受损等等。① 现实生活中，"人肉搜索"成为直接的表现形式。由于互联网覆盖面广，"人肉搜索"的效率和成功率要比传统搜索方式高很多，热衷于此的网民往往通过"人肉搜索"成群结队公开评论，甚至通过各种方式入侵当事人的现实生活。因此，如何区分举报失实与诽谤乃至诬告陷害，把握"合理怀疑"与尊重隐私的尺度，可能还需要在司法实践中积累经验，以促进相关法律制度的完善。

第二，网络信息传播容易泄露反腐机密。网络信息的公开性、透明性特

---

① 百度百科：http://baike.baidu.com/view/979872.htm? fr = ala0_1。

点与反腐败工作中立案调查阶段的高度保密性要求之间也存在矛盾和冲突。由于网络监督和"网络反腐"很大一部分是在网上大张旗鼓地公开信息,这样容易打草惊蛇,让被举报对象及早准备、事先串供或销毁证据,导致很多事情查不实也无法查实。这样不但加大查处难度,反过来被举报人会告其诽谤,司法机关只能追究举报人的诽谤责任,反而使举报人陷于被追究诽谤责任的被动地位。由于缺乏相应法律规范,一旦发生纠纷也难以处理。

第三,网络信息传播有时容易误导网络舆论,影响到司法公正。从法律上来讲,网络提供的举报材料只是线索,还有待查证,不能直接作为定罪量刑的证据。但是在网络营造的漩涡般舆情面前,强大的民意极可能干扰正常的司法理性,尤其是网上一边倒的舆论,会给法院和法官带来巨大的压力,影响公正审判。比如,2010年网络上多方炒作的因受贿罪而被判刑的湖南省城步苗族自治县原县委书记吴艺珍之女"网络救父"事件,网上舆论一度对此案存疑,认为存在官场陷害之嫌;有的网评甚至以寻求"程序正义"为由,在不顾吴艺珍犯罪事实的情况下无限地"上纲上线",更有人以此抨击国家整个司法体制。① 因此,"网络反腐"在打击了一批腐败官员的同时,也出现了一些以讹传讹、民意审判、媒体审判,甚至网络暴力等问题。一些个案由于舆论的过早介入,发展成为波及局部乃至全局的公共事件,在舆论压力下可能影响司法公正。

四、网络反腐的发展方向是融入中国特色反腐倡廉体系之中

当前,理论界和新闻媒体对网络反腐这一新生事物存在着一种期望值过高的非理性倾向。对此,应慎重对待。反腐倡廉建设是一项系统工程。实践表明,反腐败斗争具有长期性、复杂性和艰巨性特点,反腐败不能仅凭义愤,不可能"毕其功于一役";另一方面,惩治与预防腐败体系是由教育、监督、制度、改革、纠风、惩治等要素相互作用、相互支持的有机整体,仅仅倚重

---

① 谭剑等:《网络反腐走到"十字路口":群体极化现象亟须引导》,载《半月谈(内部版)》,2010年第6期。

于某个方面，或者依靠一两种所谓"新、奇、特"的手段、方法，是不可能发挥持久效力的，运用不当，还可能使反腐工作陷于被动，甚至成为破坏性力量。因此，对于网络反腐，要客观评价，正确引导。网络虚拟空间难以逾越的局限与不足，以及在检举腐败现象中所遇到的道德与法律困境也充分表明，网络反腐不可能单独成为一种模式。

从近期来看，关于网络反腐的新闻虽炒得沸沸扬扬，但与传统反腐案件相比，网络反腐案件仍属于少数。网络反腐整体上呈现出很大的偶然性。目前，对于网络举报的受理、查处、反馈等，很多是有关部门和领导在网民的不懈推动下才"不得已为之"，案件的查处并非取决于制度的稳定性和持久效力。此外，网络在一些大中城市普及率相当高，但在西部一些地区及贫困山区通讯手段落后，根本还无法安装网络，谈不上网络反腐。这些地区民众网络意识淡薄，甚至有些不知网络为何物，而这些地区所存在的问题也往往更多，想从根本解决这些问题是一项长期工程，单纯运用网络无法解决。

从长远来看，如前所述，网络反腐新渠道起因于传统反腐模式的局限，目前很多人对"网络曝光"方式的偏好，顶多也不过是一种"次优选择"。网络监督始终只能作为一种重要手段或方法，并不能越俎代庖，以致替代了法律法规、司法程序。随着反腐倡廉体系的不断完善，党务政务公开度的不断扩大，反腐败工作法治化、制度化和规范化程度的提高，传统的监督、检举、批评、上访等方式会更安全，也能提供切实证据，要比网络举报更严肃、更理性、更有实效，也更有公信力。

网络反腐只有融入到中国特色反腐倡廉建设的整体框架之中，才能够发挥应有的效力，才能够走得更远。网络反腐不是"人肉搜索"，不是仅仅依靠检举揭发才能生存，而是应当充分利用自身的优势，在增强反腐倡廉教育的说服力、制度的约束力、监督的制衡力、改革的推动力、纠风的示范力、惩治的威慑力方面，发挥好网络的独特功能。当前的关键是要为网络反腐力量提供制度化的入口和出口，使其与体制内反腐机制良性互动，提高防腐、反腐的科学化水平。

一是要建立完善党务政务信息公开机制。完善的信息公开机制，是社会民主化的重要标志，可以很好地防止国家公职人员以权谋私现象的发生，增加了权力运行的透明度，更有利于民众进行监督，可以有效地防治腐败。完备的信息公开体系大体应包括机关的职权、工作程序、办事结果、办事过程、时限、监督方式等要素，按照这样的标准来建立健全党务政务信息公开机制，就会使网民可以通过网络途径了解公共权力部门的信息而不受到任何干扰，保证公民知情权得到实现，使网络监督渠道更加畅通。

二是要建立必要的网络监管制度。这些制度应当视网络信息的危害程度让网站运营机构承担连带或重要责任。只有这样，一方面，网站运营机构才会有积极性监管网络上的信息，监督管理网民的网络行为；另一方面，也为网络中介服务提供者在面临诸如被监督者针对网民的反腐举报要求其采取删除、屏蔽等措施的"指示"、"命令"及其他威逼利诱等行为时正确行事提供了制度依据和安全保障。

三是要实现网络反腐与现行制度的有机衔接。实现网络反腐与现行反腐制度规范的有机衔接，是有效避免各种失范、侵权、越规等现象发生的重要保障。要在建立、完善群众监督的法律保障制度，改革新闻媒体管理制度等方面深入探讨。倘若这些问题得到有效解决，在反腐败斗争中，网络也就不会承载过多的本身无力完成的职能，民众对其在反腐中的期望值也就会回归理性，管理工作也会相对容易起来。

四是整合网络反腐资源，提高官方网站的反腐效能。目前，最高检、中央纪委、监察部以及各地检察、监察部门，都开设了网络举报平台。但是当前大部分网络举报并不是通过官方渠道，而是分散在一些新闻社区、民间论坛、个人博客等。这种零散的网络举报在未进入专门机构的情况下，会反复传播，既耗费了反腐资源，也给反腐部门收悉、查处案件线索带来困难。整合这些资源，就是要将举报线索尽可能引导到官方的专门平台上，从而提高网络反腐的效率；与此同时，要建立健全网络反腐责任机制，建立通畅的网络反腐材料处理渠道，保障举报信息的及时处理与结果反馈。只有通过明确责任主体和严格的问责程序，才能确保职能部门对网络举报保持持久的"敏感度"，保障有专门的机构和人员去收集、处理网络投诉和举报，并形成一条通畅的网络反腐信息专门处理渠道，使网络反腐向"法治型"转轨，并成为中国特色反腐倡廉体系的一项重要内容，网络反腐之路才能越走越宽广。

（载《理论导刊》2012年第4期）

人大监督的动力贫困与动力生产

孟宪艮

摘 要：人大监督的动力贫困其实是社会与国家之间的力量对比失衡在政治制度中的现实反映。要想改变这种状态仅仅通过制度的赋权或者监督程序的规范是不现实的。社会自身发育不良或者缺乏自治能力都会导致对权力控制的严重依赖，进而丧失制约权力滥用的动力与力量。只有打破权力资本的垄断，改革税制结构，使社会组织得到充分发育，并改善执政党的社会沟通机制为人大监督提供动力转换，才可以为人大监督提供足够的动力源泉与力量支撑，在根本上摆脱监督乏力的困境。

关键词：人大监督；动力机制；动力生产；动力转换

作者简介：孟宪艮（1978—），山东聊城人，聊城大学政治与公共管理学院副教授，法学博士，从事政治学理论研究。

引 言

监督权是人大的主要职权，但其在现实中的运行效果却始终不甚理想。学界对此问题的研究也是见仁见智。有研究者认为监督制度缺乏具体可操作的程序规范，主张通过在程序上完善监督制度以保障监督工作的落实。例如已故学者蔡定剑先生认为："加人大监督工作，缺少的不是权力，而是程序。

是程序的缺失导致各项监督权或难以启动，或启动后难以行使，或行使后被人为地转换掉。加强人大监督，亟须程序支持。"① 也有研究者认为监督权本身的结构特征决定了其内在贫困。要提高人大监督效能，必须构建监督动力机制，促进权力监督体系的发展。例如，需要强化对监督权地位的制度保障，保障监督权的独立性；赋予广泛的监督职权和行动资源，提高监督能力；强化对监督权的激励和监督，提升监督动力等。②

笔者较为赞同后者提出的监督权的内在贫困以及由此所产生的动力缺失观点。因为制度的运作终归是由人来操作的，正如密尔所言："政治机器并不自行运转。正如它最初是由人制成的，同样还须由人，甚至普通人去操作。他需要的不是人们简单的默从，而是人们积极地参加；并使之适应现有人们的能力和特点。"③ 但笔者同时认为动力缺失的原因以及动力机制的构建不能仅从监督制度本身的设计来寻找，还应当结合人大监督的运作现状，回归代议制度运作的本质去探寻人大监督的动力之源。

从人大监督的运行情况来看，尽管近年来人大监督总是在一些关键问题上消极被动，而另一方面却又大张旗鼓地开展执法检查工作，呈现出明显的"正式权力非正式运作"的状况。作为掌握监督权的权力机关，不积极行使宪法和法律所赋予的基本权力，却在努力创设一些并不具备法律效力的监督方式以寻求自身权力扩张，这似乎有悖于权力的运行逻辑。要对这种现象进行深入的解释恐怕需要走出制度分析的框架，寻找监督权得以运行的动力之源。基佐曾言："权利即使得到了认可，如果没有坚实的保障，它也毫无意义。而如果没有与保障相关的力量对其加以维护，则这些保障就毫无意义。"④ 在基佐看来，代议制政府不仅需要已经写入宪章的权利保护，而且必须具备在实践中能够维护其运行的现实力量。那么对于人大监督而言，是否具备了这种能够维护其运行的力量，这种力量又来自哪里？这是亟待加以研究的问题。

---

① 蔡定剑：《加强人大监督亟待程序支持》，载《人民论坛》，2006年第3期。
② 韩志明：《监督权的内在贫困及其理论建构》，载《中共福建省委党校学报》，2009年第8期。
③ ［英］密尔：《代议制政府》，商务印书馆1982年版，第7页。
④ ［法］基佐：《欧洲代议制政府的历史起源》，张清津、袁淑娟译，复旦大学出版社2008年版，第271页。

一、人大监督的动力机制分析

议会监督的动力问题是在普选制获得实现后的代议制政府运行中产生的。作为议会最古老的职能,最初的动机是由于国王的财政问题所触及到封建贵族的整体利益所引起,只有紧紧盯住国王的权力,才能保护好贵族成员的钱袋子。由于监督国王的权力行使关乎贵族们的切身利益,自然无需考虑动力问题。这一点在素有议会之母之称的英国被发挥得淋漓尽致,从《自由大宪章》到《权利法案》的历史进程足以证明这一点。自 18 世纪资产阶级民主革命已降,随着普选权的实现,民主主体的范围逐渐扩大,代议制逐渐脱离了以行业、阶层利益划分的运作,形成了以地域为单位来选举的运行机制。这种转变使得代表身份日益多元化,代表的利益不再像中世纪以贵族为核心的身份共同体那样休戚与共。其履行监督责任的行为更像是奥尔森"集体行动逻辑"中寻求公共物品的活动。如果缺乏动力机制,单凭政治参与热情显然无法保障代表们的履职效果,那么如何确保代表在获得授权之后始终保持足够的动力行使监督职责,则成为了代议制理论必须解决的问题。

从代议制的理论基础来看,其制度设计本身就包含着对代表脱离人民的防范。即作为国家权力主体的人民通过选举,将治理国家的权力委托给自己信任的代表。这种设计是想通过定期的任期制和选举制度来实现保障代议士忠实于选民利益的目的,并没有考虑代议士的主观动力问题。随着新制度主义的兴起,在经济领域广泛使用的委托代理理论也被用于作为分析政治行为的理论工具。该理论认为在委托人与代理人之间效用目标不一致,信息不对称、契约不完全和权责不对等的情况下,代理人很有可能为了追求自身利益而牺牲所有者的利益。[①] 该理论要解决的首要问题是通过建立激励约束机制,降低因代理人行为扭曲而给委托人带来的损失。其理论贡献在于承认代理人自身利益的客观存在,并发现代理人可以通过信息优势寻求私利的机会主义行为取向,主张通过激励约束机制实现对代理人的控制。这种理论分析框架对于分析人大代表的监督行为取向也同样具有重要的意义,作为在选举中获

---

① 柯武刚、史漫飞:《制度经济学》,董武译,商务印书馆 2000 年版,第 78 页。

得授权的人大代表，只是通过选举获得了权力的合法性权威，其自身利益也是独立于人民利益的客观存在，那么委托代理关系中所存在的机会主义风险在人大代表履行监督职责中出现的可能性也是存在的，所以建立科学的代表履职激励约束机制是十分必要的。

然而委托代理理论对于人大监督动力的输入以及防范代表的败德行为存在着较大的局限性。如上所述，解决委托—代理问题的关键是对能够行为主体进行科学的考核与评价，最有效的方式就是将代表的利益需要与工作成绩量化为指标。然而这在人大监督的实践中很难做到，首先，委托代理理论是以"经济人"为人性假设前提的，而对于人大监督而言，人大代表履行监督职责的动机并不完全是出于理性的经济算计，而是出于更为复杂的政治、社会方面的需要。因此很难通过企业管理中的绩效考核手段来实现激励效果。其次，由于监督行为从本质上是一种政治行为，在行使监督权的过程中会受到各种因素的制约，同时人大监督权又是集体行使，个体代表的行为效果并不像行政或企业工作那样可以量化为指标，界定个体责任极为困难，所以很难通过绩效考核的方式确定个人的绩效。

由此观之，要想保障代表始终对人民的忠诚，不能仅仅依赖制度的供给与移植。制度的防范设计需要社会提供力量支持与压力，尽量利用社会自身的力量来弥补信息不对称所造成的监督空缺，如果社会基础不能做到对代议制进行有效的支持与约束，那么无论是选举制度还是激励约束机制都很难为人大监督输送动力，并难以防范代表的败德行为。只有社会自身能够为代表履职提供资源保障与力量支持，并能实现对其有效的监督与约束，才可以使制度在现实中发挥实效。

二、人大监督动力贫困的社会根源

代议制民主的实质就是人民对政治权力的一种监督和制约。[①] 监督缺位或消极监督等诸种问题其实是国家与社会力量之间严重失衡的必然结果。正如

---

① ［美］萨托利：《民主新论》，冯克利、阎克文译，东方出版社1993年版，第283页。

密尔所说:"除非负责制约行政的各级政府机关得到这个国家的有效的舆论和感情支持。行政总是有办法把它们撇在一边,或者迫使它们屈服,并且有把握可以获得对它的这种行为的支持。代议制政府永久性必然有赖于人民在它遭到危险时随时准备为它而斗争。如果过低估计这一点,代议制就根本难以站住脚。"① 如果社会支撑力量不足或社会压力不能有效地加诸于人大代表,那么人大监督必然会因缺乏动力而步履维艰。从这个意义上而言,人大监督的缺位事实上并不是出于人大对权力行使的主观谦抑,而是缺乏足够的动力支撑使然。

(一) 缺乏为人大监督提供动力的社会需要

议会监督政府权力的源动力来自社会各阶层维护自身利益的内在需要。在议会产生之初,监督王权的任务是由封建贵族来承担的。为了维护自身的封建特权,身为议员的封建贵族们一直利用议会抗衡王权的专横。资产阶级革命之后,逐渐在政治上成熟起来的资产阶级出于保护私有财产和自由贸易的需要,更是将国家权力视为严加防范的对象。这种与自身利益关系息息相关的监督需要构成了议会监督最强有力的源动力。而人大监督最缺乏的就是这种源自社会自身对权力监督的内在需要。

在人大制度建立之初,社会最紧迫的需要是实现国家富强,而不是对政府权力的监督。在当时的历史条件下,单纯依靠社会自身的力量连温饱都难以解决。整个社会百废待兴,最需迫切解决的是如何在中国共产党的领导下,实现国家与民族的富强。更何况中国共产党在长期的革命中与群众建立了良好的感情,在人民心中的地位是无可取代的。人们所关注的是如何在党和政府的领导下过上幸福安康的日子,而不是监督政府如何行使权力。所以,尽管当时的第一届人大代表在履行监督职责方面尽职尽责,但最终经不起政治运动的冲击,其实正是社会对人大监督内在需要不足的一种反映。② 经过三十年的改革开放,尽管社会的自主性得到提高,社会各阶层对人大监督的需求

---

① [英] 密尔:《代议制政府》,商务印书馆1982年版,第57页。

② Reform Without Liberalization China's National People's Congress and the Politics of Institutional Change, Kevin. J. O'Brien New York Cambridge University Press, P34 – 35.

不断增长,却并没有使这种需求产生现实的压力。一方面,由于根深蒂固的官本位意识以及对自身力量和利益关系的考量,私营企业主并没有对人大监督给予充分的关注,而是更加关注于政治身份的获得,并试图通过与官员建立私人关系的方式实现资本与权力的联姻,以获得企业生存和发展的政治资源与公共服务,甚至还可以牟取私利。另一方面,处于社会底层的弱势群体出于利益表达成本与效率的考虑,以及受自身政治参与能力的限制,更多地选择采取信访的方式或其他非制度方式来表达自身的利益诉求,而很少寻求人大代表的帮助。因此人大监督实际上是靠人大代表个体自觉性来维持的。而这种动力由于缺乏社会需要的压力,且与自身利益影响甚微,因而很难获得持久。所以在现实中,诸如质询、罢免等刚性的监督权力很难实施,而诸如视察与述职评议、执法检查此类监督却逐渐成为常规的工作。此类工作更多的是依赖组织的安排,导致人大的监督工作反而需要借助行政力量推动。

(二)缺乏为人大监督提供力量支撑的社会基础

代议制的成功运行必须以社会基础作为积淀,没有社会基础的支撑,民主则成为无源之水,在此基础上建立的代议制好比空中楼阁,自然无法监督强大的行政和司法权力。正是这种社会基础与国家权力之间的实力对比从根本上制约着议会监督的效果。西方发达国家的代议制之所以能够在监督方面成效显著,除了制度设计与民主传统的积淀之外,更主要的是因为议会拥有控制国家权力的实力。早在欧洲中世纪的封建国家中,议会就在监督王权方面留下了浓墨重彩的一段历史,其原因在于作为议会主要成员的贵族拥有与王权相抗衡的经济和军事势力,迫使国王在征收税收方面必须重视议会的意见。工业革命之后,资产阶级的崛起更加充实了制约国家权力的阶级力量,使议会监督具备了足够的社会基础。正是这种强大的社会基础才是议会监督得以运行的力量支撑。反观那些资本主义从未获得充分发展,而是从封建社会和殖民统治下直接接纳民主制度的国家里,议会监督很少能够真正发挥作用。由于得不到稳定的社会力量支持,议会力量与官僚力量对比过于悬殊,法定的监督权力在官僚力量的反作用下往往流于形式。就我国目前的社会发育而言,尚不具备能够足以支撑人大监督制度正常运转的社会基础。

其一,社会自治能力欠缺,对政府权力过度依赖。社会自治能力是检验社会基础是否稳固的一个基本标尺，具备社会自治能力的社会可以通过公民的相互协作共同解决实际问题，以减轻对政府权力的依赖，防止权力对公民私人领域生活的过度侵入。而如果社会缺乏自治能力，社会的稳定与发展必须依赖政府权力支配时，试图限制政府权力或对其实施有效的监督是很困难的。在一个社会自治能力差的社会中，由于公民之间缺乏信任，难以协商沟通，那么就必须依赖权力控制才能维持社会的稳定与发展。而这种控制又反过来使得社会自身发育不良，丧失对政府的控制力量。自改革开放以来，虽然社会获得了自主发展的空间，但是社会自治能力却始终没有能够形成。社会自治能力欠缺，就必然依赖强大的政府力量进行控制，同时也意味着社会与国家力量对比的失衡。在这种社会与国家的关系中，对权力的监督与约束往往会因为政府治理的需要而不得不作出让步。

其二，社团组织发育缓慢，公民政治参与能力欠缺。经过三十年的改革开放，传统的单位社会逐渐解体，但是能够取代单位社会功能的新的社会组织却未能得到充分的发育，由于受到过多的行政干预以及自身合作能力的限制，使得社团的发育缓慢，其结果导致单个的个体在脱离单位的约束的同时，也失去了赖以生存和发展的归属，进而整个社会出现了原子化动向。[①] 社会的原子化所产生的副作用并不仅仅是社会整合的困难，对于人大监督制度而言也是非常不利的。在这样的社会中，由于缺乏有效的整合力量，公民个体的政治参与能力不高，而且用于政治参与的闲暇时间都极为有限，因此很难有效地通过人民代表大会制度传递自己的利益诉求，更难以对人大监督给予力量支持。

三、人大监督的动力生产

代议制的成功运行必须以社会基础作为积淀，没有社会基础作为支撑，民主则成了无源之水，在此基础上建立的代议制好比空中楼阁，自然无法监督强大的行政和司法权力。正是这种国家权力与社会基础之间的实力对比从

---

① 田毅鹏：《转型期中国社会原子化动向及其对社会工作的挑战》，载《社会科学》、2009年第7期。

根本上制约着议会监督的效果。在当下社会，人大监督所缺乏的正是能够基于自身利益需要，维护自身权益的社会力量。要想从根本上改变人大监督的现状就必须获得持久的动力源泉、可靠的力量支持以及成熟的动力转换机制。

（一）增强社会监督需要为人大监督提供动力源泉

首先需要打破权力资本的行政垄断，充分发育民间资本。由于我国的经济体制改革是自上而下依靠行政力量推动的，且政治体制改革相对滞后，因此无可避免地产生了行政垄断以及大量的官僚资本，对于垄断和官僚资本的危害，经济学的研究者主要是从效率与公平的角度，对行政垄断破坏市场经济的制度基础和政府行政的公信力进行论述。但行政垄断以及由此形成的官僚资本对于人大监督同样具有强大的破坏性。因为这些权力资本与政府关系紧密，已经形成了相应的利益体系。而且这些垄断行业的领导基本上都是各级人大代表的成员。这些具有官方背景的人大代表在各级人大会议中占据了重要的比重，而且垄断了大量发言时间，因此人大监督权往往因为既得利益者的强大力量而无法实施。因为对于民间资本而言，由于经济上对于权力存在较大的依附性，即便是存在着对权力监督的需要，在人大会议上面对着诸多官员代表时也很难或不敢提出真实的观点。因此必须打破权力资本的垄断，使民间资本得以充分发展，并能够在人大会议中发出自己的声音，才能为人大监督提供足够的动力支持。

其次必须改革税收结构，增进纳税人意识。英国是议会之母，而英国又有句谚语："税收是代议制之母"。可见税收在西方议会发展史中的重要地位。选择什么样的税制结构，对于纳税意识以及对政府预算和支出的监督意识所产生的影响是大不相同的。目前世界各国的税制结构基本上由直接税和间接税或流转税构成。其中直接税更能引起纳税人的"税痛"，从而能增强其"监督意识"。与间接税最大的不同点是，直接税是人们从属于自己的财产中拿出一部分来纳税，因此对政府如何使用税收的问题最为关切。所以以个人所得税为主的税制结构对于提高公民对国家的监督意识具有特殊的意义。日本当代著名税法学家北野弘久也指出：在间接税制下，"纳税人作为主权者享有监督、控制租税国家的权利并承担义务"这样的宪政理念"几乎不可能存在"，他指出："只要消费税占据了国家财政的中枢，就会造成人们不能监督、控制租税国家运行状况的可怕状态"。① 在现代社会中,西方发达国家一般都是以直接税为主,而发展中国家由于经济发展水平较为落后,主要是以间接税为主,旨在确保财政收入的稳定。经过三十年的改革开放,我国的经济得到了飞速发展,国民生产总值与财政收入近年来连续快速增长,稳定的财政收入已然不是问题,这就需要根据税收法定原则,形成以直接税为主的税制结构,以激发公众的纳税权利意识,监督政府合理分配和财政收入。一旦这种公众参与意识得以形成,就会将压力传递给人大代表,促使其积极履行监督职责,从而为人大监督创造出最有效的动力源泉。

(二) 培育成熟的社会基础为人大监督提供力量支撑

有效的公民参与是防止人大代表官僚化的根本途径。人大监督在本质上是社会对国家权力的监督在制度上的实现。作为权力的最终所有者与委托者,公民的政治参与能力对于人大监督效果具有重要意义。科恩认为:"通过代议制实行民主时,民主的深度部分决定于选举代表时公民参与的影响,部分决定于代表当选以后公民对他们所能施加的影响。"② 因为政治权力的委托与经济领域的委托代理有着本质的不同,由于政治委托者与受益者是不特定的利益群体,如果普遍存在搭便车的心态,就难以防止权力行使者的败德行为。因此对于人大监督权的运行而言,要想使权力得到有效的行使,必须培育公民的政治参与能力与参与热情,为人大监督制度运行提供合格的政治主体,因为我们很难想象在一片缺乏公民素质的荒漠中能够培育出具有良好政治参与能力与责任感的人大代表。

公民的政治参与能力只有在公共生活中通过不断的社会交往逐渐获得训练,积久成习,才能逐渐渗透到其日常的行为方式之中。比如在参与公共事务的决策中学会理性地表达自身观点,倾听和理解他人的立场;在参与讨论时掌握协商、妥协的技艺,建立相互信任关系,以合作方式解决公共事务的能力。随着中国社会深刻转型和经济社会形势快速发展,社区和社团逐渐成为

---

① [日] 北野弘久:《税法学原论》,陈刚等译,中国检察出版社2001年版,第24页。

② [美] 科恩:《论民主》,商务印书馆2005年版,第21页。

城市生活和城市管理的主要载体，也是培养公民政治参与能力的摇篮。因此必须充分发育社会自组织，通过发展各种民间社团或非营利组织为社会提供公共服务，使自治体的社会成员都能自觉地参加社会管理，使社会诚信、公共道德以及守法意识成为社会制度有效运行的内在支撑。一旦这种自治能力得以形成，不但可以减少对权力的依赖，增强社会对国家权力的制约力量，而且造就了公民政治参与的能力与热情，从而为人大监督注入活力。

（三）改善执政党的社会沟通机制为人大监督提供动力转换

在现代民主的政治结构中，国家权力属于人民，人民通过政党控制国家权力。政党承担着沟通社会和国家的纽带作用，是社会影响和控制国家运行的重要中介力量。在西方民主政治框架之下，议会的监督功能主要是由反对党或在野党来实现。对于在野党而言，通过揭露执政党的舞弊行为使其失去民众信任，可以为自己上台执政创造条件，所以在监督政府方面不遗余力，成功地推动了议会监督的有效运转。中国共产党是我国唯一合法的执政党，因此很难像西方国家那样利用反对党来制约权力。出于历史的需要，中国共产党把在革命时期形成的党军关系自然地转移为党政关系，通过党委制、党组制、党管干部制度等制度安排，形成以党为核心的国家权力组织体系。这种体制的形成尽管可以使党牢牢地控制国家权力，但也容易使党员与官僚的利益相互纠结、相互利用，形成利益均沾的共同体，丧失监督政府权力滥用的动力。尽管群众路线一直是党的基本政治路线，但政策的执行主要依赖干部的自觉，缺乏制度的保障。要想使这一基本路线得到贯彻，最有效的制度莫过于选举。民主选举制度的功能在于使政党推荐的候选人接受选民的评判，使掌权者必须投身于社会中，努力加强与选民的沟通与联系，及时反映社会需求。这一方面，新加坡的人民行动党对待选举的做法是值得我们借鉴的。人民行动党在执政初期就制定了党的议员定期访问选民的制度并坚持至今。国会议员与党的社区领袖携手扎根基层，采取多种方式联系选民，定期接待选民，听取民意，把脉民生，为民众排忧解难。其根本的动力机制就在于选举。五年一次的大选是一把悬在人民行动党头上的达摩克利斯之剑，使它一直充满着危机感,督促它时刻不忘记人民。①

在目前的人大代表选举中,主要是依靠在选举中进行组织控制的方式确保党推荐的人选当选。这种方式尽管从表面上看似乎保障了组织意图的实现,但实质上却使得选举出的人大代表缺乏群众基础,丧失主动联系选民、监督权力的动力,其结果必然损害党的执政基础。现代选举政治是政党活动的舞台,如果执政党能够充分发挥组织、宣传力量以及动员广泛的群众基础,是完全可以牢牢地把握选举主动权的。因此执政党可以通过健全党内人大代表候选人提名机制的方式,增加代表候选人产生的公开性、民主性与竞争性,既可以保障执政党将真正具有为人民服务意识的优秀党员干部推荐为人大代表候选人,又可以促使这些人大代表始终保持对人民利益诉求的重视,从制度上提供改善党群关系的利益机制。只有在执政党社会沟通机制真正得以运行的前提下,其代表社会控制国家的功能才可能实现,才能有效地将社会的监督需要转换为人大代表的监督动力,从而使人大监督运转起来。

(载《中共福建省委党校学报》2012 年第 2 期)

---

① 蔡定剑:《新加坡民主机制下的威权政治》,载《中国社会导刊》,2006 年第 5 期。

浅谈转型期我国农村公民参与问题及解决路径

张西勇

摘　要：公民参与是促使公共部门实现其公共责任和良好治理的重要手段。三十年改革开放的实践扩大了农村公民参与的空间，提升了农民的参与意识和能力，使公民社会逐渐形成。新形势下，拓宽农村公民参与的制度性空间，实现农民参与行为的规范化和参与方式的现代化，以公民积极有序的参与促进政府治理模式的转变，是改善乡村治理结构、促进农村经济发展、加快社会主义新农村建设的重要途径。

关键词：社会转型；公民参与；治理模式；服务型政府

作者简介：张西勇（1975—）男，山东阳谷人，聊城大学政治与公共管理学院讲师，管理学硕士学位，政治学在读博士，从事政治学理论和行政管理现代化研究。

在传统社会向现代社会、农业社会向工业社会转型的过程中，市场经济和现代传媒向农村地区的渗透，极大地冲击了我国农村原有的乡村秩序和治理机制，改变了人们的生产、生活方式。社会流动的加快，资讯的发达，拉近了农村与世界的距离，导致农民的价值观念发生了很大改变，公民参与的意识和能力得到增强，他们更加关注与自身息息相关的公共事务，渴望更多地参与到国家和公共事务的管理当中来，以维护自身利益，实现当家作主的主人翁权利。

一、社会矛盾突发期需要公民参与

在社会转型中，市场经济开始渗透到最偏远农村。资本扩张性必然会带来利益分化，在这个"黄金发展期"和"矛盾凸显期"并存的关键时期，扩大农村的公民参与，能使农民更好地表达自己的利益诉求，维护自己的合法权益。

（一）有利于化解征地过程中出现的问题

伴随着工业化和城镇化的高速发展，大量的农业用地被征用。不管是公益性用地还是经营性用地，政府在征用时一直采用"低征高卖"的方式，土地在不断被转让的过程中，升值很快，但农民并没有享受到土地升值的收益。并且，在征地过程中，政府往往使用行政强制方式，存在着不尊重农民的知情权、补偿标准过低且不完全到位、不妥善安置失地农民等问题，使得农民的被剥夺感和遗弃感十分强烈，经常出现上访现象，甚至出现群体性事件。之所以出现这种现象，在于农民缺少组织资源，参与不足，欠缺集体谈判的能力，在土地收益的分配过程中严重"缺位"，基本上被排除在分享土地升值权益的范围之外。因此，应尽快完善征地机制，在土地征用的过程中，扩大农民参与的空间和范围，应尽可能多地增加失地农民的利益代言人，让他们在土地征用多方利益博弈的过程中获得最大利益。公民参与是公民权的重要内容，我国宪法对公民参与管理国家的权利作了明确规定："中华人民共和国的一切权力属于人民，人民依照法律规定，通过各种途径和形式，管理国家事务，管理经济和文化事业，管理社会事务"。宪法赋予公民管理国家和公共事务的权利，需要政府通过具体的制度设计确保公众参与权的实现，使公众能够通过自身或公民组织合法地参与公共政策的制定过程，让公意在公共政策中得以实现。因此，政府在依法征收农村集体土地时，应依法保障农民知情权、参与权、表达权、监督权，"按照同地同价原则及时足额给农村集体组织和农民合理补偿,解决好被征地农民就业、住房、社会保障"①,保障农民的合法权益。

(二) 有利于改善农村公共服务的供给状况

农村公共服务供给状况直接关系到农民的农业生产和日常生活,不仅是他们增收的重要条件和保障,而且能够有效促进农业生产力的提高,拉动农村消费需求,推动农村社会经济的持续繁荣。然而,由于农村公共服务的历史欠债太多,目前的财政支出也远远不能满足农村公共服务的需要,导致"我国农村公共服务长期处于供给主体缺位、供给水平不足、供给效率低下、供给结构失衡的状态"②,无法满足农民的需要,引起农民的普遍不满。随着我国社会经济的发展,农民的生活水平有了很大提高,自主意识和权利意识不断增强,对公共服务的要求也越来越高。面对日益多样化的公共服务需求,政府不可能为农民提供所有的公共产品和公共服务,它必须依靠市场机制、众多第三部门和广大公众来共同治理社会公共事务。同时,市场经济的发展,催生了农村各种合作组织的不断涌现,并能发挥作用,为农民提供某种形式的公共服务。农民依托这些组织,能够增加集体谈判能力。因此,政府应该改善治理机制,通过制度安排,使农民在村庄事务和国家事务中都能参与共同对话,参与公共决策和政治判断,参与共同行动。这样就"可以促使政府组织从以自身为中心的决策项目安排转向寻求公民支持和授权公民管理的决策安排。同理,不断拓展的公民参与机会,能够保证政府的行动镶嵌于社会之中,而不是强加给社会与公民,这样就能够更好地发挥和强化社会的作用"③。这表明农民参与公共事务的管理不仅有利于强化政府与农民间的沟通与良性互动,增强政府对公众需求的回应性,有效地整合公民的公共选择和价值认同,提升政府公共服务的质量,而且还能够有效分解政府职能,更有

---

① 《中共中央关于推进农村改革发展若干重大问题的决定》,载《人民日报》,2008年10月20日。

② 楚德江:《我国农村公共服务的特殊性与服务型乡镇政府建设》,载中国机构网. http://www.chinaorg.cn/lrrd/04_ ll_ zz/2009 - 03/05/content_ 5327273_ 4. htm。

③ 约翰·克莱顿·托马斯:《公共决策中的公民参与:公共管理者的新技能与新策略》,孙柏瑛等译,中国人民大学出版社2005年版。

利于政府服务职能的体现和发挥,从而形成以政府为主的、多元化的社会公共服务体系,更好地为农民提供公共产品和服务。

(三)有利于解决农村空壳化、衰败化现象

目前,我国农村正经历着从封闭的、乡土的传统社会向开放的现代社会转型。随着城市化、工业化的狂飙猛进,我国农村出现了大规模的人口流动,大量的年轻农民涌入城市寻找新的发展机会。而国家对城市资源的倾斜性政策,使得城市的公共基础建设、现代化的教育、财富对农村精英具有很强的吸引力,一旦条件允许,他们都会搬到城镇去住;另一方面,农村孩子一旦考上大学,毕业之后基本不回乡。因此,被城市化的他们并没有带给传统农村任何回馈,其结果是城市不仅吸走了农村精英,更意味着作为农村最紧缺的资源,人才层的断裂让农村现代化的发展难以为继。农村大规模的社会流动极大地改写了原本的乡土社会秩序,现在的农民"挣脱了土地的束缚",相应地,农民从生产生活方式到社会交往联结方式,再到社会组织形式以及价值规范体系,都经历了巨大的变革。因此,从村庄的角度来看,现代化导致了农村人、财、物外流严重,农村日益"空壳化"、"衰败化"和"老龄化"。因此,在农村重塑一种有意义的生活,吸引更多的资源和精英分子的回归,以促进农村的和谐发展,对建设社会主义新农村具有十分重要的意义。而农村的公民参与可以部分地解决这一问题,通过组织人们参与乡村公共事务的管理,可以为人们在日常工作中学习如何平等相处、相互信任,并用民主方式处理分歧意见提供训练机会,有助于克服农民"搭便车"的普遍心理,增强一致行动的意愿和能力,培养农民的公民意识和公共精神。因此,农村公民参与意识的提高,参与能力的增强,能够塑造地方政治生活,提升农村自我管理能力,重塑乡村治理规范,使农村生活重新变得有吸引力,解决农村空壳化、衰败化现象。

二、农村公民参与公共事务管理存在的问题

尽管村民自治的实践在一定程度上锻炼了农民的参与能力,但由于农村公民参与的载体不足,导致占中国大部分人口的农民无法有效地组织起来,

这在很大程度上影响到中华民族的凝聚力并可能成为影响农村稳定的隐患。

（一）农村公民参与的载体较少，非政府组织发展的空间不足

在农业社会向工业社会转型的过程中，市场经济和现代传媒向农村地区渗透，破坏了村落长期形成的价值评价体系，农村传统的组织对其成员的道德约束力大大降低，乡土村庄和农民群体的凝聚力大大减弱，农民的组织化程度降低，他们以更分散的形式存在。同时，随着社会资讯的发达，年轻农民了解到更多的信息，他们对关系到自身利益的村庄公共事务更加关注，权利意识更强，他们不再满足于现代化进程观望者的历史角色，而是希望以参与者、实践者、创造者的姿态投入到社会主义新农村建设的进程中来。尽管村民自治给农民提供了参与的平台，有利于提高农民参与村庄公共事务管理的能力，但村民委员会"准官方"的性质使其公共服务的职能发挥不足，农民希望多元化的非政府组织来满足他们多样化的需求，增强集体谈判的能力，帮助他们减少在市场经济中遇到的伤害。但由于"在中国的政治传统里，政府总是掌握着组织的垄断权，而任何可供选择的体制会被认为是对政府的一种威胁"①。因此，政府对建立民间组织设置了过高的门槛，农民建立民间组织缺乏制度化支持。而农村现有的民间组织由于运作资金不足，治理机制不完善，不能很好发挥作用，使农民在市场经济体制中无法提高组织化程度，缺乏集体谈判的能力，权益经常受到侵害。由于农村制度化参与的缺失，公民参与的平台较少，导致农民参与公共事务管理的渠道不畅通，当切身利益受损时，就出现非制度性参与的现象，导致集体"上访"等群体性事件。

（二）农村缺乏公民参与的文化土壤，"搭便车"心理普遍

在中国传统社会中，"中国乡土社会的基层结构是一种所谓的'差序格局'，是一个'一根根私人联系所构成的网络'"②，在这种富于伸缩性的网络里，体现的是一种由己推人的自我主义，体现的是自私自利，导致更多地注

---

① 保罗·埃文斯：《费正清看中国》，陈同等译，上海人民出版社 1995 年版，第 99 页。

② 费孝通：《乡土中国》，上海人民出版社 2006 年版，第 26 页。

重自身利益，漠视公共事务，造成中国人缺乏"公共精神"。再加上中国的传统文化强调和谐，不鼓励竞争，在村落这种相对熟人社会中，大家都讲求一团和气，注重情面，而参与公共事务管理充满了激烈的竞争，不符合农民的"文化品位"，也导致农村的公民参与参政意识低，公民参与的文化土壤先天不良。实行家庭联产承包责任制以来，农民摆脱了人民公社那种束缚多而保障少的机制，个性和自由增多，生产的积极性、创造性得到提高，使得农村的生产力得到极大提高。但是土地分包到户使得农户经营更加分散，小农经济得到强化，这种分散经营、各自为政的方式使得多数农民更加关注"自我"，强调获取自身利益，而对于集体公共事务漠不关心。如果有一项有利于本群体的公共政策议程，个人往往就会这样考虑：如果该项议程获得通过的概率很高，少我一个不会有多少影响，而我就可以不付出任何代价（如时间成本）就能享受到议程带来的好处；如果该项议程获得通过的概率很低，那多我一个了没什么用，那我就索性不白白付出精力了。大家都希望不经自己努力而享受其他人争取到的权益，这种普遍的"搭便车"的心理在很大程度上妨碍了农民的合作精神，影响了农民参与公共事务管理的效果，也使得农村的公共设施建设长期得不到维护和更新而衰败不堪。

（三）权利意识增强，但参与动机和参与形式之间存在差距

在社会转型的过程中，经济利益被市场经济激活，农民的权利意识也在工业化浪潮中复苏。特别是家庭联产承包责任制的实行、乡镇企业的兴起和农村基层民主的发展，增强了农民的权利和法律意识，使农民在经济需求得到一定满足的同时，也激活了其日渐冷却的主人翁观念，唤起了他们参与管理公共事务的热情。同时，随着社会流动的加快，大量的年轻农民走出家门，接受了更多新的理念和生活方式。多年走南闯北的打工生涯重塑了乡村整整一代人，他们不会再像自己的父辈一样逆来顺受，而是有掌握自己命运和发言的迫切愿望，希望自己能够决定自己的命运，希望通过合法途径维护自身权益，希望享有与其政治地位相匹配的政治尊严。尽管他们分析问题有时显得有点以偏概全，但绝不盲从，并喜欢用理性的算经济账的方式来表达自己的看法。但是，由于农民受文化水平较低的限制，缺乏现代民主政治的常识，"使其在掌握政治信息、利用参政渠道上遇到许多技术上的困难，难以把自己

的利益要求转变为政策要求"①。再加上农村小农经济仍占较大比重，农民往往只关心关系到自身切身利益的问题，往往形成小团体或家族利益，导致缺乏形成一致意愿的能力，对整体公共事务缺乏兴趣，从而影响了农村公民参与能力和效果。更重要的是，由于农村缺少群众组织，农民组织化程度较低，农民个人与乡村行政系统的联系也不紧，缺乏制度性的利益表达渠道，这使得农民强烈的参与动机和有限的参与形式之间存在较大差距，致使其在利益受损时难以采取程序化和和平化的方式，往往会采取过激的行为，这在一定程度上都影响了农民的参与能力。

三、扩大农村公民参与的几点建议

在现代民主国家，公民有效参与公共事务的管理是通过一套健全的制度来实现的。因此，增强乡镇政府的社会管理和公共服务职能，大力发展非政府组织，建立健全农村的公民参与机制，满足农民参与的愿望和利益诉求，有利于减少农民的非制度性参与，维护社会的和谐稳定，实现政府和社会之间的良性互动。

（一）以构建服务型政府为契机扩大农村的公民参与

相对于计划经济体制下的"管制型政府"而言，"服务型政府"是适应市场经济发展的需要，在公民本位、社会本位理念的指导下，在社会民主秩序的框架中构建和发展起来的。根据社会主义市场经济发展的实际需要，政府的定位是公共服务者的角色，政府及其工作人员是社会的公仆，因此，对人民负责、向社会负责是政府的天职。因此，在涉及政府权力与公民权利的问题上，强调"公民权利"与"政府责任"，把"权为民所用，利为民所谋"作为宗旨。从法理上来看，人民民主是共和国宪法所赋予人民的基本权利，特别是"民主选举、民主决策、民主管理、民主监督"的权利，它规定了公民参与的合法性和必要性。公民通过法定程序和各种渠道参与国家和社会的

---

① 宋海春：《现代化进程中农民政治参与问题及对策分析》，载《东北师大学报（哲学社会科学版）》，2002年第4期。

治理，表达自己的愿望，是服务型政府的本质特征。同时，服务型政府也是一个法治和有效的政府，公民参与推动了法治和有效政府的构建。由于我国法治传统相对薄弱，所以建设法治政府，推行依法行政是当代中国政府发展的主要趋势，首要任务是通过法治建设，用法律来规范政府与社会、政府与市场、政府与公民的基本关系和互动模式，用制度约束和道德自律来规范公共部门及公职人员的行为。农民的公共参与改变了政府单一维度的管理，通过建构多样性的利益表达形式，畅通农民利益表达渠道，建立长效对话机制，为农民提供参与公共事务的平台，能够有效地影响基层政府公共政策的制定和执行，实现社会对政府的监督和制约。因此，农村公民参与可以促进基层政府管理模式的转变，培养尊重法治精神和依法行政的意识，不但会在全社会树立政府的权威，确立政府的社会公信力，而且会实现公民的基本诉求。

(二) 以拓展非政府组织的发展来完善农村的公民参与机制

市场经济的发展使政府由"管制型"向"服务型"转变，推行公共服务社会化，依靠市场和社会的力量提高公共产品和服务的质量，而不是直接向公众提供公共产品和服务。在市场经济条件下，"不仅有政府'放权'的过程，更有政府'还权'的过程，把本应由社会承担的那部分公共管理的职能真正交由社会来行使。"[①] 因此，公共服务社会下的政府是授权的政府，强调权力向社会分散。政府通过采用公民参与、竞争机制和市场化的方式把权力授予社会非政府组织，并用政策鼓励非政府公共组织承担一些公共服务职能。公共服务提供主体多元化要求政府通过对社会力量的组织、利用和管理，来提高公共服务的质量，实现其"掌舵"而非"划桨"的角色。针对我国农村非政府组织发展的制度性空间不足、民间组织数量较少，不能很好地发挥作用的问题，政府要进一步放松管制，积极培育和发展非政府组织，合理界定自己的权限范围，树立"以民为本"的服务意识，"既不把非政府组织看作是政府控制公民的领域，也不将它看做是公民对抗政府的阵地，充分认识到非

---

① 陈庆云：《我国公共管理研究的基本内容及其重点》，载《公共行政》，2003 年第 1 期。

政府组织是国家与公民合作的领域"①，政府和非政府组织并非一种"零和博弈"的关系，而是互补合作的伙伴关系。因此，政府要为农村非政府组织创造宽松的发展环境，降低成立农村非政府组织的门槛，出台扶持和规范农村非政府组织的法律法规，大力支持非政府组织的发展。同时，在保证农村非政府组织独立运营的情况下，要对其加强监管，使非政府组织的运作更加规范，真正发挥农村非政府组织联系政府与公民的桥梁作用，充分发挥其整合公民不同阶层利益、实现社会自治的功能。

（三）以培养公民意识和民主实践来提高农民的参与能力

我国正处在传统社会向现代社会的转型期，"在处于现代化之中的社会里，扩大政治参与的一个关键就是将乡村群众引入国家政治"②。因此，应尽量给予农民更多的参与机会、开辟更通畅的参与渠道，培养农民的公民意识，消除臣民意识的消极影响，提高农民的参与能力。"公民的最大特征是平等，它是社会中的平等成员，政治地位平等，人格平等，法律面前平等"。③ 公民意识是一种社会意识，它包括国家意识、法律意识、民主意识、公德意识等，增强公民意识是发展社会主义市场经济，社会由传统向现代化转型的需要，它有利于社会自治的形成和公共精神的培养。公民意识的核心是公民身份意识，即公民对自己的身份——公民的认识。除了对农民进行教育投资，提高他们的文化素质，帮助他们获得政治信息，掌握民主政治的常识和技巧外，公民意识的培养更主要的是从民主实践中获得。在现阶段，要进一步完善村民自治机制，强化村党支部、村民委员会等基层组织与农民间的良性互动，鼓励农民利用已有的公开化、制度化的参政渠道，实现良性参政，推进村民自治制度化、规范化、程序化。同时，培育农村服务性、公益性、互助性社会组织，扩大农民参与的利益表达渠道，完善社会自治功能。农民公民意识的增强有利于增强权利意识，当他们受到不公正的待遇、利益受损的时候，

---

① 秦晖《变革之道》，郑州大学出版社 2007 年版，第 59 页。
② [美]塞缪尔·亨廷顿：《变革社会中的政治秩序》，李盛平、杨玉生等译，华夏出版社 1988 年版，第 89 页。
③ 刘军：《近代西方公民权利发展史研究的若干问题》，见武寅主编：《中国社会科学院世界历史研究所学术文集》（第 2 集），江西人民出版社 2003 年版，第 236 页。

有机会和渠道去申请立法救济、行政救济、司法救济和社会救济等各种救济。并且，公民意识的提高有助于农民消除因身份限制造成的消极影响，强化参与管理公共事务的主体意识，增强对政治的信任感，强化对国家的认同感，消除被边缘化的感觉。

（载《中国国际共运史学会2012年年会暨学术研讨会论文集》）

对思想政治教育学科研究对象的重新审视

李合亮

摘　要：研究对象问题是思想政治教育学科研究中最为基础性的命题，它关涉到思想政治教育学科之所以是、何以是。作为一门学科，思想政治教育的研究对象是"人的思想政治教育问题"，具体包括四个方面的问题，即何为思想政治教育、为何进行思想政治教育、如何进行思想政治教育以及思想政治教育建设问题。

关键词：思想政治教育；研究对象；审视

作者简介：李合亮（1973—），男，山东泰安人，聊城大学教授，博士，主要从事思想政治教育基本理论研究。

任何一门科学之所以为科学，任何一门学科得以确立并为人们所承认，除却其要具备完整的理论体系、获得社会的广泛认可之外，关键还在于要有明确的特定的研究对象与任务，这是因为确立研究对象是一个学科成立的根据和发展的逻辑起点。思想政治教育也不例外。但是，由于诸多原因，到目前为止人们在思想政治教育学科研究对象——这一关涉到思想政治教育学科之所以是、何以是的问题上依然争论不休。为此，我们试图回到思想政治教育上来，在梳理学界研究成果的基础上，从思想政治教育的本性出发，探讨其学科研究对象。

一、关于思想政治教育学科研究对象的不同认识

有人考证,对思想政治教育学科研究对象的探讨起步于 20 世纪 80 年代初中期,即伴随教育部于 1984 年批准部分高校设立思想政治教育专业,学术界开始关注并研究思想政治教育的研究对象问题。① 这些早期研究基本上限于思想政治教育是否科学的争论中,对于研究对象尚没有进行专题研究,未能实现对思想政治教育学科研究对象的理论概括。1986 年以后,学术界对于思想政治教育学科研究对象的探讨逐步深化、细化,产生了一大批成果,特别是 90 年代以后,专题研究大量出现。学术界的代表性见解主要有:

第一,"思想政治工作学研究的对象不是人们的一般思想和行为,而是人们的政治思想和政治行为。"②

第二,思想政治教育以"思想关系"为研究对象,这里的"思想关系"指人们之间在思想上的联系、相互作用和相互影响。③

第三,"思想政治教育学的研究对象是关于人们的社会主义、共产主义思想意识形成和发展的规律,是依据人们的思想活动规律而科学地实施思想政治教育的规律。"④

第四,思想政治教育学以思想政治教育规律为研究对象,虽然应重视思想品德形成发展规律的研究,但应将它作为一门独立学科(如思想政治教育心理学)的对象去专门研究。⑤

第五,"思想政治教育学必须以人的思想品德、心理和行为发展变化规律

---

① 刘伟:《近 20 年来关于思想政治教育学研究对象的文献综述》,载《思想理论教育导刊》,2004 年第 4 期。
② 恽重:《思想政治工作学的对象究竟应该是什么》,载《思想政治工作研究》,1992 年第 6 期。
③ 余仰涛:《论思想政治工作科学的研究对象——思想关系》,载《江汉论坛》,1992 年第 9 期。
④ 陆庆壬:《思想政治教育学原理》,复旦大学出版社 1986 年版,第 11 页。
⑤ 吕才明:《关于思想政治教育学研究对象的商榷》,载《思想教育研究》,1991 年第 6 期。

与思想政治教育规律为研究对象。"①

第六,"思想政治教育学的研究对象应规定为:人的思想政治品德形成和发展以及对人们进行思想政治教育的规律。"②

第七,"思想政治教育学是把人们思想品德形成发展的规律和对人们进行思想政治教育的规律作为自己研究对象的。简言之,思想政治教育学的研究对象是思想政治教育的规律。"③

第八,"思想政治教育学是研究思想政治教育领域的。……思想政治教育学是以思想政治教育产生、本质及其发展最一般规律作为研究对象。"④

第九,"思想政治教育学的研究对象应认定为:现实社会中的思想政治教育现象及其运行规律。"⑤

第十,"思想政治教育是运用马克思主义理论与方法,专门研究人们思想品德形成、发展和思想政治教育规律,培养人们正确的世界观、人生观、价值观的学科。"⑥

……

关于思想政治教育学科的研究对象,还有许多表述,但基本上可涵盖于上述十条之中,故不再一一列举。这些表述侧重点不同,利弊均有。具体说来,第一种观点认识到了思想政治教育的政治性,但是只强调人的政治思想与政治行为的形成,具有狭隘性,且不能突显思想政治教育的特性,因为这放置于政治学学科中依然可用。第二种观点认识到了思想政治教育的柔性特性,即要研究人们的思想关系,要改变人们的思想认识,但是没有突出其政治性。第三种观点只是针对马克思主义思想政治教育、社会主义思想政治教育学科而言。

---

① 陈秉公:《思想政治教育学》,吉林大学出版社1992年版,第7页。
② 邱伟光、张耀灿:《思想政治教育学原理》,高等教育出版社1999年版,第8页。
③ 张耀灿、郑永廷:《现代思想政治教育学》,人民出版社2006年版,第7页。
④ 仓道来:《思想政治教育学》,北京大学出版社2004年版,第18页。
⑤ 刘新庚、文银花:《关于思想政治教育学学科界定的理论思考》,载《中南工业大学学报》,2002年第2期。
⑥ 教育部思想政治工作司:《加强和改进大学生思想政治教育重要文献选编(1978—2008)》,中国人民大学出版社2008年版,第477页。

第四至第十种观点,有相同点也有不同点,有的是表述的问题,有的是本质问题。第四种至第十种观点都主张思想政治教育学科研究对象应该包括思想政治教育规律,但在不同的表述中思想政治教育规律是不一样的。第四、五、六、十种观点中的思想政治教育规律是指排除掉人的思想品德或思想政治品德形成发展规律的"对人进行思想政治教育的规律",而第七种观点中的思想政治教育规律却包括两个规律,一是人的思想品德形成发展的规律,二是对人进行思想政治教育的规律。第八种观点所表述的思想政治教育规律是指"思想政治教育产生、本质及其发展的最一般规律"①,它包括思想政治教育一定要适应社会经济关系发展的规律,而不仅仅是"对人进行思想政治教育的规律"。第九种观点中的思想政治教育规律主要强调的是思想政治教育的运行规律。

通过梳理学界观点可以看出,目前学术界对思想政治教育学科研究对象的认识尚不统一,认识与争论主要集中于三个方面:其一,思想政治教育研究的对象是集中于一个规律即对人进行思想政治教育的规律,还是集中于两个规律即人的思想品德形成发展规律与对人进行思想政治教育的规律。也就是学术界长期以来争论不止的"一个规律论"与"两个规律论"的问题。

其二,思想政治教育的研究对象如果专指思想政治教育规律的话,那它是指对人进行思想政治教育的规律,还是指关于思想政治教育形成、发展、本质等根本问题的规律,或者是几者均有之?

其三,思想政治教育规律是否包括人的思想品德或思想政治品德形成发展规律,如果包括的话,那是人的思想品德形成发展规律,还是人的思想政治品德发展规律隶属于它?

这些问题与争论的产生,既在于学者们研究视角的差异,也在于研究目的提前设定之原因,更在于对思想政治教育特殊性认识不足所致。各种观点均在试图揭示思想政治教育学科的研究对象,但最终不但没能实现目的,而且将本是最基本、最质朴的研究引入了一个说不清道不明的境地。正如有的学者指出的那样,"现在我们所看到的论述思想政治教育学研究对象的论文、著作,所说到的思想政治教育学的研究对象,或是可以从现有的别的学科的

---

① 仓道来:《思想政治教育学》,北京大学出版社2004年版,第18页。

研究对象中找到，或是不符合一门学科研究对象的规定性，或者所谈的思想政治教育学研究对象并没有反映思想政治教育的特殊性。"①

二、思想政治教育学科研究对象的一般概括

对思想政治教育学科研究对象的界定是个非常艰难的工作，因为这一学科与政治学、行为学等学科有着许多交叉，有着内在联系，一旦界定不准确，就会出现与相关学科研究对象相重的问题。诸如，"如果把思想政治教育学研究对象规定为研究人的思想意识形成、发展、变化规律的话，就与哲学的研究内容相重了；如果把思想政治教育学研究对象规定为研究无产阶级意识的形成、发展、变化的规律的话，就与马克思主义理论的研究内容相重了；如果把思想政治教育学研究对象规定为研究思想政治意识的形成、发展、变化的规律的话，就与政治学研究的内容相重了；如果把思想政治教育学研究对象规定为研究人的思想道德形成变化规律的话，就与伦理学研究的内容相重了；如果把思想政治教育学研究对象规定为研究人的思想与行为的发展规律的话，就与行为科学的研究内容相重了；如果把思想政治教育学研究对象规定为研究人的心理等发展变化规律的话，就与心理学的研究内容相重了。"②

那么思想政治教育的研究对象到底是什么？到底应该如何科学地界定思想政治教育的研究对象呢？

恩格斯在谈到"科学分类"时指出："每一门科学都是分析某一个别的运动形式或一系列互相关联和互相转化的运动形式的，因此，科学分类就是这些运动形式本身依据其内部所固有的次序的分类和排列，而它的重要性也正是在这里。"③ 思想政治教育作为一门独立的学科，它之所以产生并发展起来，一个主要的原因就在于它的运动形式独特，它肩负有特殊的使命。思想政治教育要在与人的思想政治素质养成有关的意识形态教育这一领域内，尽可能

---

① 余仰涛、熊习岸：《建设思想政治教育学应当正视的几个问题》，载《江汉论坛》，2003年第7期。
② 余仰涛、熊习岸：《建设思想政治教育学应当正视的几个问题》，载《江汉论坛》，2003年第7期。
③ 《马克思恩格斯全集》第20卷，人民出版社1971年版，第593页。

地解决两大矛盾——思想政治教育同经济、政治、文化、社会关系之间的矛盾，以及主体对受众的意识形态要求与受众实际思想政治水平之间的矛盾。两者相比而言，内部矛盾是主要的，是思想政治教育的基本矛盾。具体而言，其一，思想政治教育关注更多的是人的思想政治水平的提升问题，当然这一提升要与阶级、政党、国家、社会以及个人自身的要求相一致；其二，思想政治教育在整个社会体系中，在与政治、经济、文化、社会关系的交融中，其独特性日显，它展示的是一种柔性的思想教化魅力，任何一项工作都不可能替代它；其三，在思想政治教育内外的两大矛盾体系中，内部矛盾更为突出，更能体现其特有研究领域。内部矛盾的解决，最终会促进人的政治社会化进程，提升人的思想政治素质。由此，思想政治教育所肩负的主要使命是：通过思想教育这一主渠道，教育引导受众学习、理解、接受主流政治思想与政治文化，使其按照社会规范行事，成为一个维护现行社会制度、促进社会发展的合格的社会成员。

基于此，我们认为思想政治教育的研究对象就是"人的思想政治教育问题"。确定"人的思想政治教育问题"为思想政治教育的研究对象，既概括了思想政治教育研究的主要内容，也解决了学术界关于思想政治教育学科研究对象的争论。因为无论是思想政治教育现象及其规律，还是人的思想政治品德的形成与发展规律，都隶属于人的思想政治教育问题，而"人的思想政治教育问题"的提法更突出了思想政治教育的特性：经由教育实现对人的思想的教化与控制。当然，也有人会指出，这仍然是同义语的反复，因为到底什么是思想政治教育依然未解。事实上，我们研究的是思想政治教育学科的研究对象，而不是思想政治教育活动的对象，这是建立于对思想政治教育已经有了较为清晰认识的前提下的一种研究行为，而不是其他。并且，对思想政治教育内涵的剖析与界定本身就属于人的思想政治教育问题的一部分，是思想政治教育研究的内容之一。

三、思想政治教育学科研究对象的细化

明确思想政治教育学科的研究对象是"人的思想政治教育问题"，这只是研究的第一步，我们更关心的是它究竟包含有哪些问题，或者说哪些问题隶

属于人的思想政治教育问题。也就是说,需要将思想政治教育的研究对象细化、深化。我们认为,思想政治教育的研究对象主要包括四方面的内容:

1. 何为思想政治教育的问题。这是对思想政治教育的整体认识,主要是探讨"思想政治教育是什么"这一思想政治教育理论体系中最基本、最重要的问题。诸如思想政治教育的内涵、思想政治教育的本质、思想政治教育的构成要素、思想政治教育的基本内容、思想政治教育的地位、思想政治教育的职能与价值、思想政治教育的目的与任务、思想政治教育科学化与学科化,等等。

虽然思想政治教育的存在是阶级社会一个不争的事实,虽然人们一直在从事着思想政治教育的实践,但人们在认识与研究思想政治教育的过程中,在关注"怎样教育"、"如何教育"以及"用什么教育"等问题时,始终贯穿着这样一种思索——"思想政治教育是什么"。人们对思想政治教育认识的越广泛,这一问题表现得越明显,对思想政治教育研究的越深入,这一问题的研究越重要。遗憾的是,虽历经多年研究,但人们对何为思想政治教育这样的"元"问题仍然没有突破性进展。何为思想政治教育的问题不解决,思想政治教育的研究不可能得以展开或深化。如果我们对于思想政治教育没有基本的认识与了解,探讨如何对人进行思想政治教育只能是纸上谈兵。这就需要我们梳理思想政治教育概念产生与发展的历史,回到思想政治教育产生与发展的历史进程中,探求其本性,回到教育,从教育的本质意义上理解思想政治教育,回到思想政治教育自身去探讨其本性,解析导致"思想政治教育之所以是思想政治教育"的根本因素到底是什么?并在此基础上,全面地解读思想政治教育,为开展具体的思想政治教育活动作好认识论的准备,为建设思想政治教育学科打好基础。

2. 为何进行思想政治教育的问题。这主要是探讨思想政治教育存在与发展的根本原因。任何事物都有其产生、发展的历史与原因,有制约其生存与发展的因素,思想政治教育自然也遵循此律。恩格斯说:"马克思研究任何事物时都考查它的历史起源和它的前提,因此,在他那里,每一单个问题都自然要产生一系列的新问题。"[①] 研究思想政治教育,在明确其内涵及基本组成

---

① 《马克思恩格斯全集》第22卷,人民出版社1965年版,第400页。

的基础上，首先应该探究思想政治教育为何产生，以及在社会的发展中人类为何要接受思想政治教育的教化、调节与引导？在思想政治教育的实践中，人们不自觉地会问，人类为什么会需要思想政治教育，人类为什么必须接受思想政治教育？这一问题得不到解决，对人进行思想政治教育只能是武力威慑下的屈服，只能是一时之效，不可能深入人心，实现思想政治教育的目的也只能是空想。

探讨为何进行思想政治教育，需要我们从思想政治教育产生、发展的历史入手，探讨其得以产生并发展起来的原因，探讨其与政治、经济、文化、社会关系的联系与区别，探讨人类社会在政治教育、思想教育，甚至是政治思想教育得以存在并发展起来的情况下，为何又需要一种特殊的教育活动，分立出一门新的学科？为此，我们一方面要从阶级、政党、国家实现或巩固统治的角度出发，从社会治理的角度出发，考虑思想政治教育成为阶级、政党、国家统治工具与社会有序治理的手段原因之所在；另一方面，从人的产生、发展的历史与事实入手，从人的需要出发，认识到一个自然人进入社会后，不仅仅要完成社会化，更需要完成政治社会化，这已经成为一个人在阶级社会中生存与发展的必须，进而认识到思想政治教育产生于人的需要，它不是外在强加于人的，而是人类生活的一部分，是一种生活的自觉与自愿。

3. 如何进行思想政治教育的问题。探讨思想政治教育的本性，追问思想政治教育的产生与发展的原因固然重要，其目的却是为了保证思想政治教育的有序有效开展。由此，如何进行思想政治教育，才是思想政治教育最重要的问题，才是思想政治教育学科与活动的核心问题。

探讨如何进行思想政治教育的问题，首先需要梳理思想政治教育的发展进程，科学认识思想政治教育这一社会现象。思想政治教育作为一种社会教育实践活动，普遍存在于阶级社会的一切国家和一切历史发展阶段中。尽管各个国家在不同历史时期对其称谓各不相同，但它都是不以人们的意志为转移的客观现实。这体现于从古代到现代各国、各个阶级通过教育实施的政治理念、道德观念、社会生活范式的灌输，以及统治阶级对所需人才的有意识的培养中。

其次，在认识人类思想政治教育活动现象的基础上，总结提炼人类进行思想政治教育的规律。既总结不同历史阶段、不同国家、不同地区、不同政党思想政治教育的特色，又要进行不同行业、不同地域、不同领域的思想政治教育的比较研究，更要总结整个人类思想政治教育的一般性规律，特别是要总结提炼中国共产党思想政治教育的规律。这就是学术界常说的研究人类思想政治教育现象及其规律。

再次，对当前人类特别是中国的思想政治教育进行审视，发现问题，寻找不足，在此基础上，探讨新时期思想政治教育发展的新路子。特别是要科学分析过去的得与失，立足于现在的状况，着眼于未来发展，探讨如何针对时代变化、国情变化、受众思想的变化，提高思想政治教育的效果，实现思想政治教育效益的最大化。

最后，也是最重要的一点，如何让教育对象接受思想政治教育，接受主体所传授之思想，并固化下来，进而体现于行动之中。决定思想政治教育成败的不在于教育内容是否传达下去，也不在于是否运用了新颖的方式方法（当然，内容的传达、方式方法的选择也是相当重要的），而取决于受众是否接受教育者的传输及其所传输之思想。过去我们在思想政治教育方面出现的一些问题，思想政治教育效果不显的主要原因，就在于此方面工作的缺乏或不深入。这就需要研究思想政治教育教育对象的思想与行为，探讨人的思想形成规律，特别是人的思想品德、政治品德形成与发展规律，遵循人的接受规律，进行有针对性的思想政治教育。在教育内容传输结束后，教育者还要根据教育对象个人状况与接收情况，有针对性地引导其进行内化。通过各种引导，实现教育对象思想的巩固或改变，并将这一教育成果展现于其行动之中，同时使其以积极的状态接受再一次的思想政治教育，或者以主体的身份成为下一个思想政治教育的主导者。当然，在这一具体问题的研究中，人的思想品德、思想政治品德形成与发展规律、人的思想与行为及其规律固然重要，但这并不是思想政治教育研究的重点，具体应该由其他学科来完成。思想政治教育要正确认识与把握这些规律，要遵循这些规律，而不是其他，这是因为思想政治教育有着自己的目的与任务。

4. 思想政治教育建设问题。这包括两部分内容，一为思想政治教育的保障性建设问题，二为思想政治教育学科的建设与发展问题。

思想政治教育的保障性建设问题主要是指如何保障思想政治教育的健康发展，这就需要加强政策支持，特别要善于将党的意志转化为国家意志，将思想政治教育的建设纳入国家法制建设轨道，实现思想政治教育的科学发展；高度重视思想政治教育，建设一支政治素质高、懂教育、会教育的思想政治教育队伍；鼓励支持全社会参与思想政治教育，形成党政工团齐抓共管，学校、社会、家庭共同参与，领导、教师、员工全员参与，环境、制度、文化、服务、管理共同育人的思想政治教育运行保障机制；加大对思想政治教育的支持与投入力度，利用一切可以利用的技术手段，科学规划与设计思想政治教育活动，保障思想政治教育的时代化、科学化、效益化。

学科是科学知识体系的分类，不同的学科就是不同的科学知识体系。思想政治教育的科学发展，思想政治教育的持续发展，均需要强化思想政治教育的学科建设。思想政治教育的学科建设虽然已经取得了不少成就，但这一学科也不同程度、不同范围地存在着许多问题。诸如，思想政治教育学科的定位问题，并没有随着国家学科目录的调整而平息。1997年6月，伴随国家在政治学一级学科下设置"马克思主义理论与思想政治教育"专业以来，关于这一学科"是属于马克思主义理论还是属于教育学的争议"一直未曾中断。2005年12月，国家决定增设马克思主义理论一级学科，并将原政治学一级学科下的"马克思主义理论与思想政治教育"二级学科调整到马克思主义理论一级学科下，分别归入"马克思主义基本原理"和"思想政治教育"二级学科。将思想政治教育划归为马克思主义理论一级学科，虽然强调了思想政治教育的马克思主义性质，界定了思想政治教育的学科属性，但这只是形式上的定位，思想政治教育的许多属性依然不明。有人认为思想政治教育是指活动而不是指学科，其学科名称应当为"思想政治教育学"；有人认为思想政治教育的重心在于马克思主义理论教育，它就是马克思主义思想政治教育学的代名词，所从事的应是马克思主义理论教育；有人认为思想政治教育与马克思主义理论教育不是一回事，于是许多学校在马克思主义基本原理学科的硕士博士招生中增设了马克思主义理论教育方向。特别是近年来，伴随着国家对高校思想政治理论课改革的加速，马克思主义理论学科同高校思想政治理论课的关系又成为焦点问题。某些政府主管部门及部分学者认为，高校思想政治理论课与马克思主义理论一级学科所属二级学科是对应的，其中"马克思主义基本原理概论"对应"马克思主义基本原理"学科，"毛泽东思想和中国特色社会主义理论体系概论"对应"马克思主义中国化研究"，"思想道德修养与法律基础"对应"思想政治教育"。因在 2005 年的马克思主义理论学科建设中，没有"中国近现代史纲要"的对应学科，于是，"为进一步加强和完善马克思主义理论一级学科建设，逐步形成一个研究对象明确、功能定位科学的马克思主义理论学科体系，同时，为进一步强化高等学校思想政治理论课'中国近现代史纲要'课程功能和教师队伍建设"[①]，2008 年 4 月，国家又在马克思主义理论一级学科下增设"中国近现代史基本问题研究"二级学科。这种对应虽然为思想政治理论课找到了学科归属，也找到了人才培养的归属学科，但由此而认为马克思主义理论各二级学科对人才的培养，只是为了培养能够提高思想政治理论课教学实效的教师，进而将马克思主义理论学科的建设狭隘地定位于为思想政治理论课建设服务，却是一种错误的认识。

事实上，马克思主义理论各学科的确为思想政治理论课建设提供着学理上的支撑，但学科建设的内容更为广泛，它不仅仅是个课程建设问题，其目的在于巩固马克思主义的主导地位，培养马克思主义人才。如果将马克思主义理论学科仅定义为思想政治理论课建设，那就失去了建立一级学科的价值与意义。就思想政治教育学科而言，如果将思想政治教育机械地比附为高校《思想道德修养与法律基础》课程的"母胎"，不仅使其培养人们正确的世界观、人生观、价值观，培养人们具有坚定的马克思主义信仰和社会主义信念，树立建设中国特色社会主义的共同理想的任务难以体现与实现，并且其特有的培养并巩固社会民众对马克思主义信仰的职能难以展现与展开。甚至就连加强高校思想政治理论课建设这一直接目的也难以实现。这是因为思想政治教育覆盖的不仅仅是《思想道德修养与法律基础》课程，它影响到了高校思想政治理论课的所有课程，为它们提供着如何进行思想理论教育、如何提升民众（大学生）的思想政治水平的指导与借鉴。

这样，无论从理论研究的角度出发，还是从解决现实生活中思想政治教育学科存在的问题出发，都需要人们对思想政治教育学科建设问题进行科学研究，这包括思想政治教育学科的定位问题、思想政治教育学科的组成问题、思想政治教育研究的对象或研究的领域问题、思想政治教育学科的基本理论

[①] 教育部思想政治工作司：《加强和改进大学生思想政治教育重要文献选编（1978—2008）》，中国人民大学出版社 2008 年版，第 525 页。

体系问题、思想政治教育专业建设问题、思想政治教育学科的方法论问题、思想政治教育应用学科的发展问题,以及思想政治教育学科建设与发展的政策问题,等等。

(载《探索》2012年第5期)

马克思主义宗教观及其方法论意义

孟宪霞

摘　要：马克思主义宗教观是一脉相承的理论体系，它有着丰富的内涵，包括宗教的本质，宗教的发展规律，宗教的社会功能以及马克思主义政党对待宗教的态度等。马克思主义宗教观为我们认识与处理宗教问题提供了方法论的指导，其优越于其他宗教观之处就在于，其以唯物史观为指导，坚持辩证地看待问题，坚持实践性的原则，是制定政策的正确导航与科学研究的有力指导。

关键词：马克思主义宗教观；内涵；体系，方法论意义

作者简介：孟宪霞（1973—），女，山东阳谷人，聊城大学政治与公共管理学院副教授，博士，研究方向为思想政治教育与马克思主义宗教学。

马克思主义宗教观是工人阶级及其政党对待宗教的基本态度和看法，是其关于宗教、宗教问题以及如何正确认识和处理宗教问题的理论与方针政策的总和。马克思主义宗教观从理论上揭示了宗教的本质及其产生、发展直至消亡的客观规律，阐明了宗教的社会作用，其与以往一切宗教观的本质区别在于它是建立在辩证唯物主义和历史唯物主义的科学世界观和方法论的基础

---

① 基金项目：教育部人文社会科学研究青年项目：社会主义国家处理宗教问题的经验教训（11YJC710039）；教育部人文社会科学研究基地重大项目：中国社会主义核心价值体系研究（07JJD710028）。

之上，其根本实质就是历史唯物主义的宗教观。当前分析与处理宗教问题，要坚持马克思主义宗教观的方法论为指导。

一、马克思主义宗教观的丰富内涵

（一）关于宗教的本质

关于宗教的本质，马克思指出，是人创造了宗教，而不是宗教创造了人；宗教"是被压迫生灵的叹息"，"是无情世界的心境"，宗教"是颠倒的世界意识"，"是还没有获得自身或已经再度丧失自身的人的自我意识和自我感觉"。① 恩格斯在《反杜林论》中对此问题也作了回答："一切宗教都不过是支配着人们日常生活的外部力量在人们头脑中的幻想的反映，在这种反映中，人间的力量采取了超人间的力量的形式。"② 马克思主义认为，宗教并不是像宗教神学家所宣扬的那样，是由客观存在的超自然力量所创造和决定的，也不像主观唯心主义者所想象的，是来自人类的所谓信仰宗教的先天本性。马克思主义宗教观是建立在马克思恩格斯所创立的辩证唯物主义和历史唯物主义的世界观和方法论基础之上的。按照这一理论逻辑，宗教属于社会的思想上层建筑，作为人类精神生活的一部分，是人类社会生活过程在人们头脑中的曲折反映，归根到底，宗教依赖于人类的物质生活过程，为人类社会生活的生产力和生产关系、经济基础和上层建筑的矛盾运动所决定。正是这种历史唯物主义的宗教观，比以往任何一种宗教观都更科学地把握了宗教，从而实现了人类历史上宗教观的根本变革。

（二）关于宗教的发展规律

马克思恩格斯认为，宗教存在的最深刻的根源是人与自然、人与人之间关系的不合理，自然和社会成为对人盲目起作用的异己力量。恩格斯通过对宗教的探讨，深入地揭示了宗教的起源，即在人类社会的初期，宗教并不存

---

① 《马克思恩格斯选集》第1卷，人民出版社1995年版，第1—2页。
② 《马克思恩格斯选集》第3卷，人民出版社1995年版，第666—677页。

在，它是人类社会发展到一定阶段的产物，只有当在生产实践的过程中，人类的自我意识上升，并逐渐将自己从与自然界的混沌状态中剥离出来，对自然界和人类的关系开始有所认识时，人类才产生了对于自然现象的虚幻的反映。恩格斯指出："宗教是在最原始的时代从人们关于他们本身和周围外部自然界的错误的、最原始的观念中产生的。"①恩格斯对宗教的发展先后提出过三种图式：第一种从"自发宗教"到"人为宗教"；第二种从"部落宗教"到"民族宗教"再到"世界宗教"；第三种从"自然宗教"到"多神教"再到"一神教"。关于宗教的消亡，马克思指出"只有当实际日常生活的关系，在人们面前表现为人与人之间和人与自然之间极明白而合理的关系的时候，现实世界的宗教反映才会消失。只有当社会生活过程即物质生产过程的形态，作为自由结合的人的产物，处于人的有意识有计划的控制之下的时候，它才会把自己的神秘的纱幕揭掉。但是，这需要有一定的社会物质基础或一系列物质生存条件，而这些条件本身又是长期的、痛苦的历史发展的自然产物。"②也就是说，只有在人类社会物质和精神水平高度发达，人类不需要向虚幻的神灵寻求精神寄托时，宗教才会走到它的生命的尽头。

（三）关于宗教的社会功能

"宗教是人民的鸦片"这是马克思早年对宗教在阶级社会中所起作用的深刻而恰当的比喻。马克思还指出："宗教是这个世界的总理论，是它的包罗万象的纲领，它的具有通俗形式的逻辑，它的唯灵论的荣誉问题，它的狂热，它的道德上约束，它的庄严补充，它借以求得慰藉和辩护的总根据。"③也就是说，马克思认为宗教具有一种为"颠倒了的世界"提供总的理论上的辩护、感情上的慰藉和道德上的约束的作用，充当了使颠倒了的社会得到安慰和辩护的总依据，显然这是一种维护剥削和压迫制度的作用。由此可见，在马克思看来，宗教的社会作用是消极的。恩格斯进一步发挥了这一思想，从经济根源和阶级根源上揭示了宗教的社会作用，指出在人类历史上，宗教大多充

---

① 《马克思恩格斯选集》第4卷，人民出版社1995年版，第254页。
② 《马克思恩格斯全集》第23卷，人民出版社1972年版，第96—97页。
③ 《马克思恩格斯选集》第1卷，人民出版社1995年版，第1页。

当了统治者利用的工具，宗教是麻痹人们的精神鸦片，但也不否认在特定的历史阶段被压迫人民利用宗教进行反抗的斗争。恩格斯认为，历史上人民群众也曾经利用宗教来反抗剥削阶级的压迫和统治，但这是由特殊的社会历史条件造成的。他以基督教为例指出，基督教在创立的初期还是奴隶、无产者和穷人以及被罗马征服者的宗教，但随着历史的变化和大量富人的加入并进一步控制教团，基督教的贫民性质发生了变化，特别是当它被罗马帝国宣布为国教以后，基督教就完全变成了统治阶级手中的工具。在黑暗的中世纪，宗教成为占统治地位的意识形态，因此当时所有的社会运动和政治运动都必须采取神学的形式，革命阶级要组织群众进行斗争，也必须让群众的利益与需求披上宗教的外衣。但适值革命成功，宗教就摇身变成了资产阶级统治的护身符咒。

（四）关于对待宗教的态度

马克思的宗教批判着眼于人的解放。马克思在《黑格尔法哲学批判》导言中明确指出："对宗教的批判是其他一切批判的前提。"他通过宗教批判，揭开了对社会进行政治批判与经济批判的大幕，承继欧洲启蒙运动以来的核心理念，提出了人文主义的社会价值取向。马克思恩格斯对工人阶级的不幸遭遇表达了深切的同情，认为宗教将随着其消亡的历史条件成熟而逐渐消亡；宗教对于个人来说是私人的事情，实行政教分离，实施宗教信仰自由的政策等。马克思主义宗教观认为，解决宗教问题的基本原则主要是：宗教与科学社会主义在世界观上是对立的，信仰上相互对立，但经济上可以团结合作，不能让宗教思想影响、侵蚀工人阶级政党的肌体；宗教在社会主义国家的存在将是长期的，宗教的消亡甚至比国家消亡的期限还要久远，用行政命令乃至暴力手段禁止、消灭宗教的"激进"做法是一种愚蠢的行为；宗教对于国家来说是私人的事情，但对工人阶级政党来说，就不是私人的事情；国家要彻底实现政教分离和宗教信仰自由；党要坚持对党员和群众进行科学无神论的宣传教育；处理好宗教问题要服从无产阶级革命斗争的总任务等。

二、马克思主义宗教观——一脉相承的理论体系

马克思主义宗教观发端于马克思恩格斯的宗教思想。19 世纪末 20 世纪初，列宁在处理俄国革命与建设中的宗教问题时，对其进行了继承和发展。俄国十月革命胜利后，马克思主义宗教观追随马克思主义传入中国。马克思主义宗教观是一脉相承的理论体系。

（一）马克思恩格斯的宗教观

马克思和恩格斯是马克思主义宗教观的创立者。19 世纪中叶，德国的社会关系异常复杂，宗教在当时属于主导性社会意识形态，整个社会的政治、经济、法律、道德都以宗教作为合法性支撑，并由此获得统治权。在这样的社会历史背景下，马克思恩格斯认识到了宗教存在的阶级根源，无产阶级要获得解放就要推翻国家的政治统治，而宗教批判是实现这一目标的首要前提。在此阶段，马克思主义宗教思想必然带有鲜明的否定性和阶级性。也就是说，马克思恩格斯是从阶级斗争的视角来看待宗教，所以当时对宗教几乎采取了全部否定的态度，并由此开始了对宗教的激烈批判。马克思认为宗教首先起源于人类对自然的无能为力与敬畏，认为宗教存在的根基不在天国，而在尘世，天国的矛盾，源于世俗世界的分裂；马克思认为："宗教是那些还没有获得自己或再度丧失了自己的人的自我意识和自我感觉"，"宗教是颠倒的世界意识"，"宗教是人民的鸦片"[①]；认为宗教处于不断地变化发展过程中，它最终的命运必然要走上消亡，这是一种客观规律。

（二）苏共的宗教观

苏共的宗教观是对马克思恩格斯宗教思想的丰富和发展，是马克思主义宗教观在俄国发展的新阶段。基于当时宗教与社会主义革命事业水火不容的历史现状，列宁认为"宗教是人民的鸦片"这句话是"马克思主义在宗教问

---

① 《马克思恩格斯选集》第 1 卷，人民出版社 1995 年版，第 1—2 页。

题上全部世界观的基石"。①他还认为:"马克思主义始终认为现代所有的宗教和教会、各式各样的宗教团体,都是资产阶级反动派用来捍卫剥削制度、麻醉工人阶级的机构。""我们应当同宗教作斗争,这是……马克思主义的起码原则。"② 但和平年代到来之后,列宁的宗教观发生了重大改变。其晚年的宗教思想还包括:科学社会主义的世界观与宗教世界观决不能调和;处理宗教问题要服从社会主义事业的总任务;在社会主义运动中,要注意争取团结信教群众和进步的宗教界人士;必须同宗教问题上的左倾错误进行斗争;学校同教会分离和实行彻底的宗教信仰自由;宗教对国家来说是私人的事情,对工人政党来说就不是私事;坚持对党员和群众进行无神论教育等。列宁的后继者斯大林、赫鲁晓夫、勃列日涅夫时期的宗教政策则表现出了愈加的"左"的倾向,虽然有阶段性貌似宽松的时期,但总体上是以无神论大力挤占宗教的市场为主,导致宗教与民族关系都异常紧张。而20世纪80年代戈尔巴乔夫"完全放开"的宗教政策大逆转,给苏联带来的是整个社会大剧变与社会主义大倒台的极大助力。

(三) 中国化的马克思主义宗教观

中国共产党把马克思主义宗教观的基本原理与中国宗教问题的具体实际相结合,不仅善于从国际国内的大局出发观察、认识宗教,调动和发挥宗教界的积极性,以推进社会主义建设事业发展,而且还进一步推动了马克思主义宗教观的丰富和发展。毛泽东、邓小平、周恩来、李维汉等老一辈无产阶级革命家,丰富和发展了马列主义宗教观。新时期,中国共产党的宗教思想主要凝结在第三和第四代中央领导集体的崭新概括中,它凝结了几代共产党人的经验总结。其主要包括以下一些观点:能否正确对待和处理宗教问题关系到建设中国特色社会主义的全局;研究宗教问题要有世界眼光;充分认识我国社会主义时期宗教问题的长期性、群众性和特殊复杂性;我国现阶段宗教具有积极和消极的两重性社会功能;以人为本,尊重人权,贯彻宗教信仰自由政策,并保持这一政策的稳定性和连续性;处理同宗教界的关系要坚持

---

① 《列宁全集》第17卷,人民出版社1988年版,第388—389页。
② 《列宁全集》第17卷,人民出版社1988年版,第389、391页。

政治上团结合作，信仰上互相尊重；国家要依法对宗教事务进行管理；坚持独立自主自办教会的原则，高度警惕境外敌对势力利用宗教"西化"、"分化"我国的图谋；积极引导宗教与社会主义社会相适应、相和谐；共产党员要坚持马克思主义宗教观，不能信仰宗教，要对人民群众进行唯物论和无神论的教育等。

三、马克思主义宗教观的方法论意义

马克思主义的立场、观点和方法，是我们开展宗教研究的基本科学方法。马克思主义宗教观作为马克思主义理论体系的重要有机组成部分，是我们建树马克思主义宗教理论与实践的根本指导思想。过去我们进行马克思主义宗教观的研究，大多倾向甚至纠缠于某些"经典论断"，而疏于进行"方法论"的透视。发挥马克思主义宗教观的引领作用，就是要深刻认识并领会其方法论的指导意义。

（一）坚持以"唯物史观"为指导

马克思主义宗教观，从根本上区别于一切神学主义的、唯心主义的宗教观，也不同于古代朴素唯物主义、近代机械唯物主义的宗教观，它最重要、最根本、最伟大的特点，就是贯穿于其中的历史唯物主义的科学原理和基本法则。马克思主义宗教观以唯物史观为根本立场和方法，去认识宗教现象的本质，揭示宗教产生、发展的规律和指导我们如何处理宗教问题。马克思主义宗教观以唯物史观为根本指针，走出了以宗教来说明宗教，以单纯的精神性因素去阐释宗教的怪圈，从社会生产方式和宗教赖以生存的社会经济基础中去挖掘宗教存在的根源和本质，通过"现实的人及其社会来解释宗教现象及其问题"①，来说明宗教的社会作用及其原因，指出宗教的根源不在天上，而是在人间。宗教作为上层建筑的一种，要受经济基础的制约。宗教的所有根源都在世俗的人间社会，宗教在根本上也是物质生产方式的反映，它的产

---

① 张志刚：《再论马克思主义宗教观的方法论意义》，载《中国宗教》，2009年第8期，第24页。

生和消亡取决于物质生活的变迁，而不是人的主观愿望，宗教异化的消灭也以"生产力的巨大增长和高度发展为前提"。

以唯物史观为核心，无产阶级政党在处理宗教问题上，从社会现实出发，深刻分析宗教存在的现实理由，充分发挥宗教的积极功能，使其与社会主义社会的发展要求相适应，而不是不顾现实的状况和需要，对宗教横加指责，盲目制定和执行意在打击和取消宗教的粗暴政策。"取缔手段是巩固不良信念的最好手段！"是"在我们的时代唯一能替神帮点忙的事情"。① 另一方面，我们应该反对将历史唯物主义和历史唯物主义宗教观说成是"单一经济决定论"或"庸俗经济决定论"的错误思路。故此，经济基础决定宗教发展状况，而宗教发展状况同时也会不同程度地对经济的发展产生影响，两者的作用关系是相互的、双向的。这就要求我们在分析宗教与经济基础之间的相互关系时，不能片面化和简单化，应该看到宗教作为一种精神力量也会对发展社会生产力产生积极的影响、发挥促进作用，应充分挖掘宗教的正面作用，为社会发展作贡献。

（二）坚持"辩证地看待问题"

辩证法即阐释事物之间既对立又统一的关系的理论，生活处处充满辩证法。辩证性是马克思主义理论的一大特性，其奇巧而唯美的丰富意蕴也含蕴于马克思主义宗教观的理论视域。马克思主义宗教观包含的丰富辩证法思想，是指导我们认识与理解宗教与我国的宗教问题、宗教政策的一把钥匙。马克思主义关于宗教的观点、理论与政策，处处闪耀着辩证法智慧的光芒。首先关于宗教的产生，既分析了其产生的人的主观认识和心理根源，又分析了其产生的客观自然和社会根源；关于宗教的消亡，既指出了宗教消亡的必然性，同时也看到了宗教消亡的过程性和条件性；关于宗教的社会功能，既对宗教作出了尖锐的批判，指出"宗教是人民的鸦片"，又肯定了宗教的"外衣"功能，认为宗教是人类掌握世界的一种方式；既分析了宗教观念、宗教情感的意识形态属性，又分析了宗教组织和宗教活动的社会组织属性；既分析了宗教内部诸要素的关系，又分析了宗教与政治、经济、文化、国家、社会、

---

① 《马克思恩格斯选集》第3卷，人民出版社1995年版，第247页。

民族等社会实体之间的关系。其次,在宗教政策实践层面,既强调宗教信仰自由政策,又坚持依法进行管理;既强调加强宗教国际交流,又注意坚持独立自主自办原则,防止国外宗教势力的渗透;既注意抑制并消除宗教的消极作用,又充分发挥宗教有利于社会和谐的积极功能。再次,在宗教意识形态建设方面,既承认宗教观念与马克思主义意识形态的对立性,又重申宗教观念与人民利益的一致性;既保护信教者的宗教信仰自由,又保障不信教者的不信教与宣传无神论的自由。由此可见,蕴含于马克思主义宗教观之中的丰富的辩证法思想,为我们正确认识与处理宗教问题,防止与杜绝宗教问题上的"左"和"右"两种错误倾向,提供了正确而科学的方法。

另一方面,要辩证发展地对待马克思恩格斯等经典作家的宗教观。经典作家们的宗教观是开放的理论,与时与地俱进是它的内在要求,这就要求我们要用发展的眼光看待他们的宗教理论,用发展的眼光对待宗教问题。宗教的状况会随着社会存在的发展而不断地变化,不能将宗教及其功能看成是固定不变的,不能将宗教永远都定格在马克思恩格斯的那个年代。经典作家们的某些"批判性论断"是否还能适应当今已经变化了的宗教状况,要进行认真考虑。对经典作家的宗教观进行创新必须以科学的世界观为指导,以他们宗教观中的科学论断和方法为指导,在密切联系实践和本国实际的基础上实现与时俱进。

(三) 坚持"实践性的原则"

马克思和恩格斯将对宗教的批判置于社会实践的基础之上,他们坚持认为,宗教问题的解决或宗教的消亡是不能通过诉诸宗教改革而实现的,因为宗教改革本质上是为了宗教自身的存在与发展,而不是为了人的真正的解放;宗教的批判虽然开始于"思辨王国"里的"哲学批判",但这并不是宗教批判应该止步的地方,"仅仅用嘲笑和攻击是不可能消灭像基督教这样的宗教的,还应该从科学方面来克服它,也就是说从历史上来说明它"。[①]宗教是一个极其复杂的问题,无论是历史上企图通过无神论来消灭宗教的做法,还是近代以来希望通过科学、哲学、道德和美育代替宗教的行为,都无法改变宗教

---

① 《马克思恩格斯全集》第 18 卷,人民出版社 1964 年版,第 654 页。

作为文化形式依然存在的事实。宗教不是可以仅仅用理性的批判就可以消灭的。马克思主义宗教观的着力点在于通过改善和建设一种更美好的社会,在实践中逐步铲除宗教生长的土壤,从而为宗教及人类解放开辟道路。因此,现实生活中,通过大力发展生产力,促进物质财富巨大增长,推动社会进步,是铲除宗教赖以存在的根源、促进宗教消亡的最佳途径。与此同时,科学技术的进步、无神论的宣传以及宗教史学的研究同样也会对消除宗教异化产生积极的推动作用。

(四)是制定政策的正确导航

党和政府制订具体的宗教政策要以马克思主义宗教观为理论依据,也就是说党和政府的具体宗教政策必须符合和体现马克思主义宗教观,马克思主义宗教观只有转化为具体的宗教政策,才能有效处理当代中国的宗教问题。宗教观与宗教政策有着密切的联系,宗教观统领与观照宗教具体方针政策,对宗教政策起到引领作用,是具体政策的精神实质。宗教观作为对宗教的基本认识,是一种高度概括的理论抽象,它通过概念和范畴的逻辑体系表现出来,是一种理论的形态;而具体的宗教政策是制订出来的规范性文件,属于行政法规的范畴,它是国家机关为了正确处理宗教问题,在马克思主义宗教观的指导下,国家运用宪法和法律,直接地、常规地管理社会宗教事务和处理宗教问题的方法和手段。相比而言,具体宗教政策不同于马克思主义宗教观,它不是一种理论的抽象,其表现形式是具体的、大量的、条文式的。"马克思主义宗教观是开放的、发展的,但它同具体宗教政策相比,又是相对稳定的。马克思主义宗教观是高度概括的,因此不会经常处于不断变化和更动之中。而具体宗教政策会随着社会经济政治的变更,甚至随着领导人的变更而不断变化和更动。它往往会渗入主观的、功利的、临时性的非理性的因素,使具体宗教政策有可能背离马克思主义宗教观。"[①]由此可见,马克思主义宗教观就成为了检验具体宗教政策正确与否的标尺,因此,当前研究并与时俱进地发展马克思主义宗教观具有特别的重要性和紧迫性。在社会主义发展史上,

---

① 陈荣富:《马克思主义宗教观涵义的阐释》,载《浙江社会科学》,2007年第5期,第5页。

极"左"宗教政策的产生，原因是多方面而又纷繁复杂的，其中对马克思主义宗教观的误读与僵化教条理解无疑是其重要因素，而对马克思主义宗教观的正确解读与当代应用则提供了拨乱反正的理论基础。

（五）是科学研究的有力指导

宗教学作为一门独立的人文学科，是19世纪70年代以后由西欧的宗教学者创立的，是认识宗教现象的本质，揭示宗教产生和发展的规律的科学，它包括宗教史学、宗教心理学、宗教现象学、宗教社会学和宗教人类学、宗教政治学、宗教经济学、宗教哲学、宗教伦理学等分支学科。"综观西方宗教学百年的发展历史，先后出现过麦克斯·缪勒的'自然神话论'，英国人类学家泰勒的'万物有灵论'，斯密塞的'祖灵论'，马雷特·金、弗雷泽等人的'前万物有灵论'，英国人类学家史密斯、英国社会学家涂尔干和奥地利心理学家弗洛伊德等人的'图腾论'等，这些理论在宗教学发展史上起了启蒙和奠基的作用。但当时由于缺乏实证研究难免带有某些主观臆断和猜测的成分。"① 19世纪末20世纪初，出现了宗教史学、宗教现象学、宗教心理学、宗教社会学等分支学科，西方宗教学基本上摆脱了对哲学的依附和神学的束缚，发展成为一门独立的学科，有了自己的研究对象和研究方法。"尽管西方宗教学已有百余年的历史，但对这门学科的性质、对象、内容构成等一些最基本的问题还未找到科学的答案"。② 许多西方宗教学者在宗教研究方面重视实证，其研究态度常常也是严谨的，但不少学者往往陷于用唯心主义观点来解释他们的成果，或者即使是唯物主义，也是坚持了机械的形而上学的唯物主义世界观的指导。"这就向我们提出了用马克思主义宗教观指导宗教学研究，建立马克思主义宗教学的历史性任务。马克思主义宗教观是建立马克思主义宗教学的理论指导，马克思主义宗教学是在马克思主义宗教观指导下，实事求是地分析近代西方宗教学的成就和欠缺，广泛地吸取西方宗教学者百

---

① 陈荣富：《马克思主义宗教观涵义的阐释》，载《浙江社会科学》，2007年第5期，第6页。

② 吕大吉主编：《宗教学纲要》，高等教育出版社2003年版，第8页。

余年来的一切有价值的成果,经过长期的努力,才能完成的艰巨任务。"①

概而言之,当前对于马克思主义宗教观的研究,既要注重分清哪些是我们必须长期坚持的重要"经典论断",哪些是需要结合新的实际丰富和发展的理论判断;哪些是对马克思主义宗教观的误读,哪些是附加在马克思主义宗教观理论之上的错误观点,又要把握马克思主义宗教观理论推进的逻辑渐进脉搏,递进式梳理马克思主义宗教观一脉相承的理论体系;对于其方法论意义,其既体现了马克思主义理论的不衰的思想光辉,又是我们今天进行宗教研究的重要工具与理论武器。从某种意义上说,马克思主义宗教观仍然是为无产阶级服务并致力于全人类解放的宗教理论,是迄今为止最科学、最彻底、最革命的宗教理论体系。

(载《东岳论丛》2012 年第 3 期)

---

① 陈荣富:《马克思主义宗教观涵义的阐释》,载《浙江社会科学》,2007 年第 5 期,第 7 页。

《兴衰之路：民族问题视域下的苏联民族国家建设研究》评介

周浩集

作者简介：周浩集（1978—），男，山东莘县人，聊城大学马克思主义学院讲师，法学博士，主要研究中国共产党执政理论与实践。

作为世界上第一个社会主义国家和唯一的社会主义超级大国，苏联的兴衰无论对世界社会主义运动还是对世界局势都产生巨大的影响。深入研究苏联兴衰成败的经验教训，无疑对我们加强党的执政能力建设，巩固党的执政地位具有重要的意义。在众多研究苏联问题的学术著作中，人民出版社新近出版的《兴衰之路：民族问题视域下的苏联民族国家建设研究》（张祥云著）一书，从民族的视角对苏联的兴衰进行了深入的解读与批判，系近年来该领域研究的一部力作。

第一，对苏联的民族问题与民族政策进行了全面的解读与梳理。苏联民族危机的空前爆发虽然发生于戈尔巴乔夫时期，但问题的形成与积存有着深刻的历史根源。只有深入剖析苏联民族问题渐趋严重，积重难返的根源，才能准确把握苏联民族国家建设的经验与教训，正确定位民族因素作为一个变量在苏联解体中的影响与作用。本书从分析十月革命前沙俄时期的民族问题入手，对列宁、斯大林、赫鲁晓夫、勃列日涅夫和戈尔巴乔夫五位苏联主要领导人执政时期的民族政策与实践效果进行了全面的考察。在考察中坚持辩证唯物的马克思主义观点与立场，力求客观把握各个时期民族政策的作用。如关于斯大林的民族政策，在阐述其主要内容的基础上，既肯定了其在创立民族特色联盟体制、培养造就少数民族干部、促进民族经济发展和民族文化繁荣等方面取得的巨大成绩，又指出其造成苏维埃国家体制变形、存在对民族问题长期性估计不足、在民族问题上犯了阶级斗争扩大化和大俄罗斯主义等严重的失误与错误，并且进一步从历史文化、个人因素和体制因素等方面分析了民族政策失误的原因。这些深入的解读使我们对苏联民族问题的形成与发展等有了清晰的认识。

第二，对列宁的民族思想和民族国家建设思想进行了深入的分析与客观的评价。列宁既是一位马克思主义经典作家，更是一位政治家。作为社会主义政权的第一位领导人，苏联包括民族体制在内的诸多政治体制都是在列宁时期建立起来的。正因为此，中外一些学者在分析苏联兴衰原因时，经常把苏联最终解体的"原罪"追溯到列宁身上。对此，本书作者充分发挥深湛经典原著的优势，结合历史事实对列宁的民族观、民族自决权理论、民族区域自治思想等问题进行了深入客观的考察，就列宁对"民族自决权"与"民族自治"、"劳动者自治"、"联邦权"、"集中制"等关系的认识，列宁与苏联双重主权联邦制建立的关系等问题进行了精辟的论述，既纠正了许多认识误区与不实谬论，也得出诸多富有鉴戒作用的启迪。如本书指出社会主义国家多民族国家形式的建构不仅要注意与各国的民族构成、历史状况、社会政治经济条件相适应，而且要考虑到党的性质、党与国家政权关系等社会主义制度所具有的特殊性；指出社会主义国家在处理国家结构形式与民族关系时，既要坚持以马克思主义的民族国家理论为指导，也要注意不能把革命导师在特定环境下的某些观点与原则绝对化和教条化。结合苏联兴衰的历史进程，可以深刻地感受到作者这些观点的确富有见地，具有重要的现实意义。

第三，对苏联剧变、民族主义、民族发展的历史趋向等与苏联民族国家建设相关的重大问题进行了探讨。本书不仅详细论述了民族问题与苏联民族国家建设的关系，及其对苏联兴衰的影响等核心问题，而且探讨了苏联剧变、民族主义等与苏联民族国家建设相关，无论是在世界社会主义运动视野，还是在国际政治视野中都有着重大影响的问题。通过这些问题的考察与分析，使本书的学术价值与实践价值得到进一步提升。如在苏联剧变问题上，本书首先分析了"剧变"、"解体"、"制度"、"模式"这些在研究中反复出现，不可回避的词语，以及苏联剧变的偶然性与必然性问题，然后对苏联剧变的原因，特别是"历史合力论"观点进行了分析，最后对苏联剧变的价值及对世界社会主义的影响给予了阐释。在民族主义问题上,在分析民族主义源起与发展的基础上,对其在当今国际社会中的影响与作用进行了辩证的认识,对其受到的挑战及未来发展走势进行了恰当的展望。在这些问题上,本书提出的"苏联剧变"比"苏联解体"更为恰当;苏联解体并非苏联人民的选择,而是政治精英作用的结果;民族主义对国际社会的影响由正面为主转为负面为主等观点既颇具新意,又论证有理,显示出作者勇于探索,独立治学的学者品格。

(载《聊城大学学报》2012 年第 2 期)

《现代国际关系史：世界体系的视阈》评介

张英姣　孙启军

随着世界历史整体化、全球化趋势的不断发展，现代国际关系史也逐步进入"体系化"时代，"体系"甚至成为现代国际关系史研究领域的核心概念。因此，构建以"体系"为主线的现代国际关系史很有必要。人民出版社2011年8月出版的曹胜强先生所著《现代国际关系史：世界体系的视阈》（以下简称《视阈》），从体系的视角思考历史，以"世界体系"重塑国际关系史，对此进行了全新的探索和创新。

首先，《视阈》以全新的视角考察现代国际关系史。作者强调国际关系史是一个包含着政治、经济、军事、文化等多元素不断成长和变换的巨大网络，各种政治力量在这个日益一体的网络空间里相互发生联系。从全球史观出发，以"世界体系"来考察和构建现代国际关系史的框架是最具有包容性的。因此作者借鉴了知名学者巴里·布赞的"国际体系论"和伊曼纽尔·沃勒斯坦的"世界体系论"，从"世界体系"的视阈来考察现代国际关系史，探讨世界体系与国际关系史的相互影响与互动过程，为现代国际关系史提供一种全新的方法和视野，从而构建起以"世界体系"为主线的现代国际关系史框架。以世界体系的发展为基轴，作者将现代国际关系史提炼为前后相继的三大体系，即1900—1939年的凡尔赛体系、1939—1991年的雅尔塔体系、1991—2010年的多元化体系。不同的时期按照不同的世界体系运转，一旦旧的体系被新的体系取代，国际关系史也就被带入了一个新的时期。体系的新老交替推动着国际关系史的变换与发展，将纷繁复杂的现代国际关系史连接成一个有机整体。各部分的国际关系史围绕着当时的世界体系机制而运行，具有自身独特的轨迹：凡尔赛体系视阈下——列强均势、雅尔塔体系视阈下——冷战共处、多元化体系视阈下——一超多强。各部分以所处世界体系的孕育、形成、发展与衰落为演进的主线，呈现出阶段性的特点。以"凡尔赛体系的视阈"一章为例，本章共分六节，标题分别为：1900年前后的世界体系；改变世界体系的第一次世界大战；从巴黎到华盛顿：新世界体系的形成；第一个十年：没有美国的世界体系；第二个十年Ⅰ：法西斯威胁世界体系；第二个十年Ⅱ：谁破坏了世界体系。凡尔赛体系从酝酿、产生到发展、衰败的轨迹清晰明了。其他两部分作者也都进行了独具匠心的编排。整体性与阶段性、一体化与多元化、理论与现实、宏观与微观，在此得到了巧妙的结合，体现出作者对现代国际关系史的研究功底。可以说，作者通过本书，为我们提供了一个全新的研究视角，构建了一个严密的逻辑体系，改变了国际关系史学科传统的思考方式和研究方法，抛弃了将现代国际关系史写成区域性国际关系史的局限性，体现了世界发展的整体化和全球化趋向。

其次，《视阈》以全新的分期描述现代国际关系史。研究任何一部历史，都不可避免地遇到"分期问题"，现代国际关系史也不例外。首先是起点的设定，即现代国际关系史从哪一年开始？作者从世界体系的视阈，将近代和现代国际关系的分界设在1900年前后。之所以采用"1900年说"，而不是其他什么年份，是因为1900年前后发生的一系列事件，标志着国际关系史从欧洲向全球转变。科技革命把人类带入电气时代、自由资本主义上升到垄断资本主义阶段、帝国主义的形成、美日俄等非欧洲传统力量的崛起，世纪之交发生的这一系列事件，全面改变了世界经济与政治的走向，世界体系处于动荡和转型之中。所以，1900年前后成为本书的起点与开篇。在现代国际关系史的演变进程中，出现了很多个转折点，作者认同这些转折点，如1918年、1939年、1945年、1975年、1991年、2001年都是重要的"历史转折点"。所不同的是，作者认为：由于对历史的影响力不同，其所代表的意义也有差异。因此，该书别具匠心地将历史转折点分为"两个层次"：涉及国际政治重大转型与世界体系重大变更的，为第一层次的转折点；涉及体系运行时期国际政治力量调整重组的，为第二层次的转折点。作者将1939年第二次世界大战的全面爆发和1991年苏联解体作为第一层次的转折点。以这两个转折点为分界线，现代国际关系史可以划分为三个时期，即1900—1939年、1939—1991年和 1991—2010 年。由于是以世界体系的视阈来考察和研究现代国际关系史，所以该书分别以"凡尔赛体系的视阈"、"雅尔塔体系的视阈"和"多元化体系的视阈"作为三个时期的标题。1918 年、1945 年、1975 年、2001 年被设置为第二个层次上的转折点，两个层次上的六个转折点将现代国际关系史划分为七个阶段：1900—1918 年为国际政治动荡、分化和重组阶段；1919—1939 年为新的世界体系凡尔赛体系形成、发展、崩溃的阶段；1939—1945 年是第二次世界大战和雅尔塔体系的初步形成阶段；1945—1975 年是冷战形成与危机寒潮阶段，1975—1991 年是冷战缓和与雅尔塔体系瓦解的阶段；1991—2001 年为后雅尔塔阶段；2001 年至今为世界多元化趋向的发展阶段。这种全新的"两个层次"的历史分期法，有助于读者全面系统地了解现代国际关系史的发展轨迹，并从宏观和整体视角把握现代国际关系史的内容。

再次，《视阈》以全新的体例解读现代国际关系史。本书既有国际关系史围绕世界体系机制而运行的轨迹描述，也有具有历史转折点意义的重大事件对世界体系影响的分析思考。作者在具体详细地叙述现代国际关系发展脉络的同时，重视从宏观的角度分析评述历史现象，即对于现代国际关系史上的事件的论述，并非停留在对事件过程本身的表面描述上，而是深入地去探讨每一个事件的深层本质和内在联系。这集中体现在每章部分的最后都有一个"本章小结"，分别为：历史的遗憾、历史的进步、历史的趋向。"历史的遗憾"致力于探讨一战后构建的凡尔赛体系的作用与意义，回答了为什么该体系未能避免战争的爆发。作者认为一战后大国协调构建的以国际联盟为核心的凡尔赛体系，虽然没有制止战争，但还是制约了法西斯国家的对外扩张，在客观上起到了延缓战争爆发的作用。该体系为何没能阻止二战的爆发？主要是在发生侵略的情况下，世界和平力量没有组成反对侵略的联盟，"祸水东引"也好，"祸水西进"也罢，最终都品尝了因"分割安全"、"分割和平"带来的战争苦果。作者强调：集体安全是对抗侵略的唯一道路，只有集体安全才是安全，没有集体安全的国家安全是不存在的，和平是不可分割的。只有深谙这一道理，人类才不会再徒留"历史的遗憾"。在"历史的进步"中，作者深入探讨了雅尔塔体系与冷战格局的关系。针对学术界很多专家的观点，即"雅尔塔体系是冷战的根源，冷战是由雅尔塔体系造成的"这一说法，作者表示明确的反对，认为这是不科学、不正确的。作者旗帜鲜明地提出，"雅尔塔体系不仅不是冷战的根源,反而限制了冷战向热战的发展"。对于两者的关系,作者进行了精辟的论证,明确指出,雅尔塔体系与冷战格局尽管有时的重合会导致两者的共同性,但并不能将两者混为一谈,两者在国际关系史的发展中表现出鲜明的特征。两条主线相互影响、相互推动,各自在不同时期发挥主导作用,孰强孰弱,直接影响世界革命的主流转换。以上崭新观点,可谓开学术思想研究之争鸣。"历史的趋向"按照冷战结束后世界体系的走向,探讨单极和多极的矛盾与博弈,思考战争本身的涵义,作者认为当前新的世界体系尚处于构建过程中,美国作为当今唯一的超级大国,达到了其历史上的最高峰,这种情况还会持续一段时间,但其建立单极世界的梦想不会成为现实,"多极化"将是21世纪国际关系特别是大国关系调整的一个中心内容。世界的多极化发展也将有利于推动世界的和平与发展。这些总结前后呼应,形成了作者对世界体系视阈下现代国际关系史的总体认识和理解。此外,为了能够帮助更多的人了解前人的理论研究成果,本书在附录中除了列出200多种国内外中外文参考文献书目外,还特别增加了"重点参考文献短论",推荐介绍了国际关系史研究领域内的一些重要学术著作。其中大都是国外学者的经典著作,如入江昭的《20世纪的战争与和平》、约翰·鲁杰主编的《多边主义》、托布约尔·克努成的《国际关系理论史导论》、马丁·怀特的《权力政治》、约翰·米尔斯海默的《大国政治的悲剧》、巴里·布赞的《世界历史中的国际体系——国际关系研究的再建构》等等。而且还在附录中增加了历史年表,使读者更清晰地了解现代世界体系的演进和现代国际关系史的发展脉络。作者在著述体例上进行的创新性探索,充分展示了作者的学术功底和高度智慧。

值得注意的是,作者在进行探索与创新的同时,一是坚持了学术性与可读性的有机融合。该书参考的中外文献400多项(含著作和论文),在旁征博引中广开学术思路,史论结合,论从史出。不过,在作者笔下,逻辑内敛而富于感性,寓重大论题于谈笑风生之中,思路敏捷,冷峻幽默,阅读起来流利顺畅,不晦涩难懂。以"雅尔塔体系的视阈"一章为例,本章共分五节,标题分别为:1939年以后的世界体系;基于大国合作的雅尔塔体系的形成;从雅尔塔后退:冷战寒潮;重回雅尔塔:缓和的年代;告别雅尔塔:冷战谢幕。体例逻辑严谨,读来清新雅致。再如"正午的黑暗:德国的法西斯梦魔"、"冒险的赌注：德国冲击凡尔赛体系"；"黑暗之谷：日本走上法西斯化道路"等小节标题，简洁生动，赏心悦目。作者在书中还使用了很多形象的比喻，如在评价后雅尔塔多元化体系时这样写道：不要迷信美国的"单极梦"，这不过是一个"传说"。类似这样的语言在书中随时都可以看到，作者将学术问题置于谈笑风生之中，给人以非常深刻的记忆印象。二是坚持了个人思想观点与国际学术观点的有机对接。比如，作者认为凡尔赛体系之所以仅仅存活了 20 年就被第二次世界大战所埋葬，根源在于"体系"本身。这一思想观点，不但与入江昭在《20 世纪的战争与和平》中"该体系极其暧昧，而且充满了矛盾"的提法是基本一致的，而且与福勒在《西洋世界军事史》中的"既不能取消一切足以引起战争的原因，复不能重建一个权力平衡的局势，于是终于有'暴君'出现了"的看法是几乎相似的。再如，在《视阈》中作者认为，雅尔塔体系与冷战对抗是风马牛不相及的，冷战实质上是意识形态的对抗。这一观点与雷蒙德·加特霍夫《冷战史：遏制与共存备忘录》中"冷战在当时不但是主宰世界政治的因素，而且还反映出我们的国家和价值观所受到的最大威胁……在 20 世纪 40 年代末和 50 年代初，我们都是聚精会神于怎样有效地把冷战进行下去"的学术主张是相同的。可以说，作者的学术观点是开放的、创新的，与国际学术前沿论点是逐步接轨的。

　　《视阈》是作者在长期的国际关系史教学与研究过程中不懈思考、不断探索的产物，以世界体系的发展为主线的全新视角，以重要历史转折点作为分界的全新分期划分，以全新的体例将历史的陈述与对历史的评价结合起来，突出了重要的历史事件和问题，语言简洁生动，其别具一格的特点，将进一步推动和拓展国际关系史领域的研究。

（载《中国浦东干部学院学报》2012 年第 5 期）

《当代中国外交新论》评介

佚 名

新中国成立后,历经一甲子的岁月,中国由一个积贫积弱的半殖民地国家成长为国际社会中不可或缺的重要力量。深究中国崛起与复兴的根源,中国成功的外交理念与外交实践功不可没。深入研究中国外交的理论与实践,对于准确理解中国的对外方针政策,塑造良好的国际形象具有重要的价值。李华锋博士新近出版的《当代中国外交新论》(吉林大学出版社 2011 年版)一书即是在这一领域研究的一部重要新成果。

全书共有四部分组成,在体例上没有采用常见的全景扫描的模式,而是对中国外交进行专题性研究。首先是结合中国传统文化对中国的外交观念与外交实践进行总体性评价和分析,辨析中国外交思想与西方主流外交思想的异同。其次是在考察西方主流国际政治理论的基础上,解读其给中国周边外交和大国外交提供的深刻启迪。再次是从地区主义的视角,把中国外交的首要舞台——东北亚作为关注对象,对其政治与安全问题进行关照,分析中国应有的地区战略。最后是以朝鲜半岛问题为例,对中国外交关注的热点地区进行个案分析,在辨析朝鲜半岛问题复杂性的同时,思考中国应对朝鲜半岛问题,塑造良好周边环境的基本对策。

本书在研究方法上的鲜明特点是结合中西方国际政治理论与文化对中国外交进行学理性分析,使观点显得更具说服力。如在中国和平发展与崛起问题上,本书没有简单列举中国外交的实践,而是深入中国传统文化,从历史的角度挖掘其蕴含的思维方式、行为准则和价值观念对当代中国外交观念的影响。在中国周边外交战略问题上,本书通过分析西方地缘政治思想演变的进程与特点，冷战后西方地区主义理论的盛行与原因，提炼其对中国周边外交战略提供的正反两方面的启迪。

　　本书在研究观点上的鲜明特点是对学术界关注比较少的中国外交问题进行了深入的分析，得出诸多颇具见地的新观点。如在中国外交首要地区上，本书在认可中国"稳定周边、立足亚太"的基本对外战略基础上，从大国外交与周边外交的融合、三大问题的长期性与复杂性、经济往来与政治关系良性互动的三个方面，首次明确提出东北亚是中国新世纪外交的首要地区。在东北亚地区的两大热点问题上，本书从性质与起源、嬗变与含义、解决方法三大维度，层层推进地对朝鲜半岛问题和中国台湾问题进行了有理有据的辨析，为中国正确对待和解决两大问题提供了重要的启示。

　　总之，尽管本书并没有对当代中国外交的理论与实践进行全面的梳理与系统的探讨，在全面性上有待完善，但瑕不掩瑜，其在"新"字方面作的努力，使本书不失为一部当代中国外交研究的上层之作。

（载《聊城大学学报〈社科版〉》2012 年第 3 期）

《中国特色社会主义新论》评介

佚 名

近日,秦正为博士所著《中国特色社会主义新论》已由中国社会科学出版社(2012年6月版)出版。

作为"新论",本书并不是面面俱到,而是选择"若干重大问题"如十月革命的影响、现代化的萌动、毛泽东的探索、邓小平理论、《江泽民文选》、科学发展观、社会主义和谐社会、人权问题、自主创新、政府改革、文化发展、"中国模式"、"六个为什么"、"廉政长城"、"金融危机"、改革开放30年、建国60年、建党90年的基本经验等,对中国特色社会主义进行"新视角"、"重深度"的解读和诠释。综观全书,具有以下几个特点:

第一,视角新颖,论述深刻。该书标题初看并不新奇,但仔细看其内容就会发现,书中确实有不少"新论",作者的许多视角都很新颖。如第一章对中国特色社会主义历史必然性的论述,作者不是按照一般思路平铺直叙,而是选择了几个点,在世界历史背景下审视十月革命,在中国历史背景下比较中国现代化的萌动,同时梳理了新民主主义、"中国特色"社会主义改造、毛泽东对"中国特色"社会主义的探索,并提出了一些新的见解。这样不仅体系完整,而且视角新颖,对问题论述得比较深刻,有较强的说服力。其他几章也都具有同样的特点。

第二,视野开阔,体系完整。全书整体上思路清晰、内容丰富,基本囊括了中国特色社会主义的相关问题。这些基本问题,既包括中国特色社会主义的历史背景、理论体系、发展道路、热点问题和基本经验,也包括国际因素、国内因素、历史问题、现实问题、未来问题、外在表象、内在逻辑等等,视野较为开阔。当然,作者对这些问题的探讨并非都面面俱到,其中有的是点到为止,以点带面,深入论述。如第三章对中国特色社会主义发展道路的论述,按照一般的思路,应该是从经济、政治、文化等方面系统展开,而该书只侧重选择了经济方面的自主创新、政治方面的政府改革创新、文化方面的发展创新加以深入研究,同时增加了一个较为重要的、涉及"以人为本"的实质的人权问题。

第三,视觉敏锐,现实性强。该书的一个明显特点是政治敏感度较高,现实性较强。纵览全书,所涉及的问题基本都是现实中有争议、有讨论、引人关注和迫切需要解答的问题。如对十月革命和"苏联模式"的评价,对中国走社会主义道路必然性的解释,对新民主主义、民主社会主义、中国特色社会主义及"中国模式"的性质和走向的评价,对毛泽东与中国特色社会主义的关系的解读,对邓小平与当代中国社会发展问题的评价,对"六个为什么"、腐败反腐败、全球金融危机等问题的关注和探索,对改革开放30年、建国60年、建党90年基本经验的总结等等,都反映了作者具有极强的政治敏感性和历史责任感。

第四,视线平实,文笔细腻。这也是该书一个较为明显的特点。通常理论著作大都政治逻辑性较强,学术语言庄重。该书具备了这些特点,但同时也显示出语言活泼生动、有几分"文学性"的味道。对于这种表述方式,过去乃至今天都存在争议。实际上,在理论性著作中适当增加些文学语言是非常必要的,也是值得提倡的。因为理论和文学一样,都是来源于生活,服务于生活,以大众为传播对象的。只有让大众能够明白、能够接受、能够欢迎的作品,才是好作品。毛泽东的著作引经据典、邓小平的著作简明扼要,而它们的一个共同特点就是通俗易懂、为群众喜闻乐见。这实际上也是我们提倡马克思主义大众化的一个重要原因,一个基本原则。

当然,作为"新论"新探,该书也有不足之处。但总体而言,瑕不掩瑜,该书仍是一部学术力作,值得一读。

(载《聊城大学学报〈社科版〉》2012年第4期)

《中国共产党干部选拔民主化研究》评介

佚 名

聊城大学政治与公共管理学院于学强博士撰著的《中国共产党干部选拔民主化研究》一书，于 2012 年 8 月由中国社会科学出版社正式出版。该书是于学强博士在山东大学从事博士后研究的最终成果。

全书在深刻分析干部选拔民主化内涵的基础上，对干部选拔民主化的理论渊源、历史进程、现实要求、障碍因素、有利条件和推进策略展开论述。理论上澄清干部选拔民主化内涵是推进干部选拔民主化的前提。有鉴于此，作者在引论部分系统分析了干部选拔民主化的概念，指出它不仅包含价值取向，还包含实践养成。在具体论述中，作者分五个部分展开自己的观点：第一部分结合人民主权理论、公仆理论、选举理论和政党理论，揭示了干部选拔民主化的理论渊源与现实要求。第二部分结合民主执政的时代场景，探讨了民主与社会主义的关系，干部选拔与干部选举的关系；指出干部选拔民主化是中国特色社会主义民主的重要内容，也是在民主执政条件下推进中国民主政治发展的必然选择，其目标指向是民众权利；民主化不仅要着眼于完善中国的选举制度，还应推进干部选拔方面的民主化进程，使干部选拔与干部选举并行不悖。第三部分结合中国干部选拔民主化的历程，揭示影响干部选拔民主化的历史因素与现实因素，指出我国干部选拔的历史大致可分为三个 30 年，影响干部选拔民主化的历史因素主要是封建专制制度的余毒、以往选拔经验的固化和苏联选拔体制的影响，影响干部选拔民主化的现实因素主要是思想认识不到位、民主意识不浓厚、体制机制不健全。第四部分结合当代中国经济、政治、文化和社会状况，揭示推进干部选拔民主化的积极因素，系统分析了当前经济、政治、文化、社会情况对于推进干部选拔民主化的积极作用。第五部分结合思想认识、制度规范和体制机制论及推进干部选拔民主化的实践策略,提出切实推进干部选拔民主化要三管齐下:解放思想是前提,变革体制是条件,创新机制是保障。

从论证方式看,全书从一般到特殊的论述逻辑,从应然到实然的论述结构,从党史到党建的论述手法都体现了课题本身的鲜明特色;从论证内容看,全书对于干部选拔民主化的发生机理,选拔政治与选举政治的辩证关系,干部选拔民主化的历史分期、影响因子和路径探索等等,都具有原创性。此外,作者在论证中将政治学原理、党史发展历程与党建实践结合起来,从政治发展规律的视角论及干部选拔民主化问题;将中国、外国,古代、现代的人才选拔联系起来,从人类社会发展规律的视角论及干部选拔民主化问题,也带有同类著作不曾有的特色。

总之,此著作立足党建学科实际,以微观层面的干部选拔民主化为切入点,推进理论研究的细密化,将干部选拔民主化的价值取向与实践养成相结合,推进理论研究的实效化,这对于进一步推进党建理论发展有积极意义。

(载《聊城大学学报〈社科版〉》2012 年第 6 期)

中国国际共运史学会 2012 年年会在青岛召开

秦正为

2012 年 11 月 22—26 日，中国国际共运史学会 2012 年年会暨学术研讨会在青岛召开。本次会议由中国国际共运史学会、山东省国际政治和国际共运学会主办，聊城大学世界共运研究所、青岛农业大学人文社科学院承办。来自中共中央编译局、中共中央党校、中国社会科学院、北京大学、中国人民大学等全国高校、科研院所的近 200 位专家学者与会。山东省世界社会主义共产主义运动研究基地首席专家、青岛农业大学党委书记程玉海教授，我校校长马春林教授，学科建设处处长张祥云教授及世界共运研究所的部分专家学者参加了会议。

本次年会暨学术研讨会的主题为："当今世界变化中的资本主义与社会主义"。讨论题和参选论文的选题范围是：（1）资本主义体制困境与发展模式调整；（2）世界左翼政治运动的形势与特点；（3）社会转型与改革；（4）中国特色社会主义的理论与实践；（5）执政党建设问题；（6）国际共运史研究方法与范畴。本次会议规模空前，论文集收录论文 108 篇，达到 100 万字。与会学者就上述问题进行了深入探讨，在活跃融洽的气氛中，既有激烈争论，也达成了较多共识。

这次大会特意选在十八大胜利闭幕之际召开，因而具有较强的时代性和重大的理论意义。中共中央编译局副局长、中国国际共运史学会会长、十八大外文翻译组负责人王学东就十八大召开情况和十八大精神作了大会主题报告，中共中央党史研究室副主任、中国国际共运史学会副会长、中央媒体十八大即时解读专家李忠杰，中共中央编译局马克思主义研究部主任、中国国际共运史学会副会长季正聚，中共中央对外联络部研究员、中国国际交流协会原秘书长姜述贤，北京大学教授、中共中央政治局集体学习主讲人黄宗良等对十八大报告和十八大精神进行了解读。通过深入学习和讨论，与会代表一致认为，这次大会是胜利的大会，是在新的时代条件下召开的一次具有重要意义的大会，必将推动全面建成小康社会的实现，并不断夺取中国特色社会主义的新胜利，创造中国人民和中华民族更加幸福美好的未来。

为确保会议顺利召开，作为承办单位，学校对会议高度重视，校党委书记李喆、校长马春林多次听取会议筹备情况，并作出重要指示；副校长窦建民与相关人员亲赴青岛，协调各项具体工作。会议期间，马春林校长介绍了聊城大学的基本情况，张祥云处长介绍了会议的筹备情况，李华锋副院长作了主题发言。对此，大会特别对聊城大学的精心筹备和周密安排、秦正为博士的高质量论文集编辑工作进行了肯定和表扬。期间，与会代表对我校国际共运史研究的国内领先地位再次予以高度肯定和赞扬，特别对学术年刊《国际共运史与社会主义研究辑刊》的创办并被推荐为庆十八大好书表示浓厚兴趣和期待。会议还进行了每年一度的中青年优秀论文评选活动，我校张英姣/孙启军博士、秦正为博士获奖。

本次大会的成功召开和宏大气势，显示了国际共运史研究的强大生命力和现实必要性，必将有利于推进国际共运史学科的继续发展，有利于推进中国特色社会主义的理论研究和建设事业，有利于推动对世界社会主义和当代资本主义的研究和认识。

(载"聊城大学新闻网"2012年11月28日、
《聊城大学报》2012年12月4日)

当今世界变化中的资本主义与社会主义

——中国国际共运史学会 2012 年年会暨学术研讨会综述

李华锋　秦正为

2012 年 11 月 22—26 日，中国国际共运史学会 2012 年年会暨学术研讨会在山东青岛召开。本次会议由中国国际共运史学会和山东省国际政治与国际共运学会主办，聊城大学世界共运研究所和青岛农业大学人文社科学院承办。来自中共中央编译局、中共中央党校、中央党史研究室、北京大学、中国人民大学等全国各相关党政机构、科研院所、高等学校的近 200 名专家学者参加了本次会议。本次年会暨学术研讨会的主题为"当今世界变化中的资本主义与社会主义"。与会学者围绕中国特色社会主义的理论与实践、马克思主义经典作家理论及当代启示、当代世界社会主义与资本主义等六个方面的问题展开了深入的讨论。现将会议主要观点综述如下：

一、中国特色社会主义的理论与实践

中国特色社会主义既是当代中国的主题，也是当代中国的伟大旗帜。学者们结合十八大报告，围绕中国特色社会主义的理论与实践的相关内容展开了深入的讨论。

关于党的十八大。中共中央党史研究室副主任李忠杰作了题为"国际共运视野下的十八大"的主题发言，分别从国际环境、人事交接、中国道路、中国特色社会主义、核心价值观等方面系统阐述了如何从国际共运视野下认识十八大的重大意义和党报告的深刻内涵。王学东会长则从十年来党的工作总结、科学发展观的历史地位等方面解读了十八大报告的基本内容，指出十八大取得了通过代表党和国家事业发展新宣言和新纲领的党报告、选举产生新一代领导集体、通过代表思想创新的党章修正案等三大重大成果；其成功召开标志着中国共产党的历史掀开了新的篇章，中国特色社会主义开始了新的征程，中华民族的伟大复兴展现出新的前景。

关于中国特色社会主义道路、理论体系和制度。与会学者一致认为中国特色社会主义道路、理论体系和制度是党和人民九十多年创造和积累的根本成就。它们分别是实现途径、行动指南和根本保障，统一于中国特色社会主义伟大实践。针对马克思主义时代化这一重大课题，有学者从网络社会、生态危机等角度进行了分析，指出应积极应对网络信息时代的挑战，加强生态文明建设，用马克思主义回答时代的重大课题，根据时代现实不断推进马克思主义理论的创新。对于发展中国特色社会主义与解放思想的关系，与会学者在分析解放思想的价值取向和实践路径的基础上，论证了中国特色社会主义发展道路是在解放思想进程中形成的，发展中国特色社会主义必须继续解放思想。还有学者对中国特色社会主义形成的背景进行了分析，认为中国特色社会主义是在中国与外部世界的互动和碰撞中确立起来，具有鲜明时代特色，生动展现了马克思主义与时俱进的科学品质。

关于中国特色社会主义文化建设和政治建设。在文化建设方面，与会学者普遍认为文化自觉的本质是民族自觉，文化自信的本质是民族自信；践行文化自觉需要文化主体具有强烈的文化使命感，要自觉意识到时代所赋予其进行文化发展、文化创造以复兴其文明的使命；文化强国建设既是形而上的价值理想，又是活生生的现实运动。在政治建设方面，与会学者认为政治体制改革是解决当下各种改革困境的突破口，应将政治体制改革与其他各方面体制改革联系起来，处理好政治体制与经济体制，政治体制与文化体制，政治制度与政治体制，以及政治体制内部要素之间的关系，并就党和国家的领导制度，行政管理体制的改革，党与人大、政协、基层群众自治组织的关系等有关政治体制改革的相关问题作了分析探讨。

二、马克思主义经典作家理论及当代启示

深化对马克思主义经典作家理论的认识是国际共运学科的基础内容，学

者们对马克思主义经典作家的一些思想进行了深入的研究,分析了其对当代中国的启示。

关于马克思恩格斯的政治思想。与会学者对马克思恩格斯的人类解放思想、对资本主义和官僚政治的批判思想等进行了分析,指出马克思恩格斯的人类解放思想在实现人的自由全面发展的理想超越维度和致力于无产阶级革命运动的现实关怀维度两个层面展开;马克思恩格斯对官僚政治的批判思想是马克思国家学说的重要组成部分,在马克思看来官僚政治是国家行政权的运行方式,官僚机构具有统治工具和社会管理的双重职能,反对官僚政治必须进行所有制变革,消除政权的剥削阶级性质;马克思恩格斯对资本主义制度的批判具有实践、生产力和人的全面发展三重维度,对于当下中国坚持以人为本的科学发展理念,推动文化大繁荣和大发展具有重要指导意义。

关于马克思恩格斯的生态思想。与会学者认为,马克思恩格斯的生态观包括人不仅是自然存在物更是社会存在物、自然界是人类社会存在和发展的自然前提和基础、通过实践协调人与自然的关系能够实现人与自然的和谐统一等内容;其鲜明特色是坚持人与自然的辩证统一,认为人创造环境,环境也创造人;马克思恩格斯的生态观启示处于社会转型时期的中国,法治理念应由以人为重心转向以生态保护为中心,应积极推进中国的生态文明建设。

关于列宁的党建思想。与会学者主要关注的是列宁的党内民主、党内监督和党的人才培养等思想。有学者指出,列宁关于党内民主功能的认识具有有利于凝聚全党意志,实现党的团结统一;有利于增强党的生机和活力,促进党的自我更新;有利于约束党内权力,克服官僚主义和防止个人专断;有利于避免或减少决策失误,实现党内正确决策四个方面的作用。有学者分析了列宁加强执政党党内监督的理论与实践,总结了中国共产党对列宁加强执政党党内监督理论的借鉴。有学者探讨了列宁晚年对无产阶级政党精英状况的思考,肯定了列宁晚年在政党精英选任与培养、对政党精英权力制约和监督等方面的创新性探索。

三、当代世界社会主义与资本主义

研究世界社会主义运动的理论与实践是国际共运学科的主要任务之一,

学者们对近年来世界社会主义的多样化发展和当代资本主义的新变化进行了深度的分析。

关于世界社会主义运动新状况与发展趋势。一些学者对越南、古巴等现实社会主义国家的政治建设、经济建设与社会建设的举措、成就与问题等进行了密切的关注；对委内瑞拉总统查韦斯在新世纪实施的富有特色的"21世纪社会主义"思想进行了全面的阐述和评价。针对当前资本主义遭遇的经济与金融危机，有学者指出，虽然这造成了有利于世界社会主义发展的新形势，但危机不会自然而然地带来世界社会主义的振兴；世界社会主义的振兴取决于各种历史主客观条件的综合作用，特别是需要各国社会主义政党制定出符合本国实际的纲领和战略。有学者则对当前不同类型国家共产党的总体发展状况进行了梳理，展望了其在理论建设、党的改革、党际交往等方面的未来发展趋势，分析了其对社会进步和人类文明的积极影响。

关于国外政党政治。与会学者一是分析了国际金融危机对欧洲政党格局的影响和欧洲政党力量的新变化。面对持续蔓延的国际金融危机，欧洲政坛的中左力量大幅下滑，中右力量占据主导优势，极右政党突起；无论是相对数量还是绝对数量，欧洲政党人数均处于下降趋势，正在由大众党向卡特尔党转变，党员质量而非党员数量成为政党竞争中更为关键的变量。二是对部分发展中国家的左翼政党的新情况进行了跟踪研究。如有学者在界定拉美左翼的基础上，对拉美地区左翼力量的类型，它们的经济、政治、社会、外交等政策主张的异同进行了分析，对其性质进行了评判。有学者对尼泊尔目前主要执政党尼联共（毛）在党建方面的成功经验与面临挑战进行了总结和剖析。

关于对当代资本主义与社会主义的认识。有学者指出社会主义是一个具有多重意义的概念。社会主义思想、运动和制度可以在不同的进程中发展；无论是分析当代资本主义，还是现实社会主义，都不应将其简化为一种历史宿命论，而应着力于从现实的物质和社会关系中客观地评价和把握其趋势。有学者认为由美国次贷危机引发的国际金融危机是体制性困境的综合反馈，是一场全面的危机，不单纯局限于经济层面，而是涉及经济、民主、社会道德、意识形态多个领域。有学者在梳理西方国家建设生态文明的实践与成就基础上，指出由于资本主义制度的本质没有发生根本性变化，西方国家的生态文明建设难以突破其制度性困境的制约，面临着诸多的历史性难题。

四、国际共运史的基本问题与研究方法

国际共运史中的重要人物与事件研究是历年年会关注的热点问题，今年也不例外。与会学者根据最新成果与现实，积极探讨了这一问题，提出了一些富有见地的观点。

关于国际共运史中的重要人物。学者们对布哈林、赫鲁晓夫、吉拉斯等人的一些思想与实践进行了探讨。与会学者认为，造成布哈林悲剧的原因有党内民主意识的薄弱、党内民主作风的匮乏和党内民主制度的缺失，指出布哈林认为防止无产阶级政权蜕变的首要条件是实行党内民主，保持党肌体的健康，坚持党对无产阶级专政的领导，然后要改组国家机关，改掉旧的官僚主义工作方法；无论从历史还是现实看，赫鲁晓夫的改革是十分必要的，从实际效果看改革的基本方向是正确的，是社会主义运动史上的有益探索，当然改革的缺陷与错误需要后来的社会主义改革引以为戒；吉拉斯的"新阶级"理论虽然对苏联模式作了彻底的否定，但其方法论却是立足于马克思主义的历史与社会分析。

关于苏联东欧问题。学者们对如何评价冷战后原苏东国家的转型、近年来冷战与东欧国家的关系、原苏东地区的"颜色革命"、十月革命与伊朗革命的关系等问题进行了探讨。有学者指出，历经二十年的时间，原苏东国家基本完成转型，走上稳定发展之路，人民有了民主权利是转型的最大亮点；这些国家总体坚持把满足民众的生活需求作为发展的主要目标，应科学总结苏东剧变和转型的经验教训。有学者指出，新世纪发生在原苏东国家的"颜色革命"，既非传统意义上的革命，也非真正意义上的社会革命，其实质是国家内部的一次政权更替。有学者认为，十月革命对伊朗革命产生重大的影响，不仅获得伊朗各界的广泛认可，唤醒伊朗民众的革命觉悟，而且加速了伊朗共产党的诞生，催生了中东地区第一个苏维埃革命政权。

关于国际共运史研究和马克思文本研究的方法。有学者强调，研究国际共运史，必须注重其工具与手段，并就运用经典文献法研究国际共运史的主要意义、根本要求、基本着力点给出了自己的见解。有学者阐述了加强科学

社会主义基本理论、基本方法、基本视角、基本问题等研究的重要性，提出了需要注意的若干重要问题。有学者在强调开展马克思文本研究必要性的基础上，指出研究马克思文本应当坚持精心选取文本、领悟本质精神、加强整体研究、推动理论创新等原则。

五、中国的社会转型与改革

当下中国正处在社会转型的关键时期，出现许多亟待解决的问题，需要通过各方面的改革来逐步化解，学者们对此问题给予了高度的关注。

关于城乡差别问题。与会学者梳理了邓小平的减少城乡差别思想，指出城市肥胖症、乡村空壳化与城乡差距是我国城乡和谐发展的主要障碍，消除城乡差别的基本路径是以市场为主体，以政府为主导，有效地配置生产要素和公共资源。还有学者对后改革开放时代我国民生建设的发展战略进行了讨论，指出应从宏观转向微观，着力解决分配不公、缩小贫富差距。

关于社会稳定与社会风险问题。一些学者从国家建设视野提出，导致中国社会不稳定的因素有渗透性危机、分配性危机、合法性危机和参与性危机；当前中国面对的社会风险主要有国际金融危机引发国内社会风险、国内经济风险演化为政治风险、公共领域的风险转化为社会整体风险；防范社会风险应从人民根本利益出发，并以经济措施为基础，从广义社会入手。

关于社会心理转型与社会怨恨治理。有学者分析了伦理觉悟与中国现代社会的心理转型问题，认为只有坚决清除封建的思想意识，唤醒全社会的伦理觉悟，培育国民的现代心理基础，中国社会转型才会具有真实的生命力。有学者指出治理社会怨恨不能靠传统的打压方式来实现，而必须从争取社会公正、实现善治等角度出发，从根源上阻断个体怨恨发展成为社会怨恨，促进社会的和谐与稳定。

六、中国的执政党建设问题

执政党建设是中国共产党党的建设的重要内容，是党领导中国特色社会主义的根本保证。学者们围绕执政党建设的有关内容，进行了热烈的讨论。

关于毛泽东的党建思想。与会学者指出，为了把中国共产党建成布尔什维克化的党，毛泽东在继承列宁建党学说的同时，又结合中国社会的具体情况和现实需要，对列宁的建党学说进行了一系列重大创新；坚持继承和创新的统一、理论和实际的统一、科学和价值的统一，是毛泽东继承和创新列宁建党学说，留给我们的重要方法论启示，也是中国共产党进行理论创新和实践创新的基本原则。

关于当下的执政党建设。与会学者主要研讨了政党建设范式、党内民主、党内监督等问题。学者们认为，党的建设新的总体布局的提出与完善突破了党在革命战争年代形成和固定下来的既有布局，成为中国共产党自觉实现自身建设范式转换的重要标志；中国共产党历史上的两个历史决议既是党内民主发展的产物，又都在不同时期推进了党内的民主建设；必须强化党内监督意识，增强监督主体的独立性，规范"一把手"的权力运行，完善对"一把手"的监督网络。

关于党外民主与党际民主。与会学者指出中国共产党对不同信仰、不同思想、不同声音的包容，主要体现在政治制度、政治理想、政治言论、执政方式、执政纪律、执政基础、执政力量等方面；目前在我国执政党与参政党关系民主化问题上，存在新闻媒体上民主党派的声音少，组织上参政党机制机构不健全等问题，这些必须予以改变。

（载《当代世界与社会主义》2012 年第 6 期）

图书在版编目(CIP)数据

国际共运史与社会主义研究辑刊.3,2013年卷/程玉海,张祥云,秦正为主编.
—北京:中央编译出版社,2013.8
ISBN 978-7-5117-1697-2

Ⅰ.①国…
Ⅱ.①程… ②张… ③秦…
Ⅲ.①国际共产主义运动史-文集 ②社会主义-文集
Ⅳ.①D1-53 ②D091.6-53

中国版本图书馆 CIP 数据核字(2013)第 148946 号

国际共运史与社会主义研究辑刊.3,2013年卷

出 版 人	刘明清
责任编辑	王丽芳
编辑信箱	shymeme@sohu.com
责任印制	尹 珺
出版发行	中央编译出版社
地 址	北京西城区车公庄大街乙5号鸿儒大厦B座(100044)
电 话	(010)52612345(总编室) (010)52612349(编辑室)
	(010)66161011(团购部) (010)52612332(网络销售)
	(010)66130345(发行部) (010)66509618(读者服务部)
网 址	www.cctphome.com
经 销	全国新华书店
印 刷	北京中兴印刷有限公司
开 本	787毫米×1092毫米 1/16
字 数	270千字
印 张	17
版 次	2013年8月第1版第1次印刷
定 价	68.00元

本社常年法律顾问:北京市吴栾赵阎律师事务所律师 闫军 梁勤
凡有印装质量问题,本社负责调换,电话:(010)66509618